Über das Buch In diesem Buch hat Alice Schwarzer Texte zusammengestellt, die über den Tag hinausgreifen: Essays, Kommentare und Porträts aus den letzten zehn Jahren. Sie schreibt damit ihre 1982 erschienene Textsammlung »Mit Leidenschaft« fort. Wie schon im »Kleinen Unterschied« ist auch hier ihr zentrales Thema Sexualität und Politik. An ganz unterschiedlichen Beispielen und Ereignissen analysiert die Autorin das Verhältnis von Frauen und Männern als eine Konfrontation des einen Geschlechts, das man auf Menschenhaß drillt, mit dem anderen Geschlecht, dem man die Menschenliebe predigt. Die Spanne der Themen geht vom Mythos Marilyn Monroe bis zur Schriftstellerin Ingeborg Bachmann, vom Alltagsclinch der Geschlechter bis zum Golfkrieg, von der Parteienkritik bis zur feministischen Utopie. Alice Schwarzer wendet die allgemeinen politischen Kategorien konsequent auf das Verhältnis zwischen den Geschlechtern an – und die feministischen Erkenntnisse auf die Weltverhältnisse. Sexismus, Rassismus, Faschismus, Frauen- und Fremdenhaß – in alle diesem Menschenhaß steckt für sie ein und derselbe Wahn von Über- und Untermenschentum. Das Buch enthält hochaktuelle, unerbittliche, aber auch zärtliche Texte, kämpferisch und selbstironisch.

Die Autorin Alice Schwarzer, Jg. 1942, zunächst Journalistin, u.a. für die Zeitschrift »Pardon«, und freie Korrespondentin in Paris, seit 1977 Herausgeberin der Zeitschrift EMMA. Seit 1971 zahlreiche Buchveröffentlichungen, darunter »Der kleine Unterschied und seine großen Folgen« (Fischer Taschenbuch 1805) und »Warum gerade sie? Weibliche Rebellen« (Fischer Taschenbuch 10838). 1991 erhielt Alice Schwarzer den Eduard-von-der-Heydt-Preis ihrer Geburtsstadt Wuppertal.

Alice Schwarzer

Von Liebe + Haß

Fischer Taschenbuch Verlag

Lektorat: Ingeborg Mues

Originalausgabe
Veröffentlicht im Fischer Taschenbuch Verlag GmbH,
Frankfurt am Main, Dezember 1992

Redaktion Willi Köhler
Umschlaggestaltung: Ingrid Hensinger, Hamburg
Gesamtherstellung: Clausen & Bosse, Leck
Printed in Germany 1992
ISBN 3-596-11583-3

Gedruckt auf chlor- und säurefreiem Papier

Inhalt

III. Männerpolitik

Rassismus

Frauen & Parteien

Deutschland

IV. Feminismus

V. In eigener Sache

Einleitung

»Nicht mitzuhassen – mitzulieben bin ich da.«
(Antigone)

Ich bin von einem liebenden Mann, meinem Großvater, großgezogen worden. Und ich habe einige Zeit gebraucht, bis ich begriffen hatte, daß er und die zwei, drei anderen Ausnahmen waren. Doch dann war meine Empörung um so größer: meine Empörung über den Haß von Männern auf Frauen und alle Schwächeren. Männer lieben die Stärke, den Kampf, den Tod – und sich selbst. Frauen lieben Männer, Kinder, die Welt – nur sich selbst nicht. Sicher, beiden wird unrecht getan mit dieser Teilung des Menschen in ein »männliches« und ein »weibliches« Prinzip. Beide sind Opfer, aber die Frauen sind noch die Opfer der Opfer.

Es gab eine Zeit, die 70er, da lernten die Frauen kämpfen und die Männer weinen. Heute sind kämpfende Frauen noch immer peinlich, weinende Männer schick. Doch jetzt, da die Herren die Welt neu verteilen, werden die Männertränen getrocknet. »Wir sind doch keine impotenten Zwerge«, tönte der neudeutsche Außenminister Kinkel in der »Zeit« zum umstrittenen Adria-Einsatz der Deutschen Bundeswehr. Nein, sind wir nicht. Wir sind potente Riesen.

Nur, wer ist wir?

Angelika Bayer gehört nicht dazu. Sie wurde in der Nacht vom 5. Oktober 1991 mitten in der Kölner Innenstadt und nur zehn Meter entfernt von einem Tag und Nacht besetzten Eingang des WDR im Gebüsch vergewaltigt und erwürgt. Die Computerfachfrau konnte Karate und galt als besonders »attraktiv und selbstbewußt«. Vermutlich hätte sie gern zum Club der Riesen gehört, aber sie hatte das falsche Geschlecht. Ihr Mörder wurde bis heute nicht gefunden.

Das kleine Mädchen in Salzburg gehört auch nicht zum Club der Riesen, wie dem Bericht der Deutschen Presseagentur vom 19. Juni 1992 zu entnehmen ist: »Ein zwölfjähriges Mädchen ist in Salzburg trotz verzweifelter Hilferufe am hellichten Tag vergewaltigt worden. Passanten ignorierten die Schreie, weil der Mann sich als Vater des Kindes ausgegeben hatte. Das Mädchen war auf dem Weg zur Schule und wollte eben aus dem Bus steigen, als es von einem Unbekannten zurückgezerrt wurde. Ihre Hilferufe erklärte er den Fahrgästen damit, daß das Mädchen seine Tochter sei und ihm nicht gehorche. Den gegenteiligen Beteuerungen des Kindes schenkten die Passanten keine Beachtung. Einige Stationen weiter zwang der Mann die Schülerin, mit ihm auszusteigen. Erneut gelang es ihm zu versichern, der Vater zu sein, die Schreie der Zwölfjährigen wurden wieder ignoriert. Dann zerrte er sie in eine Garage, wo er über sein Opfer herfiel.«

Genau das ist es, was Virginia Woolf den »unterbewußten Hitlerismus« in jedem Mann nennt, diese Verachtung, dieses Herrenmenschentum. Und das fängt in der Familie an. Frauen und Kinder sind sein Besitz. So sehen das auch heutzutage noch Männer wie Frauen in einem beliebigen Bus. Selbstverständlich lügt das Mädchen und hat der Vater recht, jedes Recht.

Sie sind die Vorbilder ihrer Söhne. Im Schoß der Familie lernt der Zwerg, wie er ein Riese wird: indem er auf den Schultern der Schwächeren steht, der Frauen. Gleichzeitig aber sind diese Männer, zumindest als Kinder, abhängig von Frauen; und versuchen die Frauen nicht selten, diese Abhängigkeit zu verstärken, indem sie sich die Liebe ihrer Söhne und Männer durch Dienste erkaufen. Eine wohl nur über Generationen lösbare Verquickung von Unterwürfigkeit und Herrschsucht – so man sie denn überhaupt lösen kann.

Am Vorabend des Jahres 2000 scheint allerdings ein neues Herrenmenschentum die Weichen eher anders stellen zu wollen.

Das alte Herrenmenschentum feiert neue Triumphe, und der Sexismus, in dem es wurzelt, mit ihm. Denn das Urerlebnis eines jeden Mannes ist die Verachtung der Frau. Sie ist »die Andere«, was in den Augen der elitären Männergesellschaft immer gleichbedeutend ist mit »die Mindere«. An den Frauen lernen die Männer, Unterschiede nicht zu achten, sondern zu mißbrauchen: Alles, was anders ist, wird verachtet. Frauenhaß und Fremdenhaß sind aus ein und demgleichen Stoff – und dieser Stoff ist in den letzten Jahren wieder undurchlässiger geworden.

Dabei gibt es Fortschritte, und zwar gewaltige! Frauen haben öffentlich ihre Stimme erhoben, sie fordern gleiche Rechte und gleiche Chancen. Mädchen werden in Männerberufen ausgebildet, und Frauen sind in die Chefetage der Männerdomänen vorgedrungen: Sie sind Chefredakteurinnen, Topmanagerinnen oder Rennfahrerinnen – aber sie sind es nur vereinzelt, und sie stehen an der Wand. Ihren Rücken stärkt keine Lobby. Denn die Devise »Frauen fördern Frauen« leuchtet noch längst nicht allen Frauen ein. Zu tief sitzt die Selbstverachtung und die Verachtung anderer Frauen. Zu lange sind Frauen gegeneinander ausgespielt und aufeinander gehetzt worden. Der gemeinsame Fortschritt von Frauen braucht Zeit, viel Zeit.

Erschwert wird er durch den gleichzeitigen Rückschritt, der Wind bläst von vorn. Da ist das Ansteigen der Pornographie, dieser Ideologie vom geilen Untermenschentum der Frau. Jetzt wird diese Westseuche auch in den Osten exportiert. Weltweit ist eine neue Entrechtung von Frauen im Vormarsch. Die 100 Millionen Anhänger des Islam kippen mehr und mehr in die demagogischen Fänge des Fundamentalismus. Und in den bereits existierenden »Gottesstaaten« werden Frauen nicht nur ihrer elementarsten Menschenrechte beraubt (wie der Bewegungsfreiheit oder des Rechts auf Berufstätigkeit), sondern auch unter den Schleier und ins Haus gezwungen.

Diese Entwicklung scheint gewissen pseudo-fortschrittlichen Kreisen hierzulande allerdings gar nicht so unrecht zu sein. Ich selbst hatte jüngst ein aufschlußreiches Erlebnis dazu. Es war am 31. März 1992. Neben mir sitzt auf dem Podium im Berliner »Haus der Kulturen« eine zum Islam übergetretene, verschleierte junge Deutsche. Sie gehört, wie spätestens nach der Veranstaltung klar wurde, zu einer organisierten Frauengruppe für proiranische Propaganda (die sich in ganz Deutschland ausbreiten, finanziert von den Ölscheichs).

Die junge Frau wirbt auf recht naive Art für den Gottesstaat. Auf die Frage, was sie denn zu den Fällen angeblich »treuloser«, gesteinigter Frauen im Iran sage, antwortet sie nur: »Man weiß ja nie, ob das alles so stimmt, was in der Presse steht.« Niemand widerspricht ihr. Im Laufe des Abends werden johlende Frauen aus der Berliner Szene jede weitere kritische Frage an die Fundamentalistin im Namen eines multikulturellen Pluralismus unterbinden, mit Zurufen wie: »Sie hat das Recht, zu sagen, was sie will!«

Aufklärung und Engagement scheinen passé, Beliebigkeit ist angesagt. Bedrohte Menscherechte für Frauen? Wenn es mehr nicht ist – die waren schließlich noch nie viel wert.

Anders gesagt: »Das Leben ist ungerecht und Unglück alltäglich. Und wer daran heute etwas ändern will, muß auch noch auf den letzten Rest von Messianismus oder gesellschaftskritisch-feministischen Wischiwaschi verzichten können.«

Und auf den letzten Rest von Verstand gleich dazu. So wie eine gewisse Katharina Rutschky, die solcherlei Weisheiten gegen das ihrer Meinung nach hysterisch überbewertete, feministische Modethema Inzest im klein-Verlag losläßt, der einer Ex-konkret-Lektorin gehört. Die Frauen der Linken...

Die stört es nicht, daß Rutschkys Wissensstand in den 50er Jahren stehengeblieben ist. Die schriftgläubige Freudianerin geht sogar so weit, ihren Sigmund unerbittlich auf seine schwächsten Stellen festzunageln (so auf den opportunistischen Widerruf seiner frühen Entdeckung des realen Inzests als Kindsphantasie). Es stört auch niemanden, daß die Autorin allen Ernstes noch immer von einem männlichen »Sexualtrieb« ausgeht (danach dürfen wir uns die männliche Lust wohl wie einen Dampfkessel vorstellen, bei dem ab und an der Deckel hochgeht?). Da können auch postmoderne Versatzstücke der Frankfurter Schule nichts mehr retten – oder? Weit gefehlt! *taz* und FAZ jubeln. Worüber? Wohl über den anbiedernden Selbsthaß einer Frau, die bis zur Selbstaufgabe bereit ist, die Realität von Frauen zu leugnen und dem Wahn von Männern zu hofieren.

Dabei hat Rutschky, diese Vilar der 90er Jahre, in einem ganz zentralen Punkt sogar recht: Der Skandal ist nicht der Inzest. Der Skandal ist der Protest dagegen. Hinter uns liegen 5000 Jahre Männerherrschaft, in der Sexualität immer nur Gewalt und in der Gebärfähigkeit immer nur Joch waren (siehe dazu auch das ausgezeichnete Buch von Gerda Lerner: »Die Entstehung des Patriarchats«). Da fühlen die Männer sich eben im Recht und sind erstaunt, daß es plötzlich nicht mehr so sein soll.

150 Jahre schwankender Feminismus gegen 5000 Jahre Männerherrschaft mit eiserner Faust. Dafür haben wir Frauen überwälti-

gend viel erreicht! Noch nicht genug, aber zuviel für diejenigen, die wollen, daß alles beim alten bleibt, weil sie davon profitieren, die Riesen und ihre Gespielinnen.

Dabei wäre es wirklich schön, wenn der »aufklärerisch-feministische Wischiwaschi« kein Thema mehr wäre! Ich wäre die erste, die es sich bequem machen würde in einer Welt, in der Menschen Menschen sind und sich als solche respektieren. Aber die Verhältnisse, die sind nun mal nicht so. Wir Frauen bleiben in der Männergesellschaft bestenfalls geduldete Gäste, auch und gerade die Vilars, Stephans oder Rutschkys (und nur solange sie benutzbar sind gegen Frauen). Denn wirklich weiter kommen Frauen mit Anbiederung und Illusionen nicht. Zu klar werden sie dabei von den machtgeübten Männern durchschaut – und dafür verachtet.

Die wirkliche Auseinandersetzung zwischen den Geschlechtern (und nicht nur denen) steht uns noch bevor – sollte eine Mehrheit der Frauen denn wirklich ernstmachen mit dem Gleichheitsanspruch. Denn die lokalen, nationalen und internationalen Verteilerkämpfe gehen an der Neige unseres Jahrhunderts erst richtig los.

Wenn Frauen ihre Interessen sichern wollen, müssen sie lernen, endlich auch an sich zu denken. Und sie müssen die Macht haben, ihre Interessen auch durchzusetzen! Mit Bittebitte und Seidochsonett ist es nicht länger getan. Denn selbst wenn Frauen es schaffen, in die Männerwelt einzudringen, haben sie es noch lange nicht geschafft. Denn sie kommen da nicht rein, ohne sich den Spielregeln und der Definitionsmacht der Männer zu unterwerfen. Ein hoffnungsloses Unterfangen... Denn die besseren Männer sind allemal die Männer, und Frauen in ihren Augen allemal »nur« Frauen. Da kann eine Frau sich noch so anpassen und anbiedern.

Das einzige, was Frauen schützt, ist die Doppelstrategie: in die Männerwelt reingehen, aber als Frau unabhängig bleiben, die Frauenwelt nicht vergessen. Nur so sind Frauen den Herren der Welt nicht mehr auf Gedeih und Verderb ausgeliefert.

Ich weiß, wovon ich rede. Den Luxus eines konsequenten Denkens und Handelns kann auch ich mir nur erlauben, weil ich emotional und finanziell unabhängig bin, ganz einfach nicht auf Männer angewiesen. Nur so ist der Widerstand gegen die Verstümmelung von Menschen in eine sogenannt »weibliche« und eine

»männliche« Hälfte überhaupt möglich. Nur so können Frauen es wagen, den Kopf zu heben – auch wenn der Preis hoch ist.

Ich selbst könnte, ehrlich gesagt, gar nicht anders. Schon meine frühesten Erfahrungen haben mich einfach begreifen lassen, daß auch Männer fühlen und auch Frauen denken können. Mir ist es darum gar nicht möglich, die Männer aus dem Anspruch der Menschlichkeit zu entlassen. Und ich habe dabei die Erfahrung gemacht, daß das zwar nicht immer bequem ist, aber immer respektiert wird.

Als Anfang der 70er Jahre kein Platz war in den Männermedien für bewußte Artikel von Frauen, begann ich, Bücher zu schreiben. Als ich 1977 meine eigene Zeitung gründete, hörte ich zunächst einmal damit auf. Mein Problem ist, daß für mich als Herausgeberin und Verlegerin von EMMA seither kaum Zeit blieb für anderes. So kommt es, daß sich seit Jahren viele meiner Themen und Theorien, über die ich unter anderen Unständen umfassender geschrieben hätte, zu Artikeln verdichten, zu Kommentaren oder Essays, Reportagen oder Porträts.

In dem hier vorliegenden Buch sind diejenigen meiner Texte aus den Jahren 1982 bis 1992 vereint, die über den Tag hinausgehen (meine Artikel aus den Jahren 1970 bis 1982 erschienen unter dem Titel »Mit Leidenschaft« bei Rowohlt). Im Zentrum meiner Arbeit stehen Liebe und Haß, auch diesmal. Ganz einfach, weil diese Gefühle uns Frauen beherrschen, ob wir wollen oder nicht.

Für wen ich schreibe? Für Frauen, die nicht um jeden Preis geliebt werden wollen – ohne dabei die Liebe zu verlernen. Und für Männer, die nicht länger potente Riesen sein wollen.

Köln, im Juli 1992 — Alice Schwarzer

I. Sexualpolitik

Der Begriff »Sexualpolitik« wurde von der neuen Frauenbewegung geprägt. Mit Sexualität Politik machen, Geschlechterpolitik… Die Software der Sexualpolitik ist die Pornographie, sie ist das Programm. Ihre Hardware sind Gesetze wie der § 218 oder die krude Gewalt. Im folgenden Kapitel geht es um alle Facetten der Sexualpolitik: um die Abtreibung, deren Verbot nach langem Kampf zumindest entschärft scheint; um den Inzest, dessen Brisanz nach langem Schweigen in einer verdächtig eilfertigen Empörung zu ersticken droht; um die Pornographie, die dank feministischer Aufklärung zwar weniger salonfähig, aber darum noch nicht weniger verbreitet ist und deren Folgen uns in den kommenden Jahren unvermeidlich um die Ohren fliegen werden; und um den Sexualmord. Der Sexualmord als tödliche Vollendung einer konsequenten Sexualpolitik ist bis heute selbst Feministinnen noch kaum ins Bewußtsein gerückt.

Mord

Warum starb Angelika B.?

Ich bin den Weg tausendmal gegangen. Die letzten Meter der Ehrenstraße, links das »Schmittchen« und danach die WDR-Schaukästen, rechts der Feinkostladen und der Optiker; dann über die sechsspurige Nord-Süd-Fahrt, die die Kölner Innenstadt zerschneidet; vorbei an dem Herrenausstatter, der Galerie und der Parfümerie auf der Ecke vom Kolpingplatz. Ich würde jetzt in die erste Tür links reingehen, da logiert EMMA. Aber sie, was hat sie getan an diesem Abend?

Samstag, 5. Oktober. Angelika Bayer, 37, kauft mit ihrem Lebensgefährten Rainer N. in Köln ein. Die beiden wohnen in dem Düsseldorfer Vorort Eller und sind mit dem Wagen da. Langer Samstag. Als die Geschäfte schließen, kehren sie im »Schmittchen« ein. Das Lokal im Bistro-Stil hat eine ausladende Theke, ein paar Tische und gehobeneres Publikum. Neben Kölsch wird auch gerne Schampus geordert und passend dazu geflirtet, »der WDR« verkehrt hier.

Angelika und ihr Freund »versacken«, machen mit bei einer Geburtstagsfeier am Nebentisch. Gegen eins ist sie müde, möchte nach Hause. Ihr Freund will noch bleiben. Sie verläßt das Lokal. Beide haben einen Autoschlüssel, der Wagen steht drei Fußminuten entfernt, direkt am Kolpingplatz. Und der Bahnhof ist nur ein paar hundert Meter weiter, von da aus fährt die S-Bahn nach Eller. Angelika Bayer tritt auf die Straße. Allein. Es regnet in Strömen. Wenige Minuten später folgt ihr Freund. Zu spät.

Der Tod tritt zwischen ein und drei Uhr nachts ein. Genauer läßt sich die Uhrzeit nicht bestimmen, die Leiche lag zwei Nächte und zwei Tage lang im Gebüsch. Mitten in der Stadt. Einen Steinwurf entfernt von der Hauptgeschäftsstraße am Dom. Und – schräg gegenüber von EMMA. Noch nicht einmal 50 Meter von unserer Tür.

Wir alle sind in diesen zwei Tagen mehrere Male an der Leiche vorbeigegangen. Wir alle nehmen täglich diesen Weg, den auch sie gegangen ist oder geschleift wurde. Ihre Endstation war das Gebüsch am Museum, gleich neben der Kirche, wo ein paar Blumen, Büsche und Bäume stehen. Am Platz: Wohnhäuser, Geschäfte, ein Lokal und die Pförtnerloge des WDR, Tag und Nacht besetzt. Gleich um die Ecke der Pförtner des Museums, ebenfalls rund um die Uhr da.

Dennoch hat es zwei Tage gedauert, bis ein Mann »zum Wasserlassen ins Gebüsch trat« (Polizeibericht) und die Leiche sieht. Da liegt Angelika Bayer, den Rock hochgeschoben, die Strumpfhose zerrissen, die Handtasche unberührt daneben.

Als der Passant sie am Montag abend gegen 22 Uhr findet, ist sie seit etwa 44 Stunden tot. Einen Monat später tappt die Kölner Polizei noch immer im dunkeln. »Ein Zufallstäter«, sagt sie, »das sind immer die Schwierigsten. Und dann der Regen, der hat alle Spuren verwischt.« Wahrscheinlich wird der Vergewaltiger und Mörder von Angelika Bayer nie gefunden werden.

Wie konnte das passieren? Als die von allen als »attraktiv« und »selbstbewußt« geschilderte Frau Samstag nacht das Lokal verläßt, hat sie nicht mehr als 500 Meter zum Auto am Kolpingplatz. Und von da aus weitere 500 Meter zum Bahnhof.

Ist Angelika Bayer zum Auto gegangen und wurde dort in die Büsche gezogen? Ging sie weiter Richtung Bahnhof und wurde in der kleinen Anlage überfallen? Stellte sie sich im strömenden Regen unter und wurde angesprochen oder verfolgt? Stieg sie an der Nord-Süd-Fahrt vielleicht sogar in ein Auto ein, weil ihr jemand anbot, sie zum Bahnhof zu fahren?

Wir werden es vermutlich nie erfahren. Sicher scheint nur zu sein, daß es keiner der Gäste im Lokal war, sondern eben ein »Zufallstäter«. Einer, der jede genommen hätte. Angelika Bayer. Oder mich. Zum Beispiel.

Es vergeht kein Tag in der EMMA-Redaktion, an dem wir nicht über Angelika Bayer reden. Sieben Tage später kommt die zweite Hiobsbotschaft: Etwa zur gleichen Zeit, nur wenige hundert Meter entfernt, wird eine 24jährige Frau in ihren Hausflur gedrängt, vergewaltigt und gewürgt. Sie kommt mit dem Leben davon.

Zehn Tage später die dritte. Ein paar Straßenbahnstationen ent-

Angelika B.

fernt von der Innenstadt wird die 16jährige Seckin Caglar in dem Kölner Vorort Poll um 18.45 Uhr auf dem Nachhauseweg vergewaltigt und erwürgt. Die alarmierte Polizei sucht nicht nach der Vermißten. Ihr Onkel findet sie am nächsten Morgen tot im Gebüsch, nur 150 Meter von der Wohnung entfernt.

Die junge Türkin hatte vor diesem einsamen und unbeleuchteten Fußweg am Stadtrand, zwischen Haltestelle und Wohnblock, immer Angst. Alle Frauen hatten Angst. Darum forderte die Frauenbeauftragte der Stadt schon vor zwei Jahren die Verlegung dieser Haltestelle – wäre das geschehen, Seckin würde noch leben. Auch der Mörder von Seckin Caglar scheint ein »Zufallstäter« zu sein. Einer, dem es egal ist, welche – Hauptsache Frau. Auch er ist bei Redaktionsschluß dieses Heftes, also einen Monat nach der Tat, noch nicht gefunden.

Nicht immer ist die Polizei so erfolglos. 90 Prozent aller Morde werden aufgeklärt. Vorneweg die Polizistenmorde. Am 12. Oktober werden zwei Polizisten brutal getötet. Die Tat macht täglich Schlagzeilen, die Fahndung läuft bundesweit. Am 22. Oktober gehen 10000 Polizisten auf die Straße. – Am 16. Oktober, also vier Tage nach der Tat, werden die Täter gefaßt. Die Beerdigung der Opfer erregt große Anteilnahme.

Und noch etwas beschäftigt die Öffentlichkeit in diesen Tagen: die eskalierenden Aggressionen gegen AusländerInnen. Hoyerswerda wird zum Signal. Rassisten randalieren, Steine fliegen, Feuer lodert. Die ersten Toten. Grund genug für alle anständigen Deutschen, nicht tatenlos zuzusehen.

Solidaritätserklärungen, Proteste, Demonstrationen, Bundestagsdebatten, eine Artikelflut über und gegen den Ausländerhaß. Allein in Köln gehen am 8. Oktober 6000 Menschen auf die Straße (»Ausländer, laßt uns mit diesen Deutschen nicht allein!«). Eine der Demo-Stationen gegen den Rassismus ist der Kolpingplatz. Hoch – die – inter – natio – nale – Soli – dari – tät! Ja.

Bei EMMA wird noch gearbeitet, Redaktionsschluß. Ich stehe am Fenster und schaue runter: rechts die Gegner des Rassismus, 50 Meter weiter links der Tatort des Sexismus. Noch vor 24 Stunden hatte Angelika Bayer da gelegen, erwürgt.

Hätte da statt ihrer ein Türke oder ein Schwarzer gelegen, wäre dieser Ort jetzt zu Recht das Ziel des antirassistischen Protestes von Tausenden: Kerzen, Blumen, Blitzlichter und TV-Kameras.

Sehr her, hier ist er gestorben, und ihr habt es zugelassen! Ihr alle seid mit schuld. Nicht nur die Täter. Auch ihr potentiellen Täter. Auch ihr Gleichgültigen. Auch ihr, die ihr es bagatellisiert. Und ihr, die ihr die Augen zumacht.

Aber da lag kein Fremder. Da lag nur eine Frau, Angehörige einer Spezies, die den Männern wohlvertraut ist.

Zwei Wochen später erhalte ich einen Brief meines Kollegen Hans-Geert Falkenberg. Er schickt mir eine Resolution des PEN-Clubs und läßt mich wissen, daß er ganz persönlich sich im Raum Köln dafür einsetzen wird, daß dieser Beschluß nicht Papier bleibt. Und das ist der Wortlaut der Resolution des PEN, dieser honorablen internationalen Vereinigung von SchriftstellerInnen:

»In unserem Land werden wieder einmal Menschen verletzt, geschlagen, gejagt, verbrannt. Wir dürfen dem nicht länger tatenlos zusehen und damit Schuld auf uns laden. Sofort müssen wir diese bedrohten und bedrängten Menschen persönlich schützen. Das heißt, wir sind bereit, vor und in ihren Unterkünften Wachen zu stellen und die Polizei bei ihrer Schutzaufgabe symbolisch zu unterstützen. Langfristig müssen wir außerdem Patenschaften übernehmen, damit Hilfe und Schutz von Dauer sind.«

Bravo! »Wir dürfen nicht länger tatenlos zusehen und damit Schuld auf uns laden.« Dieser Satz hat mich am stärksten beeindruckt, denn er benennt den Kern des Problems: und das sind weniger die paar Schurken und mehr die Millionen Gleichgültigen. Ja, Herr Kollege, ich bin dabei! Nur – sind Sie auch bei meiner Sache? Sind Sie gegen Rassismus – und gegen Sexismus? Machen Sie sich überhaupt klar, daß nicht »wieder einmal«, sondern immer noch Frauen verletzt, geschlagen, gejagt, vergewaltigt und getötet werden – nur weil sie Frauen sind? Ja? Dann dürfen Sie auch hier nicht länger zusehen und so Schuld auf sich laden!

Begleiten Sie mich also, Herr Kollege, auf meiner Fahrt von Köln nach Düsseldorf-Eller, um ein wenig mehr zu verstehen von dem Menschen, der Angelika Bayer war. In der S-Bahn haben wir Zeit, aus dem Fenster zu schauen. Der Rhein, die Vororte, Kleinstädte. In der verebbenden Häuserflut die letzten Felder, wie Inseln. Da, wo Düsseldorf anfängt, ins Brachland zu kriechen, da steigen wir aus.

Ein langer, öder Bahnsteig, Treppen, die Unterführung. Etwa 300 Meter bis zum Haus von Angelika Bayer – reichlich Gelegenheit für einen »Zufallstäter«. Rechts ein verlassener Gebrauchtwagen-Parkplatz, daneben eine Grabstein-Werkstatt mit Lagerhallen, Höfen und Schutthalden. Links stille Wohnhäuser mit niedrigem Gebüsch.

Nein, halt, Herr Kollege, laufen Sie nicht weg. Begleiten Sie mich noch in den dritten Stock des Hauses Karlsruher Straße 40. Da wird uns die Nachbarin zögernd die Tür aufmachen und am Küchentisch sagen: »Wir haben hier immer Angst... Aber als Frau verdrängt man das... Dir kann das nicht passieren... Ich kann mir auch nicht vorstellen, warum die Männer so was tun... Haben die einen Haß...?«

Und auch das, Herr Kollege, sollten Sie sich noch zumuten. Nur eine Treppe höher ist die Wohnung von Angelika Bayer und ihrem Lebensgefährten. Unten an der Haustür sind noch beider Nachnamen an der Klingel, hier oben steht nur: Angelika & Rainer, darüber ein hellgelber Schmetterling. Der Lebensgefährte macht die Tür schon lange nicht mehr auf, er flüchtet seit ihrem Tod vor der Sensationspresse, für die das Ganze ein geiler »Sex-Mord« ist.

Wer war Angelika Bayer? Eine Frau wie viele. Mit 16 Flucht von zu Hause, weg von Mutter und Stiefvater, von Gewalt und Kleinstadt, rein in ein selbstbestimmtes Leben. An der Uni studiert sie Wirtschaftswissenschaften und Pädagogik in Düsseldorf und Essen. Nach dem Staatsexamen macht sie sich mit einem Freund selbständig. Und lernt, lernt, lernt: Fernuniversität, Schulungen, Kurse. 1988 fängt sie bei einer Düsseldorfer Software-Firma an, Marketing und Verkauf sind ihre Domänen. Die Kunden schätzen sie.

»Sie hat immer gekämpft«, sagen die Kollegen. Als Feministin hätte sie sich wohl nicht bezeichnet, doch sie hatte ein »ausgeprägtes Selbstbewußtsein, darunter aber war sie empfindsam und sehr abhängig von Lob«. Ab 1992 wollte sie sich selbständig machen, für die Firma freiberuflich arbeiten und PC-Schulungen geben.

Der Arbeitsplatz von Angelika Bayer ist leer, auf ihrem Schreibtisch stehen Blumen. Ihre Kollegen wirken nachdenklich. Die einzige Kollegin kann es nicht fassen. »Ich dachte immer«, sagt die 24jährige, »so was passiert nur jungen Mädchen. Aber Angelika – ausgerechnet Angelika...«

Im letzten Urlaub auf Ischia hat sie sich Hot pants aus schwarzem Samt gekauft und ist damit abends ausgegangen, trotz der Bedenken ihres Freundes. Als die beiden das Restaurant betraten, verstummten alle – na und! Angelika war: attraktiv, selbstbewußt und aufgeschlossen. Eine moderne Frau.

»Nie hätte ich gedacht, daß sie mal Opfer wird«, sinniert die

Kollegin und vergißt ganz ihre Chefs, die neben ihr sitzen: »Man ist wirklich machtlos... Nichts hilft... Alles machen die Männer... Sogar die Mode... In diesem Sommer haben sie uns kurze Röcke diktiert – und was passiert? Man wird mit Blicken ausgezogen. Man will den Männern ja gefallen. Und so wird man dann da hineingepreßt...«

Angelika Bayer machte sich gerne chic und ging gerne aus, auch allein. »Ich sehe es nicht ein, daß ich mich einschränken soll! Warum kann ich mich nicht bewegen wie ein Mann?« Das sind ihre Worte. Sie hat sie vor noch gar nicht langer Zeit ihrer besten Freundin gesagt. Ihr Freund, stolz und beunruhigt zugleich über Angelikas Selbstbewußtsein, war sich der Gefahr bewußt und brachte ihr in den letzten Jahren Selbstverteidigung bei. »Mir kann nichts passieren, ich kann Karate!« hat Angelika Bayer im Büro stolz gesagt.

Ihre beste Freundin: »Angelika ist ermordet worden, weil sie zu selbstbewußt war.« Wie sie darauf kommt? »Ich spüre das...«

»Attraktiv« ist das häufigste Adjektiv der lokalen Berichterstattung über Angelika Bayer, »selbstbewußt« das zweithäufigste. Warum Angelika Bayer an diesem Abend das Lokal früher verließ als ihr Freund? Der »Kölner Stadtanzeiger« weiß von Kommissar Kosemund: »Der Mann sei weniger müde gewesen als die Frau. Die selbstbewußte Angelika Bayer habe wohl wieder einmal ihren Kopf durchsetzen wollen und beabsichtigt, allein mit dem Zug nach Düsseldorf zu fahren.«

Das hat sie davon. Wollte wieder mal ihren Kopf durchsetzen. Und Seckin Caglar? »Die 16jährige galt als äußerst bedacht«, weiß die Presse, sie nahm immer dieselbe Bahn, ließ sich normalerweise vom Vater oder Bruder von der Bahn abholen und informierte ihre Eltern schon bei einer halben Stunde Verspätung. So oder so, selbstbewußt oder bedacht, attraktiv oder unscheinbar, jung oder alt – Frauen sind Opfer. Und Männer sind Täter.

Frauen und Männer, die davor nicht länger die Augen verschließen und es zu Ende denken, müssen handeln! Frauen müssen sich schützen und zusammentun. Und Männer müssen sich von den Tätern distanzieren, ja sie bekämpfen – oder aber hinnehmen, daß sie dafür gehalten werden. Wäre der Sexismus eine nur annähernd so ernstgenommene politische Kategorie wie der Rassismus, würden wir alle kopfstehen wegen der Welle sexistischer Gewalt, die tagtäglich durch unser Land geht.

Aufklärung, BürgerInnenwehr, Polizeischutz, Politikerdebatten, Gesetze, konkrete Maßnahmen zur Verhinderung der Aggressionen – alles zum Schutz der gefährdeten Frauen vor den potentiellen Tätern. Und jeder einzelne Mann, der tatenlos zusieht, lädt damit Schuld auf sich. Sie, Herr Kollege Falkenberg, werden verstehen, was ich meine.

Das Bundeskriminalamt (das in seiner Statistik bis 1989 noch nicht einmal »versuchte« und »vollendete« Sexualmorde trennte) behauptete allen Ernstes, 1990 habe es im gesamten Bundesgebiet nur 23 Sexualmorde gegeben. Mit Verlaub: Ich bezweifle das. Ich bin sicher, daß die Zahl um ein vielfaches höher liegt! Allein in Frankreich wurden 1990 genau 390 Frauen ermordet, weil sie Frauen waren – eine Zahl, die nicht aus den Polizeistatistiken stammt, sondern von Feministinnen gesammelt wurde. Sind also die 23 eine bewußte Manipulation? Oder einfach nur Schlamperei, weil die Herren diese Art von Morden nicht so relevant finden?

Für Angelika Bayer hat niemand demonstriert. Für Seckin Caglar schon. Zehn Tage nach ihrem Tod riefen kurdische und türkische Feministinnen zum Protest: Samstag, 11 Uhr, an der Haltestelle. Es kamen rund 30 Menschen, darunter ein Mann (übrigens alles Türken, bis auf die zwei EMMA-Frauen).

Was ist los? Haben inzwischen selbst deutsche Feministinnen vergessen, warum Angelika Bayer sterben mußte? Dabei ist die Antwort einfach: Sie starb, weil sie eine Frau war.

Dezember 1991

Marilyn Monroe: Es war Mord!

Marilyn war meine fünfte Liebe. Nach Hildegard Knef, Elvis Presley, Volker Alischewski und nach James Dean. Die Nachricht von ihrem Tod – ich weiß es noch genau – entnahm ich einer »Bild«-Schlagzeile. Damals war es noch Ehrensache, »Bild« nicht zu kaufen. Dieses eine Mal kaufte ich. Marilyn Monroe tot. Selbstmord. Mit 36. Ich setzte mich laut schluchzend auf den Bordstein, mitten in Timmendorf. Meine beste Freundin, Barbara, schaffte es kaum, mich zu trösten. Wir schrieben den 6. August 1962, und ich war 19.

Barbara kannte das schon, das mit mir und Marilyn. Im Jahr davor war ich schier entrückt aus »Let's make love« getaumelt, meine beste Freundin wie üblich im Schlepptau. Und »Manche mögen's heiß« hatte ich schon damals mindestens dreimal gesehen (seither habe ich nicht weitergezählt).

Meine jugendlichen Schwärmereien für Marilyn und Elvis sind mir seither nicht vergangen – inzwischen weiß ich aber, warum. Elvis, das ist noch mal ein anderes Kapitel. Reden wir von Marilyn.

Das »Sexsymbol« war natürlich nie nur das. Sie war immer mehr. Ihre Wundheit, ihre Sensibilität, ihre Komik, ihr Charme, ihre Sinnlichkeit waren auch durch die banalsten Hollywood-Produktionen nicht kleinzukriegen. Marilyn war eine großartige Schauspielerin mit einem die Leinwand sprengenden Charisma. Und selbst, wenn sie neben sehr renommierten Schauspielern stand, sah man auf der Leinwand nur noch sie (bestes Beispiel: »Der Prinz und die Tänzerin« von und mit Lawrence Olivier).

Aber den Oscar hat sie nie bekommen. Und sie ist auch von den Regisseuren nie wirklich geachtet worden. Billy Wilder zum Beispiel, der ihr seinen besten Film verdankt, hat seit Jahren nichts Besseres über sie zu erzählen als: Sie kam immer zu spät zu den Dreharbeiten...

Gut, reden wir darüber, warum Marilyn immer zu spät kam. Warum sie es lebenslang nicht schaffte, die Demütigungen zu überwinden. Warum sie die Angst schließlich nur noch mit Tabletten und Alkohol in Schach halten konnte.

Marilyn ist das dritte Kind von Gladys Pearl Baker, geborene

Monroe. Der Vater ist unbekannt, die Mutter stirbt nach Depressionen und »schizophrenen Anfällen« (was immer das heißen mag) in der Psychiatrie. Das kleine Mädchen ist bis zum 16. Lebensjahr abwechselnd in insgesamt zwölf (!) Pflegefamilien, die dafür fünf Dollar die Woche kassieren, oder im Waisenhaus.

Gefragt nach ihren allerersten Erinnerungen, antwortet Marilyn Monroe mit 36: »Meine früheste Erinnerung? Das ist die Erinnerung an einen Kampf ums Überleben. Ich war noch ganz klein... ein Baby in einem Bettchen, ja, und ich kämpfte um mein Leben. Aber ich möchte lieber nicht darüber sprechen, wenn es Ihnen nichts ausmacht. Das ist eine grausame Geschichte, die nur mich etwas angeht.«

Mit 16 wird Marilyn (damals noch Norma Jean) von ihrer Pflegemutter an einen Nachbarsjungen verheiratet, mit 19 als Pin-up entdeckt, mit 20 kommt sie zum Film. Es gibt massenhaft Männer, die was von ihr wollen, für eine Nacht oder auch fürs Standesamt. Ihre zweite Ehe schließt sie mit dem Baseballspieler Joe DiMaggio (der ihr lebenslang ein Freund geblieben zu sein scheint).

Für ihre dritte Ehe tritt sie zum jüdischen Glauben über und versucht zweimal, Mutter zu werden, beide Male hat sie eine Fehlgeburt. »Der Körper und der Kopf« werden sie genannt, sie und ihr Mann, der amerikanische Schriftsteller und Linksintellektuelle Arthur Miller. Anderthalb Jahre vor ihrem Tod lassen Miller und Monroe sich in Mexiko wieder scheiden.

Miller, das war wohl nicht nur der Traum von Sicherheit und Glück; Miller, das war für die wissensdurstige, belesene Marilyn wohl auch die Sehnsucht nach Intellekt und Bildung – genau das, was man der einstigen Fabrikarbeiterin, die so perfekt in die Phantasmen der Männer paßte, nicht zugestehen wollte. Kopf oder Arsch, eines von beiden. Da hat eine richtige Frau sich zu entscheiden. Die mit dem Kopf, die begehrt mann nicht. Und denen mit dem Arsch, denen spricht mann den Kopf ab. Für mich, versteht sich, hatte Marilyn immer beides: Sinnlichkeit und Verstand. Aber für mich ist Erotik ohne Kopf eh undenkbar...

Marilyn Monroe hatte ein typisches Frauenschicksal. Und sie war die Tochter einer Mutter mit einem klassischen Frauenleben. Marilyn ist früh, sehr früh, gedemütigt, mißbraucht, benutzt worden. Und sie ist sicher auch für die wenigen Männer, die es »ernst«

mit ihr meinten, eher Objekt als Mensch gewesen. In ihren letzten Lebensjahren konnte Marilyn Monroe nicht mehr ohne Alkohol und Tabletten aus dem Haus gehen. Sie hätte sich auch umbringen können. Sie hat es aber nicht getan. Sie ist umgebracht worden. Quasi aus Versehen, so ganz en passant, aufgerieben zwischen den Machtquerelen der Männer.

Daß Marilyn, die Sensible, die Sinnliche, die Lustige, trotz alledem nie nur Opfer war, sondern immer auch Handelnde, daß sie eine mitreißende Stärke und Ausstrahlung hatte – dafür liebe ich sie. Noch heute.

August 1991

Inzest

Sieh mich an…

Es ist fast 14 Jahre her. Damals, im Mai 1978, erschien in EMMA ein Artikel über das »Tabu Inzest: Das Verbrechen, über das niemand spricht«. Ich glaube, es war in Deutschland die erste Veröffentlichung aus der Sicht der Opfer. Ich erinnere mich so genau, weil ich selbst den Schwerpunkt betreut und zum Teil auch geschrieben habe – und ich fassungslos war, als damals nicht eine einzige Reaktion darauf kam, kein Anruf, kein Brief, keine Folgeartikel. Und dennoch war ich sicher, daß Millionen Mädchen und Frauen Inzest-Opfer sind, es täglich tausendfach neu geschieht.

Die Jahre vergingen. Und langsam, ganz langsam, kamen sie, die Reaktionen. Ein Gespräch am Rande einer Veranstaltung, ein Brief mit einem PS: »Übrigens, ihr habt damals über Inzest geschrieben. Das war das erste Mal, daß ich darüber etwas gelesen habe – und das erste Mal, daß ich mir eingestanden habe, daß ich selbst Opfer bin…« Heute wissen wir, daß mindestens jedes dritte Mädchen Opfer sexueller Gewalt ist, drei Viertel von ihnen sogar durch den eigenen Vater oder einen Mann an Vaters Statt.

Hier, in der Familie, wird der weibliche Mensch zum erstenmal gebrochen, seelisch und körperlich. Die meisten Frauen kommen ein Leben lang nicht über diesen Verrat, diese Demütigung, diese Gewalt hinweg. Die ersten Untersuchungen über die Folgen liegen vor, sie zeigen den Zusammenhang von Frigidität und Inzest, von Selbstverachtung und Inzest, von Depression und Inzest, von Eßstörungen und Inzest, von psychischer Erkrankung und Inzest, von Sucht und Inzest, von Selbstmord und Inzest. Doch das wirkliche Ausmaß der Zerstörung durch die Übergriffe des geliebten Vaters oder vertrauten »Onkels« auf Leib und Seele der kleinen Mädchen ahnen wir erst. Wahrscheinlich ist die sexuelle Ausbeutung des weiblichen Kindes einer der Hauptgründe für die lebenslange, tiefe Verunsicherung und Verstörung vieler Frauen.

Darum grenzt es fast an ein Wunder, daß Frauen es schafften, Anfang der 70er Jahre dank der wiedererwachenden Frauenbewegung den Teufelskreis der Demütigung zu durchbrechen – und zu reden. Im Ausland fing es an, in der Bundesrepublik begriffen es die Pionierinnen der »Häuser für geschlagene Frauen« als erste: Die geprügelten und vergewaltigten Ehefrauen, die sich zu ihnen flüchteten, waren auffallend oft schon als Mädchen vom Vater mißbraucht worden – und an ihren Töchtern wiederum vergriff sich deren Vater, ihr Ehemann. Auslöser der ersten EMMA-Veröffentlichung über Inzest 1978 war die Klage der 14jährigen Petra aus Berlin, die es mit der Unterstützung von Feministinnen wagte, sich gegen den eigenen Vater zur Wehr zu setzen.

Ende der 70er Jahre taten sich Betroffene in den ersten »Wildwasser«-Gruppen zusammen. Es folgte eine Flut von Berichten und Analysen, Artikeln und Büchern aus feministischer Sicht über das »bestgehütete Geheimnis«. Aber es sollte noch Jahre dauern, bis die Männerpresse angesichts der Wucht der Fakten klein beigab und ihr Schweigen brach. Heute ist Inzest kein Tabu mehr – im Gegenteil: Inzest ist sogar ein Modethema geworden, bis hin zur Serie in »Bild« und zum Fall in »Tatort«.

Haben wir also unser Ziel erreicht? Sind die Opfer ermutigt, die Täter gewarnt, und ist die Gesellschaft aufgeklärt? Ja und nein. Zwar sind die Frauen alarmiert, doch sind die Täter keineswegs in der Defensive. Denn was bisher das schreckliche Geheimnis einzelner war, ist jetzt das öffentliche Thema aller – und das zunehmend auf eine Art und Weise, die eher anregend denn abschreckend ist, zumindest für die Täter.

Die Männergesellschaft scheint sich rasch gefangen zu haben. Alert schwadroniert sie um den Kern der Sache herum. Vor allem Mädchen sind Opfer? I wo, kleine Jungen sind es ebenso. Vor allem Väter sind Täter? I wo, Mütter sind es auch. Und wenn, dann sind die Väter ganz arme Täter, denen unbedingt geholfen werden muß.

Was steckt hinter dieser neuen Gegenpropaganda, die auch vor den gröbsten Manipulationen nicht zurückschreckt! Dahinter steckt die Ahnung oder sogar das Wissen darum, daß die frühe sexuelle Brechung des weiblichen Menschen das wohl schwerste Geschütz im Kampf der Geschlechter ist. Wird das außer Gefecht gesetzt, kommt alles ins Wanken.

Das ist der Grund, warum die Männermedien, von »Spiegel« bis »Cosmopolitan«, die Wahrheit so beredt zuschütten. Dabei hatte der »Spiegel«, wie so oft hierzulande, die Ehre der Vorreiterrolle. Er war es, der das neue Modethema »Mütter als Täter« lancierte, mit allen Mitteln. Jeder vierte sexuelle Mißbrauch eines Kindes gehe auf das Konto einer Mutter, wußte das Hamburger Herrenjournal zu vermelden und berief sich dabei auf den Frankfurter »Kinderschutzbund«. Der dementierte zwei Ausgaben später energisch: Nach seinen Angaben seien beim sexuellen Mißbrauch nicht 25 %, sondern nur 2,6 % der Täter Frauen. Ist den Herren also nur ein Komma verrutscht? Nicht anzunehmen. Denn die Lüge hat System, und die Kinderschutzbund-Zentrale macht mit dabei. Macht nichts.

Die Hannoveraner attestierten dem »Spiegel« wider besseres Wissen eilfertig, er sei auf der richtigen Spur. Nur sei die Rolle der Mütter beim sexuellen Mißbrauch bisher aus »ideologischen Gründen ignoriert« worden von der Frauenbewegung, die das Thema nun mal leider »dogmatisch beherrscht«. Dem folgte prompt die von zahlreichen Zeitschriften, darunter auch dem »Spiegel«, gratis nachgedruckte Anzeigenkampagne des »Kinderschutzbundes«, die inzwischen traurige Berühmtheit erlangte. Diese Kampagne, ausgekungelt von einer Fachreferentin des Kinderschutzbundes (und auch in der Werbeagentur getextet von einer Frau!) lief trotz massiver Proteste unerschüttert bis Ende des Jahres.

Was nun erbost diejenigen, die tagtäglich mit den Problemen der Opfer zu tun haben, dermaßen daran? Ganz einfach die Tatsache, daß diese Kampagne auf Kosten der Opfer um Verständnis für die Täter wirbt! Dies ist keine Kampagne für, sondern eine Kampagne gegen die Wahrheit. Und genau das ist so symptomatisch und so entlarvend! Tenor der Anzeigen: Okay, das gibt's. Aber erstens ist es so schlimm auch wieder nicht. Und zweitens ist die ganze Sache nun wahrlich kein Geschlechterproblem, sondern ein allgemein menschliches. Auch Jungen sind Opfer, auch Mütter sind Täter.

Sehen wir uns also einmal die Zahlen genauer an. Sicher, Zahlen sind in einem solchen Bereich immer problematisch, denn die Dunkelziffern sind hoch. Dennoch sind wir inzwischen durchaus in der Lage, die Dimension des sexuellen Mißbrauchs an Kindern zu schätzen. Auch gleichen sich die Zahlen in der gesamten westlichen Welt auffällig. Für die alte Bundesrepublik meldete das Bundeskriminalamt 1989 genau 11 851 Fälle von angezeigtem Kindesmißbrauch. ExpertInnen in allen Bereichen (Beratung, Medizin, Polizei, Justiz) gehen heute davon aus, daß diese Zahl mal zehn bis mal 30 genommen werden muß, um das wirkliche Ausmaß zu kennen.

Das BKA nimmt die 89er Zahlen mal zehn und errechnet so, jedes vierte Mädchen sei Opfer sexuellen Mißbrauchs durch Väter oder Fremde. Nehmen wir die Zahl mal 20, so ist es schon jedes zweite Mädchen... ExpertInnen vermuten, daß mindestens jedes dritte Mädchen Opfer eines sexuellen Mißbrauchs ist (die Blicke und Taten davor nicht gezählt) – und damit auch mindestens jede dritte Frau am Inzest-Trauma leidet.

98,5 % der Täter sind Männer, laut Bundeskriminalamt. 75,6 % ihrer Opfer sind Mädchen. Nur jeder fünfte der angezeigten Täter (von der Mehrheit der anderen ganz zu schweigen) landet im Gefängnis. Die anderen kommen mit einer Geldstrafe davon (wie beim Schwarzfahren), werden begnadigt, oder ihre Verfahren werden noch vor einem Prozeß eingestellt. Die Zahl der angezeigten Fälle von sexuellem Mißbrauch steigt.

1,5 % der Täter sind also Frauen. Das sind 1,5 % zuviel, aber es ist kein Grund, so zu tun, als sei der sexuelle Mißbrauch von Kindern ebenso Frauensache wie Männersache. Wer das behauptet, manipuliert dreist (und weiß, warum).

Sind Väter die schlechteren Menschen? Nicht zwangsläufig. Sie haben nur zuviel Macht – und das verführt zum Mißbrauch. Sind Frauen die besseren Menschen? Nicht unbedingt. Sie sind nur zu ohnmächtig, und darum nimmt ihre Gewalt über andere meist psychologische Formen an. Auch ist durch die erotische Prägung Sexualität von Frauen nicht so abgründig mit Dominanz und Gewalt verknüpft wie bei Männern (und das zunehmend, dank Pornographie). Kurzum, Frauen sind im Bereich der Sexualität so gründlich zum Objekt gemacht worden, daß Übergriffe ihrerseits eher die Ausnahme sind.

Und selbst in den wenigen Fällen, in denen Frauen sich an ihren Söhnen (oder Töchtern!) genital vergreifen, geschieht dies ganz selten mit Gewalt und meist durch »Verführung« (was es für die Opfer allerdings nicht unbedingt erträglicher macht). Dennoch: den »Ersatz-Mann« für die Mutter zu spielen ist trotz alledem noch etwas anderes, als mit zerrissenem Unterleib auf dem Operationstisch oder Seziertisch zu landen... Nicht selten sind die Täter-Mütter auch Mittäterinnen, lassen sich von ihren Männern dazu bringen oder zwingen mitzumachen. Auffallend ist, daß die wenigen, die es tun, oft ein so schlechtes Gewissen haben, daß sie sich von selbst bei Beratungsstellen melden...

Nein, die wirklich fatale Rolle spielen Mütter beim Inzest nicht als Täterinnen, sondern als Mitwisserinnen. Sie wollen »nicht merken«, sie sehen weg, sie schweigen. Aus Angst. Aus Erleichterung (selber nicht »ran« zu müssen). Aus Eifersucht (auf die Töchter). Aus Ohnmacht. Aus mangelndem Stolz. Aus Scham.

Dabei könnten so viele es wissen. Zu viele. Die meisten Inzestverbrechen könnten verhindert werden, wenn Mütter, Nachbarn, LehrerInnen nicht länger wegsehen würden. Vor allem Mütter. Gerade sie müssen eine Chance für mehr Stolz und Kraft zum Widerstand bekommen! Doch wie oft waren sie selbst Opfer, wie oft wurden auch sie schon als kleine Mädchen gebrochen...

Es ist ein Teufelskreis. Und solange dieser Kreis der sexuellen Gewalt gegen Mütter und Töchter nicht unterbrochen, solange die Mauer der Familienburg der Väter nicht niedergerissen ist – so lange werden Männer die Seelen und Körper ihrer Frauen und Töchter mißbrauchen.

Vor der Neuen Frauenbewegung haben es nur ganz wenige geschafft, das Grauen zu Ende zu denken. Virginia Woolf ist eine von ihnen. Sie machte zu einer Zeit, in der es zwar die historische Frauenbewegung gab, die sexuelle Gewalt aber noch tabu war, als eine der ersten den Skandal öffentlich. Sie redete über den von ihr selbst erlittenen sexuellen Mißbrauch durch ihre beiden Halbbrüder (und vielleicht auch durch den Vater). Virginia Woolf war kein Einzelfall: Ihre Familie war eine klassische viktorianische Familie, in der alle Frauen den sexuellen Aggressionen aller Männer ausgeliefert waren. Es war selbstverständlich, daß die älteste Halbschwester Stella nach dem Tod der Mutter diese zu ersetzen hatte, auch im Bett des Vaters.

Virginia Woolf überlebte, indem sie – ganz wie Ingeborg Bachmann – das Ungeheuerliche wagte: Sie ging der Sache auf den Grund. Beide erkannten, wie untrennbar die »private und öffentlichte Tyrannei« miteinander verbunden sind. Und beide, die Engländerin in den 40er und die Deutsche in den 60er Jahren dieses Jahrhunderts, sprechen unverhüllt vom »Faschismus« in der Familie: diesem alltäglichen privaten Faschismus der Männer gegen die Frauen, der den öffentlichen Faschismus zwischen Klassen, Rassen und Völkern überhaupt erst möglich macht.

In der traditionellen patriarchalen Familie, die heute zwar angeknackt, aber keineswegs in den Grundfesten erschüttert ist, üben Männer und Frauen tagtäglich die Achtung und Verachtung, das Geben und Nehmen, das Oben und Unten ein. Hier steht das Fundament für die Ungleichheit der Welt.

Der Krieg in der Familie und der Krieg in der Welt – sie stehen in einem direkten Zusammenhang. Denn die Familie ist der intimste Ort zur Einübung des Umgangs von Menschen mit Menschen. Solange hier Hierarchie, Besitz und Gewalt die Männer zu Herrenmenschen und die Frauen zu Untermenschen machen, so lange wird es auch auf der Straße und in der ganzen Welt so funktionieren. Die Täter, über deren Unmenschlichkeit wir Opfer manchmal fassungslos sind, diese Täter werden in unseren Familien produziert. Und wir kennen sie gut.

Jugendliche stoßen Ausländer aus der fahrenden U-Bahn, Nachbarn stecken Asylantenheime an, US-Soldaten bomben flüchtende Soldaten platt wie »Kakerlaken«. Unbegreiflich? Keineswegs. Welchen Umgang erwarten wir vom starken Geschlecht mit dem »Feind«, wenn schon der Umgang mit der »Freundin« (Frau, Tochter) von Dominanz, Verachtung und Gewalt geprägt ist? Welche Form soll Haß annehmen, wenn schon die »Liebe« Zerstörung bedeutet? Die halbherzige Strategie der Kinderschutzbund-Zentrale, die auf ihre »familienstabilisierende« Absicht auch noch stolz ist, ist darum schlimmer als nichts: Sie zementiert die so dringend zu ändernden Verhältnisse. Und die dreisten Manipulationen der Männerpresse sind nichts als eine logische Reaktion der Täter. Denn die haben wenig Interesse an Veränderung. Hinzu kommt die frivole Komplizität einiger Journalistinnen – die sattsam bekannte Beflissenheit der ewigen Opfer, denen längst die Phantasie ausgegangen ist für ein Leben in Würde.

Menschen, die schon als Kinder an Seele und Körper angefaßt und mißbraucht wurden – und zwar nicht vom »bösen Fremden«, sondern vom lieben Nächsten –, solche Menschen können nicht vergessen. Sie haben ein Leben lang gegen die Folgen zu kämpfen. Denn sie leiden an dem, was Jean Améry im Zusammenhang mit der selbst erlittenen Nazi-Folter einen Verlust des »Weltvertrauens« genannt hat: den Verlust des Vertrauens in eine Welt, in der nicht *alles* möglich ist.

Sieh mich an. Du bist doch ein Mensch. Ein Mensch wie ich. Es kann doch nicht sein, daß du mich überhaupt nicht respektierst, daß du alles mit mir tust…? Doch, es kann sein.

Für viele Frauen ist es so. Mindestens jede dritte – wenn nicht sogar jede zweite – unter uns weiß nur zu genau, wovon ich rede. Sie hat es erlebt. Sie hat erlebt, daß Menschen alles tun können. Genauer gesagt: daß Männer alles tun können mit Frauen. Wie lange noch?

November 1991

Ingeborg Bachmanns *Malina*

Am Anfang der Seepromenade des Wörthersees, nicht weit von der Dampferstation, bin ich zum erstenmal geküßt worden, aber ich sehe kein Gesicht mehr, das sich meinem nähert, auch der Name von dem Fremden muß im See verschlammt sein. Der Fremde war vielleicht auf der Flucht oder er wollte Zigaretten für die Marken eintauschen und sie rauchen mit der schönen großen Frau, nur war ich damals schon neunzehn Jahre alt und nicht mehr sechs, mit einer Schultasche auf dem Rücken, als es wirklich passierte. In einer Großaufnahme steht die kleine Glanbrücke da, nicht das abendliche Seeufer, nur diese mittäglich übersonnte Brücke mit den zwei kleinen Buben, die auch ihre Schultaschen auf dem Rücken hatten, und der ältere, mindestens zwei Jahre älter als ich, rief: Du, du da, komm her, ich geb dir etwas! Die Worte sind nicht vergessen, auch nicht das Bubengesicht, der wichtige erste Anruf, nicht meine erste wilde Freude, das Stehenbleiben, Zögern, und auf dieser Brücke der erste Schritt auf einen anderen zu, und gleich darauf das Klatschen einer harten Hand ins Gesicht: Da, du, jetzt hast du es! Es war der erste Schlag in mein Gesicht und das erste Bewußtsein von der tiefen Befriedigung eines anderen, zu schlagen. Die erste Erkenntnis des Schmerzes. Mit den Händen an den Riemen der Schultasche und ohne zu weinen und mit gleichmäßigen Schritten ist jemand, der einmal ich war, den Schulweg nach Hause getrottet, dieses eine Mal ohne die Staketen des Zauns am Wegrand abzuzählen, zum erstenmal unter die Menschen gefallen, und manchmal weiß man also doch, wann es angefangen hat, wie und wo, und welche Tränen zu weinen gewesen wären (aus »Malina«).

Die erste Erkenntnis des Schmerzes. Ziemlich zu Anfang ihres von ihr selbst als »autobiographisch« benannten Romans *Malina* schildert Ingeborg Bachmann dieses Erlebnis als entscheidend. *Zum erstenmal unter die Menschen gefallen.* Danach trottete *jemand, der einmal ich war, nach Hause.* Das weibliche Ich aus *Malina* war an diesem Tag zum erstenmal im Leben dem Verrat, der Demütigung, der Gewalt begegnet. Männlicher Gewalt. Es sollte erst der Anfang sein. Was das Mädchen in den Jahren darauf erlebte, zugefügt nicht von einem Fremden, sondern vom eigenen Vater, das zerstörte die Frau lebenslang. Sie verlor das Vertrauen, das Vertrauen in die Welt, das »Weltvertrauen«, wie es der von Bachmann sehr geschätzte Jean Améry in einem 1966 veröffentlichten Text nannte. Er schrieb:

»Der erste Schlag bringt dem Inhaftierten zu Bewußtsein, daß er *hilflos* ist – und damit enthält er alles Spätere schon im Keime. Folter und Tod in der Zelle, wovon man gewußt haben mag, ohne daß freilich solches Wissen Lebensfarbe besessen hätte, werden beim ersten Schlag als reale Möglichkeiten, ja als Gewißheit vorgespürt. Man darf mich mit der Faust ins Gesicht schlagen, fühlt in dumpfem Staunen das Opfer und schließt in ebenso dumpfer Gewißheit: Man wird mit mir anstellen, was man will. Draußen weiß niemand davon, und keiner steht für mich ein. Wer zu Hilfe eilen mochte, eine Ehefrau, eine Mutter, ein Bruder oder Freund, hier gelangt er nicht herein.«

Bachmann gelangt nicht hinaus. Bei ihr und all den anderen Mädchen und Frauen könnte man davon wissen. Aber man will nicht, bis heute nicht. *Ich habe gesehen, daß alle abwarten, sie tun nichts.* Und es *passiert überall und nirgends.*

Ingeborg Bachmann, geboren am 25.6.1926 in Klagenfurt, starb am 17.10.1973 in Rom. Sie hatte nicht länger die Kraft, die Folgen der Folter – Folter durch ihre Liebsten – zu überleben. Jean Améry, geboren am 31.10.1912 in Wien, starb am 18.10.1978 in Salzburg. Freitod. Er hatte nicht länger die Kraft, die Folgen der Folter – Folter durch die Nazis – noch länger zu überleben.

Die Folter ist das zentrale Thema von *Malina.* Es ist Bachmanns einziger vollendeter Roman. Frühen Ruhm erntete sie in den 50er Jahren mit ihren Gedichten. Selbstverständliche Anerkennung erhielt sie für ihre Kurzgeschichten und Essays. Irritation und Ablehnung löste sie mit diesem in den 60er Jahren geschriebenen Roman aus. *Malina* war als erster Teil einer Trilogie gedacht, folgen sollte »Der Fall Franza« und »Requiem für Fanny Goldmann«, beide heute nur als rekonstruierte Fragmente vorhanden. Bachmann gab der Trilogie den Titel *Todesarten.*

Malina erschien 1971. Und fiel durch. Zehn Jahre danach ergoß sich eine zweite Welle der Wertung über die Bachmann-Texte: Nun trugen Literaturexpert*innen* Bachmanns Frausein Rechnung. Jetzt, 20 Jahre danach, wurde *Malina* verfilmt. Von einem Mann. Der Anstoß kam von den Produzenten, zwei Brüder namens Kuchenreuther. Sie waren es auch, die die – gute – Idee hatten, Elfriede Jelinek das Drehbuch schreiben zu lassen. Aber sie hatten leider auch den Einfall, Werner Schroeter die Verfilmung anzutragen...

Spätestens seit Abschluß der Dreharbeiten legt Schroeter Wert darauf, sein Verhältnis zu Bachmann klarzustellen. In einem ZDF-Interview erklärte der Regisseur (übrigens genau in der Herrenpose, an der das »Ich« von Malina zerbrochen ist) frank und frei: »Es wäre furchtbar, wenn man's so verfilmen würde, wie's geschrieben steht. Die eine Brücke ist die Jelinek, die andere Brücke bin ich. Es muß über diese beiden Brücken gehen, damit man zu einer neuen Frage kommt. Sonst interessiert das ja wirklich keinen mehr, das Gejammer.«

Das Gejammer. Von Bachmann. Vielleicht ist es jemandem wie

Ingeborg Bachmann

Schroeter gar nicht zu verdenken, daß er vermutlich noch nicht einmal ahnt, daß dieses »Gejammer« genau das Gegenteil ist: nämlich der Versuch der Überwindung von Leiden durch die Benennung seiner Existenz und seiner Ursachen. Das Thema, das Bachmann da – Jahre vor der Neuen Frauenbewegung! – schon vor zwanzig Jahren anschlug, lautet: Kolonialisierung des weiblichen

Körpers, hier in seiner brutalsten Variante – dem sexuellen Mißbrauch und der Gewalt durch den eigenen Vater (Bruder, Freund, Mann). Folter über Jahre. Den Rest gibt das Wegsehen und Schweigen der Mutter.

Dreißig Jahre danach findet Ingeborg Bachmann endlich Worte dafür. Nicht direkt, sie kann noch immer nicht schreiben, *was* damals passiert ist. Aber indirekt, indem sie schildert, was das von früher bis heute in ihr angerichtet hat. Alpträume, Haß, Selbsthaß. Und Angst. Angst! *Ivan hebt im Scherz die Hand, um nach mir zu schlagen, da kommt die Angst wieder. Und ich sage erstickt: Bitte nicht, nicht nach meinem Kopf.* Aber auch Erkenntnis und Mut. Mut, in den Abgrund zu sehen. Was sie da sieht? *Blutschande. Das ist doch nicht zu verwechseln, ich weiß, was es heißt.*

Ingeborg Bachmann, die so lange das Grauen in sich getragen hat, verliert die Fassung, gesellschaftlich wie literarisch. Sie hält sich nicht mehr an die Spielregeln, weder an die des Schweigens noch an die des Schreibens. Nicht zufällig passiert das Ende der 60er, Anfang der 70er Jahre.

Der Roman der Dichterin, die schon im Olymp aufgenommen war, reißt sie bei seinem Erscheinen runter. Das, was die Bachmann da mitzuteilen hat, will niemand hören. Da sei eine »Vaterbindung angedeutet«, ein »Vaterkomplex rekapituliert« worden, bramarbasieren die Berufskritiker. Nebulös sei die Sache, ganz und gar unverständlich. Auch für die Leserin. Es »schieben sich die Obsessionen vor alles Dechiffrierbare«, klagt Kollegin Wohmann kokett.

Zwei Jahre später erliegt Ingeborg Bachmann einem eigenartigen, bis heute nicht ganz geklärten Tod. Sie schläft mit der brennenden Zigarette ein und stirbt nach zwei Wochen auf der Intensivstation – nicht an den schweren Verbrennungen, sondern an den Entzugserscheinungen. Die Ärzte konnten nicht klären, von welchen Mitteln die besinnungslose Süchtige abhängig war – und da waren auch keine »Freunde«, die bereit gewesen wären, zu gestehen, was sie ihr über Jahre besorgt und geliefert hatten. *Todesarten.*

Auch die Nachrufe werden *Malina* nicht gerecht. Weder die aus den 70ern noch die aus den 80ern. Da seziert die feministische, postfeministische, antifeministische oder wasauchimmer Kritik den Roman mit literaturästhetischen und psychoanalytischen Methoden. Sie attestiert Bachmann, von Frau zu Frau, zwar eine für ihre Zeit »ungewöhnliche und ungewohnte entblößende Beschäftigung mit Weiblichkeit« und kann auch die Inzest-Klage nicht länger überhören. Aber sie schiebt, ganz modisch, dem Opfer die Schuld zu, ja unterstellt die Freude am Opfersein, schlimmer noch: Einige der Kritikerinnen verweisen nun das Geschehen ins Reich der Phantasie einer Masochistin.

So schreibt zum Beispiel Ria Endres 1981 in der »Zeit« über das zweite Kapitel, in dem es ausschließlich um den unbewältigten Mißbrauch durch den Vater geht, wörtlich: »Hinter diesen Traumkonstruktionen steckt aber die streng verhüllte Liebesphantasie mit dem Vater. In der bewußten Dramatisierung wird das Paradies der Kindheit als Hölle wiederholt, um diese endlich hinter sich zu lassen.«

Paradies der Kindheit... *Es war Mord.* Das sind die letzten Worte in *Malina*. Zehn Jahre danach wird Bachmann zu Tode interpretiert. Und weitere zehn Jahre danach zu Tode verfilmt.

Der Regisseur schreckt vor keiner Manipulation zurück. Beispiel: Das erste Übermanntwerden beschreibt Ingeborg Bachmann als *erste Erkenntnis des Schmerzes.* Bei Jelinek wird daraus: »Dies ist mein allererster Schmerz gewesen, und er ist stärker gewesen als alle, die ich damals empfunden hab...« Punkt. Und bei Schroeter? Er läßt seine Hauptdarstellerin Isabelle Huppert in der entsprechenden Szene kokettieren: »Dies war meine erste Erfahrung mit dem Schmerz – und meiner Freude daran.«

Freude daran. Freude woran? An der Demütigung? An der Unterwerfung? An der Gewalt? Sicher, die Lust ist ein vielbeschriebenes Blatt, so manche Handschrift, so mancher Eindruck findet sich darauf, auch Widersprüchliches und Abgründiges. Aber kann ein Objekt überhaupt von Lust reden? Ist nicht die Gefügigkeit des Objekts eher Überlebensstrategie statt Erfüllung? Ahnen und Akzeptieren oder Verdrängen und Schweigen? Überleben statt Erkennen oder Erkennen und Zugrundegehen? Männer, die die Existenz der sexuellen Gewalt verniedlichen, haben als (potentielle) Täter ein Interesse daran. Frauen, die die Existenz der sexuellen Gewalt verharmlosen oder gar propagieren, sind als (potentielle) Opfer zwangsweise Kollaborateurinnen. Willige Opfer, die noch unter der Folter Lustschreie ausstoßen. Genau das ist das Problem – nicht bei den heimlichen-unheimlichen Sehnsüchten hinter verschlossener Tür, sondern bei der öffentlichen Propagierung des Masochismus von Frauen (und Sadismus von Männern). Was nicht zufällig gerade jetzt Mode ist, in diesen sogenannten postfeministischen Zeiten.

In *Malina* schreibt eine um ihr Leben, nicht um ihr Sterben. Rückblicke und Ausblicke, Monologe und Dialoge, fiktive Briefe und Interviews, Alpträume und Alltäglichkeiten folgen zwingend aufeinander. Wir erleben alles aus der Ich-Perspektive der Erzählerin. Alles dreht sich um die Innenwelt des Ichs und seine drei Akteure.

Da ist das namenlose, weibliche Ich, das, ganz wie seine Autorin, Dichterin ist, in Klagenfurt geboren und in Wien ansässig. Da ist Malina, der Mann mit dem eigenartig geschlechtslosen Namen, der mit der Frau zusammenwohnt und im Kriegsmuseum arbeitet. Und da ist Ivan, ein gebürtiger Ungar, der in derselben Gasse lebt, zwei Kinder, aber keine Frau hat und in mysteriösen Geldgeschäften tätig ist. Die Frau ist Ivan, gespielt von Can Togay, hörig. Als sie ihn auf der Straße zum erstenmal sieht, folgt sie ihm wie ein Hund. *Du könntest mich heilen*, sagt sie. Ivan, mehr Projektion denn Realität, sieht auch im Film so aus, wie man ihn sich im Roman vorstellt: groß, dunkel, undurchschaubar – männlich.

Malina ist ganz das Gegenteil. Er ist nicht wirklich ein Mann, nicht wirklich ein Gegenüber und auch keine Projektion. Er ist die männliche Seite des weiblichen Ichs, ihr Alter ego, ihre andere Hälfte. Mathieu Carrière, die beste Besetzung in dem Film, spielt den Malina wie der Erzengel Gabriel: schön, ruhig, verheißend, bedrohlich. Er setzt der weiblichen Raserei und Zerstörung männliche Gelassenheit und Umsicht entgegen. Er schützt. Aber er schützt sie auch vor sich selbst – und damit vor ihrer eigenen Geschichte, ihrer eigenen Identität.

Malina unterbricht mich, er schützt mich, aber ich glaube, sein Beschützenwollen führt dazu, daß ich nie zum Erzählen kommen werde. Es ist Malina, der mich nicht erzählen läßt, klagt die Frau. Es ist die vernünftige männliche Seite, die die gedemütigte weibliche Seite an der zerstörerischen Erkenntnis hindern will.

Die Frau wird von Isabelle Huppert gespielt, was ins Konzept von Schroeter paßt, aber nicht in das von Bachmann und Jelinek. Kann die im Leiden spezialisierte Französin überhaupt die revoltierende Bachmann darstellen? Ahnt diese *femme douloureuse* überhaupt, wie groß die Sehnsucht nach Glück der Frau in *Malina* in Wahrheit ist?

Die Frau geht geradewegs ins Feuer. Indem sie die Demütigung mit Ivan wiederholt, will sie diesmal Siegerin werden, will die alte Erniedrigung überwinden, will die Dämonen austreiben. *Du könntest mich heilen.*

Doch die Frau scheitert an Ivan, so wie sie am Vater scheiterte, halb zerbrochen, zerbricht sie nun ganz. Was der Vater begonnen hat, vollendet der Liebhaber – mit der gelähmten Teilnahme des Opfers. Sie wird von Ivan verlassen und existiert folgerichtig nicht mehr. Die Frau verschwindet in einem Spalt in der Wand ihrer Wohnung. Zurück bleibt Malina, ihre andere Hälfte. *Ich habe in Ivan gelebt und ich sterbe in Malina*, sagt sie im Gehen. (Daraus wird übrigens im Pressematerial zum Film: Ich habe in Ivan *geliebt* und…)

Was will Bachmann damit sagen? Wohl: Ich, die Frau, existiere nur als Geschöpf des Mannes. Will der vom Mann kolonialisierte weibliche Mensch überleben, muß er die Frau in sich töten. Und genau das tut am Ende das weibliche Ich in Malina: Die Frau verschwindet – damit der Mensch überleben kann. Zurück bleibt nur ein Teil von ihr, die männliche Hälfte, Malina.

Du wirst nicht in deinem Ich siegen, hatte Malina seiner weiblichen Hälfte prophezeit. Er sollte recht behalten. Der weibliche Mensch überlebt – aber nur um den Preis der Selbstaufgabe seiner weiblichen Identität und der Anpassung an die männliche Hälfte. Das heißt: Es überlebt nicht der vollständige Mensch mit all seinen Erfahrungen, Gefühlen und Gedanken, es überlebt ein Torso. Die Vernunft hat die Emotion zum Schweigen gebracht. Bachmann weiß: *Wenn man überlebt hat, ist Überleben dem Erkennen im Wege.*

Was nun wird aus dieser Geschichte in dem Schroeter-Film? Eine Klamotte. Durch lodernde Flammen, untermalt mit lodernden Tönen, staksen im Pseudo-Bausch-Schritt seidene Unterröcke und glamouröse Roben. Er hat einfach NICHTS begriffen, schlimmer noch: Er dreht den Stoff um. Schroeter *Malina* verfilmen lassen, das ist, wie wenn Riefenstahl die *Gebrüder Oppermann* drehen würde. Am Drehbuch kann es nicht liegen, denn Drehbuchautorin Jelinek hat durchaus versucht, die Zerrissenheit ihrer Heldin in Bilder umzusetzen. So beginnt sie zum Beispiel die 29. Szene mit den Worten: »Die Frau liegt in einem eleganten Negligé, das für sie etwas ungewöhnlich ist, denn sie zupft dauernd daran herum, weil sie sich darin unbehaglich fühlt, im Bett. Sie liest und macht sich Notizen, schlägt etwas nach etc. Die Tätigkeit paßt in grotesker Weise nicht zu dieser hyperweiblichen Kleidung, die an Dallas oder so erinnert.«

In den Händen des Regisseurs wird aus der Film-Frau ein Weibchen, dessen Auftritt in grotesker Weise nicht zur Tätigkeit einer Schriftstellerin paßt. Für die gefügige Huppert ist das Negligé nicht hilflose Verkleidung, sondern raffinierter Normalzustand. Und aus der verzweifelten Raserei des Bachmann-Ichs wird ein hysterisches Gerenne des Schroeter-Stars. Mehr Unrecht kann *Malina* nicht getan werden als mit so einer Verfilmung. Ach, warum hat sich der Regisseur nicht eines anderen, eines eigenen Stoffes angenommen! Waren die für *Malina* angesetzten sieben Millionen zu verführerisch?

Das ganze Unterfangen wäre der Rede kaum wert, wäre da nicht dieses so modische Kokettieren mit dem Masochismus. Und wäre da nicht die Realität: Wir müssen heute davon ausgehen, daß etwa jedes dritte Mädchen sexuell mißbraucht wird oder wurde und daß die Mehrheit aller Frauen sexuelle Gewalt aus der eigenen Erfahrung kennt. Noch sind wir weit davon entfernt, das wirkliche Ausmaß des Schadens, das diese Art von (Sexual-)Folter beim weiblichen Geschlecht anrichtet, zu erfassen.

So berichtet der »Spiegel« jüngst in einer Suchtstory auch über die bekannte Medikamentenabhängigkeit von Bachmann (Angstdämpfer etc.), ein französischer Freund habe wenige Monate vor Bachmanns Tod erschrocken die zahlreichen Brandwunden von Zigaretten auf ihrem Körper registriert. Der »Spiegel« führt das auf ihre Achtlosigkeit und Empfindungslosigkeit durch die Sucht zurück.

Doch vermutlich war dies nicht der einzige Grund. Wir wissen heute, daß Suchtgefährdung bei sexuellem Mißbrauch in der Kindheit auffallend häufig ist. Und wir wissen auch, daß Inzest-Geschädigte lebenslang zu seelischer und körperlicher Selbstzerstörung neigen, bis hin zur Selbstverstümmelung, mit Rasierklingen oder brennenden Zigaretten zum Beispiel... Aber kein Aderlaß ist so stark, diese Erniedrigung wegzuwaschen; kein Feuer so reinigend, dieses Brandmal zu vernichten.

Das sind die Gründe, warum die Koketterie mit der Sexualerniedrigung und der Sexualgewalt – und der Pornographie, die sie propagiert! – eine so bitterernste Sache ist. Und Drohgebärden bei Männern, Unterwerfungsgesten bei Frauen. Wir brauchen darum nicht länger drum rumzureden. Denn *die Wahrheit ist dem Menschen zumutbar*: Die Propagierung des weiblichen Masochismus durch Männer ist ein Angriff, durch Frauen ist es Kollaboration mit dem Feind. *Es ist der ewige Krieg.* Sicher, Kollaborateure gibt es in allen Kriegen. Damit müssen die Bachmanns und Amérys leben. Nur – vereinnahmen lassen müssen sie sich nicht.

Februar 1991

Pornographie

Die Würde der Frau ist antastbar

Ich habe mir einiges ansehen müssen. All das, wovor Frauen normalerweise die Augen verschließen. Schön war das nicht. Nach abgründigen Stunden allein mit den »Hart-Pornos« habe ich den »Playboy«-Stapel zusammen mit einer Freundin durchgesehen. Und siehe da, wir guckten uns, überrascht, an und gestanden es: »Ehrlich gesagt hab ich's mir schlimmer vorgestellt...«

Was war passiert? Hatten »Playboy« und Konsorten gelernt aus dem Protest der Frauen? Waren ihre Hasen jetzt frauenfreundliche Hasen? Wir verglichen mit alten Ausgaben. Nein, nicht »Playboy« hatte sich verändert. Wir hatten uns verändert. Unser Blick hat sich verändert. Das tägliche Bombardement mit Pornographie ist auch an uns nicht spurlos vorübergegangen.

Längst ist die illegale harte Pornographie in legale Billig- und Hochglanzzeitschriften übergeschwappt. Denen genügt es nicht mehr, unsere Haut zu Markte zu tragen. Die ziehen uns die Haut ganz vom Leib. Die gefolterte und zerstückelte Frau – das ist *seine* Antwort auf *unsere* Emanzipation.

Wer kann sich bei diesem Stand der Dinge noch über nach Inzest gierende Schulmädchen und nach Befriedigung lechzende Hündinnen im »Playboy« echauffieren? Old-boy-Pornos, wie die Amerikanerinnen sagen. Die New boys ziehen da ganz andere Saiten auf.

Dabei haben die Old boys in den letzten zehn Jahren auch ganz schön dazugelernt. Waren früher die ausklappbaren Pin-ups unbekannte Schöne, die nichts als ihre Silikonbrüste darboten, so sind es heute Frauen, zu deren bloßen Brüsten »Playboy« in Kinderschrift Geburtsort und Lieblingsspeise, Hobbys und Träume preisgibt.

Ihr beschwert euch darüber, daß wir Männer uns nur für eure

Titten und Ärsche interessieren? Aber nein doch. Wir interessieren uns auch für eure Seelen. Die verkaufen wir jetzt gleich mit dazu.

Doch auch das kann den »Soft«-Porno nicht retten. Er verliert unerbittlich seine Marktanteile an den »Hart«-Porno. Folgerichtig, ist doch der Hart-Porno nur die logische Konsequenz aus dem Weich-Porno. Die Grenzen sind fließend, beides wird aus einer Quelle gespeist: aus der Verachtung von Frauen. Der Unterschied ist nur ein Unterschied in Graden, nicht in der Sache. Und die Dosierung richtet sich nicht nach Männerlust, sondern nach Frauenstärke: Je bedrohlicher (für Männer) die Emanzipation, um so bedrohlicher die Pornographie.

Für diese These lieferte ausgerechnet das Zeitgeist-Blatt »Tempo« jüngst ein hübsches Beispiel aus dem Bereich der »angewandten Psychologie«: Beim Betrachten »brutaler Sexszenen« schnellten bei den Frauen die Kurven höher: »Gehirn- und Herzströme, Pupillenerweiterung, Schweißbildung«. Klar, Angst. – Oder? Nein, doch nicht klar. Für das Jungherrenmagazin handelt es sich bei diesen registrierten Reaktionen selbstverständlich um »sexuelle Erregungskurven«. Jetzt klar?

82% aller Männer zwischen 18 und 65 kennen Pornos. Zwei Drittel aller Schüler/innen einer Frankenthaler Hauptschule sehen wöchentlich elf und mehr Porno- und Gewaltvideos. Jede dritte ausgeliehene Videokassette ist harte Pornographie.

Gesehen hat die natürlich keiner. So wie ja auch niemand die Porno-Hefte liest. Und der »Playboy« nur wegen der (vorgeblich) guten Interviews gekauft wird. – Wo also sind sie, all diese Jungs, die bis zur Halskrause vollgefüllt sind mit erniedrigenden und gewalttätigen Bildern von uns Frauen?

Sie sind auf der Straße. Am Arbeitsplatz. Im Parlament. An der Uni. In den Medien. In der Schule. Nebenan. Zu Hause. Sie sehen die Pornos. Und sie sehen uns. Und sie sehen wieder die Pornos. Und sie sehen wieder uns. Genau das ist einer der Gründe, warum so viele Frauen die Bedrohung durch die Pornographie nicht wahrhaben wollen:

Das soll ich sein? Dieses Stück Fleisch? Diese winselnde Hündin? – Zu der Sorte Mensch soll ich gehören? Eine, die nur existiert, um SEINE Allmacht zu zelebrieren. Eine, die wimmert:

Nimm mich, wie du willst! Mach mit mir, was du willst! Verfüge über mich. Benutze mich. Zerstöre mich. – So eine soll ich wirklich sein? – Nein. Das bin ich nicht! Lieber verschließe ich die Augen.

Und dann? Dann kriechen zu den Bildern von draußen die Bilder von drinnen. Und die sind oft nicht weniger beklemmend.

Denn die Erotik der Frauen selbst ist ja nicht frei von all dem, sie ist ganz einfach auch Produkt der herrschenden Verhältnisse – und damit keineswegs immer auf der Höhe feministischer Erleuchtung. Das gilt für Nicht-Feministinnen wie für Feministinnen.

Mit dem Widerspruch müssen (manche) Frauen leben: Sie kämpfen gegen eine Verachtung und Erniedrigung, die so manches Mal sogar unter ihrer eigenen Haut sitzt, zur Selbstverachtung und Selbsterniedrigung umschlägt. Auch und gerade erotisch. Da heißt das dann »Masochismus« und ist neuerdings wieder ganz chic.

Aber halt: Diese passiven, sich den Mächtigen anpassenden und unterwerfenden Phantasien von Frauen sind keine Realität. Die sexualisierten Machtphantasien von Männern hingegen, die sind Realität. Die meinen es ernst. Wie ernst, das zeigt uns die rasende Desensibilisierung und Brutalisierung in der privat wie öffentlich vorgeführten Erotik: Immer mehr Männer erwarten auch von ihren eigenen Freundinnen/Frauen die erniedrigenden Re-Inszenierungen von Pornographie. Zunehmend werden Vergewaltigung und Sexualmorde nach Porno-Vorlagen »nachgespielt«.

Die Scham und die eigenen Widersprüche. Zwei gute Gründe, Pornographie nicht wahrhaben zu wollen. Und es gibt noch einen dritten sehr guten Grund: die Angst. Denn Frauen, die den Kampf gegen die Pornographie aufnehmen, machen sich unbeliebt. Sehr unbeliebt.

Das wurde ja oft genug an mir selbst und an EMMA exemplarisch demonstriert. Der von EMMA angezettelte sogenannte stern-Prozeß gegen die sexistischen (will sagen: pornographischen) Titelbilder brachte uns viel Dreck und viel Ärger (aber auch viel Zustimmung). Noch Jahre danach zerrte uns der »stern« von Prozeß zu Prozeß, was uns ökonomisch fast kirre machte. Und der Auslieferungsboykott der letzten EMMA-Ausgabe durch einen Teil des Handels ist auch alles andere als ein Zufall: Er ist eine prompte Antwort der Porno-Branche. Hier wird nicht diskutiert, hier wird ökonomisch Tacheles geredet...

Denn an der Pornographie verdienen sie (fast) alle. Direkt wie indirekt. Pornographie ist ja so viel mehr als das, was wir juristisch in unserem Gesetzesvorschlag zu erfassen suchen. Die konkret benennbare Pornographie ist in Wahrheit nur ein Teil des Problems: Was da lebensbedrohlich auf uns zukommt, das ist die Pornographisierung der ganzen Sexualität, ja der gesamten Geschlechter-Beziehungen.

Es geht bei der Pornographie nicht um Lust. Es geht um Macht. Daß Männer nur zu gern Lust mit Macht verwechseln, ist bekannt. Die herrschende Sexualität hat der Lust weitgehend den Garaus gemacht. Eros liegt plattgewalzt unter den Rädern der Sexmaschine.

Sexualität ist kaum Natur, sie ist vor allem Kultur. Sie ist Produkt vieler bewußter und unbewußter Einflüsse, Phantasien, Gebote und Zwänge unseres Lebens. Der erste scheue Kuß; der erste heimliche Sex; die Frauen, die eigentlich nicht wollen/dürfen und die mann zur »Liebe« erobert oder zwingt – all das haben nicht nur die Männer drauf, das haben auch wir Frauen drin.

Wo Staaten sich streiten, sind die Grenzen dicht. Wo Klassen sich bekämpfen, sind sie durch Wohnviertel getrennt. Wo Geschlechter aufeinanderprallen, ist oft kein Millimeter Raum mehr zwischen den Leibern. Männer und Frauen teilen Tisch und Bett. Diese Erkenntnis ist nicht neu. Die Konflikte, die daraus resultieren, müssen dennoch täglich neu durchgestanden werden. Nach außen wie nach innen. Auch und gerade von den Frauen und Männern, die es anders, die es besser machen wollen.

Sex und Gewalt sind heute in den Phantasien und Bedürfnissen von uns allen nur schwer lösbar miteinander verbunden. Es gibt jetzt wieder Sexualwissenschaftler, die das für angeboren halten. Feministinnen antworten ihnen: Es ist anerzogen und angeprügelt. Und die Pornographie festigt erneut und schürt verstärkt diese unselige Verknüpfung.

Pornographie macht die Frauen *und* die Sexualität kaputt. Pornographie, dieses »kalte Herz der Frauenfeindlichkeit« macht »Sexismus sexy« (McKinnon). Mehr noch: Sie macht den Geschlechterkampf zum Geschlechterkrieg. Pornographie ist Kriegspropaganda gegen Frauen.

Sie sind in diesem ihrem Krieg schon ganz schön weit gekommen: Am Anfang haben sie uns »nur« ausgezogen; dann haben sie uns »nur« vergewaltigt; dann haben sie uns »nur« gefoltert; jetzt zerstückeln sie uns. Immer mehr wird die Porno-Produktion zur Gewalt-Porno-Produktion. Jeder Bürger ein de Sade. Das ist Demokratie im Patriarchat.

Wir leben in einem Land, in dem, 40 Jahre nach der Nazizeit, die Propagierung eines plumpen Antisemitismus auf Protest stößt: Wer Bilder von hakennasigen, raffgierigen, kinderschändenden Juden veröffentlichen würde, bekäme Ärger. Zu Recht. Wir leben in einem Land, in dem, weit ab vom Schuß, die Propagierung eines plumpen Rassismus auf Protest stößt: Wer Bilder von trolläugigen, blöden, allzeit dienstbaren Schwarzen veröffentlichen würde, bekäme Ärger. Zu Recht. Wir leben in einem Land, in dem, mitten im Geschlechterkampf, die Propagierung eines plumpen Sexismus eine Selbstverständlichkeit ist, Teil der »Meinungsfreiheit« und »echt in« in modernen Kreisen: allzeit bereite, dümmliche, unterwürfige, verfügbare, benutzbare, mißbrauchte Frauen. Es gibt nur wenige Männer, die das empört. Was nicht verwunderlich ist. Gehören sie doch nicht zur Kategorie der Opfer, sondern zu der der Täter. Und Täter können bekanntlich gemeinhin besser schlafen als Opfer. Doch auch unter den Frauen sind noch längst nicht alle gegen Pornographie. Das ist schon befremdlicher! Denn *sie* gehören zur Kategorie der Opfer. Ob sie wollen oder nicht. Wenn wir den Kampf gegen die Pornographie nicht gewinnen, verlieren wir den Kampf um unsere Emanzipation. So einfach ist das.

Nicht zufällig schließlich lautet der allererste Satz des Grundgesetzes: »Die Würde des Menschen ist unantastbar.«

Die Würde der Frau ist antastbar. – Wie lange noch?

Dezember 1987

Warum wir ein Anti-Porno-Gesetz brauchen

Pornographie bedroht die elementaren Menschenrechte von Frauen; Rechte, die nicht zufällig im Grundgesetz an vorderster Stelle stehen, so: das Recht auf Würde oder Freiheit, auf körperliche Unversehrtheit oder Leben. Pornographie (schon das Wort, aus dem Griechischen, bedeutet: Darstellung von Huren) schafft ein Frauenbild, das Frauen zu Menschen zweiter Klasse degradiert.

Bilder, die man sich von Menschen macht, haben Auswirkungen auf deren gesellschaftliche, soziale und psychische Realität – das ist bei einem sexistischen Bild nicht anders als bei einem rassistischen oder einem antisemitischen.

Pornographie ist mehr als eine Phantasie oder Idee, sie ist Realität. Pornographie ist Teil der sexuellen Gewalt – eben jener Gewalt, die Frauen aufgrund ihres Geschlechts die Menschenwürde abspricht und ihre Gleichberechtigung verhindert.

Das geltende Strafrecht (§ 184 StGB) definiert Pornographie anders. Danach sind Darstellungen dann pornographisch, wenn sie »auf Erregung eines sexuellen Reizes beim Betrachter abzielen und dabei die im Einklang mit allgemeinen gesellschaftlichen Wertvorstellungen gezogenen Grenzen des sexuellen Anstands eindeutig überschreiten«. Der § 184 StGB dient also dem Schutz eines allgemeinen »Anstands«gefühls. Nicht dem Schutz der Würde von Frauen.

Der Gesetzentwurf von EMMA will die Frauen schützen. Er stellt den § 184 StGB nicht in Frage, sondern präzisiert und ergänzt ihn. Allerdings durch ein zivilrechtliches Gesetz, das die Ahndung eines Verstoßes nicht in die Hand des Staatsanwaltes, sondern in die der betroffenen Bürgerinnen selbst legt. Unser Entwurf versteht sich als Modell für eine grundsätzliche Regelung, deren genaue gesetzestechnische und rechtsdogmatische Ausarbeitung noch erfolgen muß.

Der Entwurf würde eine Gesetzeslücke schließen. Die zeigte sich nicht zuletzt beim sogenannten stern-Prozeß im Sommer 1978, bei dem auf Initiative von EMMA hin zehn Frauen den »stern« wegen seiner sexistischen, Frauen erniedrigenden Titelbilder verklagten. Als Richter Engelschall als Vorsitzender einer Zivilkammer des Hamburger Landgerichts am 26.7.1978 das Urteil sprach, gab er den Klägerinnen zwar moralisch recht (»Die Kammer verkennt nicht, daß es ein berechtigtes Anliegen sein kann«), aber juristisch unrecht. »Diese Klage«, so argumentierte der Richter, »hat in dem geltenden Rechtsschutzsystem noch keinen Platz. Mit einem solchen Anliegen müßten sich die Klägerinnen vielmehr an den Gesetzgeber wenden.« – Das tun wir hiermit.

»Die Klägerinnen sind jeweils selbst als Verletzte berechtigt, diesen Prozeß zu führen (Aktivlegitimation). Jede der Klägerinnen ist durch die vorgelegten Titelbilder als Mitglied der Gruppe Frauen persönlich betroffen und in ihrer Ehre verletzt.« So argumentierte 1978 Rechtsanwältin Gisela Wild, die damals die Klägerinnen im »stern-Prozeß« vertrat. Mit Hinweis auf die sexistischen bzw. pornographischen Titelbilder des »stern« fuhr sie fort: »Die Darstellung der Frau ist auf diesen Bildern völlig entpersönlicht und reduziert auf geschlechtliche Benutzbarkeit. Zugleich wird damit weibliche Unterlegenheit und männliche Dominanz ausgedrückt. (...) Die Frau wird so dargestellt, als sei sie männlicher Lust jederzeit verfügbar und unterstehe damit seiner Beherrschung.«

Seither ist die Pornographie mehr und härter geworden. Doch immer noch fehlt ein Gesetz, das Frauen davor schützen könnte. Jetzt ergreifen Frauen selbst die Initiative und präsentieren diesen Entwurf.

Dieser Gesetzentwurf geht über die geltende, viel zu vage und damit auch mißbräuchliche strafrechtliche Definition von »Pornographie« hinaus und definiert sie realitätsgerecht, nämlich als in erster Linie frauenfeindlich, und alle Frauen als betroffen (Popularklage). Er entzieht den Tatbestand der Pornographie damit der beliebigen Interpretation durch den Strafrichter. Er ist nicht zufällig nicht strafrechtlich, sondern zivilrechtlich. Wir wollen dem Staat kein weiteres Instrument zur Aufrechterhaltung von »Anstand« (welcher und wessen Anstand auch immer) in die Hand geben, sondern für die betroffenen Frauen ein rechtliches Instrument zur Gegenwehr schaffen.

Das Recht auf Schadenersatz scheint uns in diesem Fall adäquat, schließlich verdient die enorm expandierende Porno-Industrie

Milliarden (allein in der Bundesrepublik hatte sie bereits 1979 einen Jahresumsatz von 1,1 Milliarden DM). Warum sollte sie da an die geschädigten Frauen nicht zahlen?

Selbstverständlich hat uns auch die Frage nach eventuellen Gefahren für die Meinungsfreiheit, Pressefreiheit und Kunstfreiheit bewegt. Doch auch die hat ihre Grenzen. Nicht zufällig wird die Pressefreiheit bereits im Artikel 5 des Grundgesetzes beschränkt, wo es in Absatz 2 heißt, sie finde »ihre Schranken in den Vorschriften der allgemeinen Gesetze, den gesetzlichen Bestimmungen zum Schutze der Jugend und in dem Recht der persönlichen Ehre«. Und sie hat auch ihre Pflichten, diese Freiheit. So die Pflicht, im Dienste der Aufklärung und nicht in dem der Anti-Aufklärung, der Volksverhetzung zu stehen. Antisemitische und rassistische Darstellungen verbietet in der Bundesrepublik das Gesetz. Bei sexistischen pornographischen Darstellungen sollte es nicht anders sein.

Als der Gesetzgeber im Zuge der großen Sexualstrafrechtsreform 1975 auch den § 184 StGB liberalisierte, verband er damit wohl unter anderem die Hoffnung auf mehr Freiheit für jede/n, aber auch auf mehr Selbstverantwortung. Typisch ist dafür die Position des beim Hearing zur Gesetzesreform gehörten Psychoanalytikers Alexander Mitscherlich, der für die Reform plädierte, dabei allerdings einschränkend auf den Schutz einer »aufklärenden Selbsthilfe der Bürger gegen die aggressive Schundliteratur« hoffte.

Das Gegenteil trat ein. Weder regulierte eine »Selbsthilfe der Bürger« den Markt. Noch wurde die Pornographie zum Abfuhrventil für sexuelle Aggressionen.

Die neuere psychologische Wirkungsforschung, vor allem aus den USA, beweist eindeutig direkte Zusammenhänge zwischen dem Konsum von Pornographie und der Zunahme sexueller Aggressionen von Männern (unter anderem die Studien von Edward Donnerstein und Leonard Berkowitz, *Journal of Personality and Social Psychology* 2, 1980 und 4, 1981; Seymour Feshbach und Neal Malamuth, *Psychology Today* 11, 1978; Diana E. H. Russell in »Take back the night«, New York 1980).

Die skandinavischen Länder, die bereits Ende der 60er/Anfang der 70er Jahre ihre Anti-Pornographie-Gesetzgebung liberalisierten, zogen längst Konsequenzen aus der alarmierenden Entwicklung. 1980 schränkte Schweden seine völlige Freigabe der Pornographie wieder ein; inzwischen haben alle skandinavischen Länder nachgezogen.

In den USA gingen Frauen ab 1978 gegen Pornographie auf die Straßen, organisierten sich (»Women against pornography«) und forderten die Regierung auf, endlich zu handeln. Heraus kam der 1986 erschienene »Meese-Report« (Atorney General's Commission on Pornography: Final Report). Dieser 1960 Seiten umfassende Report des Justizministeriums versucht, »das Wesen und Ausmaß der Pornographie in den USA« sowie »deren Einfluß auf die Gesellschaft« zu erfassen. Dazu hörte monatelang eine elfköpfige Kommission in zahlreichen Städten 208 Zeug/inn/en, die in der Porno-Industrie gearbeitet haben oder auf andere Weise durch Pornographie verletzt oder geschädigt wurden. Ihre Ergebnisse sind alarmierend.

Auch die qualitativ wie quantitativ steigende Pornographie in der Bundesrepublik und die Expansion durch die neuen Medien (zum Porno-Video kommt inzwischen auch das Porno-Heimcomputer-Spiel) machen rasches Handeln nötig. Der vorliegende Gesetzentwurf berücksichtigt die Erfahrungen der Länder, die uns in der Entwicklung der Pornographie und in der Reaktion darauf voraus sind – wie die USA und die skandinavischen Länder. Zu den einzelnen Paragraphen:

Zu § 1: Generalklausel

Frauen fallen der Pornographie aufgrund ihres Geschlechts zum Opfer. Pornographie gefährdet und verletzt die elementaren Menschenrechte von Frauen und ist damit verfassungswidrig. Sie verstößt gegen den Artikel 1 (»Die Würde des Menschen ist unantastbar«), den Artikel 3 des Grundgesetzes (»Männer und Frauen sind gleichberechtigt. Niemand darf wegen seines Geschlechts [...] benachteiligt oder bevorzugt werden«).

Schadensersatzpflichtig soll sein, wer Pornographie herstellt und wer Pornographie verbreitet. Unter Verbreitung ist dabei jede Form der Weitergabe an Dritte zu verstehen, so auch die Vermietung an geschlossene Benutzergruppen über BTX oder Lesezirkel oder private Weitergabe.

Zu § 2: Definition

Die Definition geht davon aus, daß der zentrale Sinn der Pornographie die Propagierung und Realisierung von Frauenerniedrigung und Frauenverachtung ist. Pornographie ist also kein Instrument der Lust, sondern ein Instrument der Macht. In der herrschenden Sexualität überschneiden sich die beiden Bereiche. Pornographie sexualisiert Macht.

Unsere Definition von Pornographie unterscheidet sich erheblich von der heute strafrechtlich gefundenen. Wir tragen damit zur Entmythologisierung des Rechts bei und ermöglichen so einen realistischen Rechtsgüterschutz der Betroffenen.

Die Ausführungen der Absätze 1 bis 4 berücksichtigen die Realität in den heutigen Pornographie-Produktionen, zu der zunehmend auch Folter und Mord gehören. Wie neuere Erfahrungen und Untersuchungen auch in der Bundesrepublik zeigen, ist die Gewaltpornographie sowohl in die als »legal« verstandene Pornographie eingedrungen als auch in der Illegalität weit verbreitet und leicht erhältlich. Bereits 1984 warnte das Bonner Familienministerium vor dieser beunruhigenden Entwicklung.

Zu § 3: Anspruchsberechtigung

Die Darstellungen von Pornographie zeigen keine individuellen Personen, sie zeigen die Frau an sich. Sie meinen also auch die Frau an sich, das heißt: Sie meinen alle Frauen. Darum müssen auch alle Frauen das Recht haben, sich gegen Pornographie zur Wehr setzen zu können. Wenn dieser Entwurf Gesetz wird, kann jede einzelne Betroffene, das heißt jede mit Pornographie konfrontierte Frau sich dagegen wehren. Sie kann Unterlassung und Schadensersatz fordern.

Der § 823 BGB sieht das bereits vor (»Wer vorsätzlich oder fahrlässig das Leben, den Körper, die Gesundheit, die Freiheit, das Eigentum oder ein sonstiges Recht eines anderen widerrechtlich verletzt, ist dem anderen zum Ersatz des daraus entstehenden Schadens verpflichtet«). Und nach § 1004 BGB kann in diesen Fällen Unterlassung verlangt werden. In diesem Sinne ist dieser Gesetzentwurf auch eine Konkretisierung des bestehenden Gesetzes, denn Pornographie ist ein Tatbestand, der diese Rechte verletzt.

Allerdings setzt der § 823 BGB voraus, daß die betroffene Frau persönlich diskriminiert wird, also zum Beispiel durch eine entwürdigende Darstellung ihrer eigenen Person in Bild oder Text. Nach unserem Gesetzentwurf aber ist *jede* Frau betroffen, weil *jede* Frau gemeint ist.

Vorbild für die juristische Konstruktion des § 3 ist das Gesetz gegen den unlauteren Wettbewerb (§ 1 ff UWG). Dieses Gesetz sieht vor, daß jeder, der sich betroffen fühlt, gegen unredliche Wettbewerbsmethoden vorgehen kann. Wer auf unlautere Weise seine Konkurrenten ausschalten will, muß also auch mit der Reaktion vieler möglicher Betroffener rechnen. Warum sollte das dann nicht auch bei einem soviel schwerwiegenderen »Schaden« wie Pornographie möglich sein?

Auch die in Absatz 2 geforderte sogenannte »Verbandsklage« ist nicht neu. Sie existiert bereits im Recht des allgemeinen Geschäftsverkehrs. Die Anwendung der Verbandsklage auch auf Frauen ist eine feministische Forderung, die EMMA in ihrem Alternativentwurf zu den Anti-Diskriminierungs-Gesetzen bereits 1981 erhob. Dabei gehen wir davon aus, daß das Ungleichgewicht bei von Frauen geführten Klagen (ihr Informationsdefizit, ihre Abhängigkeit, die zu befürchtenden Folgen und der voreingenommene Blick der »Männerjustiz«) Frauen häufig daran hindert zu klagen, sie also Unterstützung brauchen.

Absatz 3 berücksichtigt noch einmal die besonderen Verhältnisse in der Porno-Produktion, in der Frauen und Kinder nicht selten in sklavenähnlichen Verhältnissen gehalten und zu pornographischen Darstellungen gezwungen werden. Doch auch unter subtileren Bedingungen bleibt der Begriff des »freiwilligen Mitmachens« äußerst fragwürdig. Die Realität zeigt, daß Frauen und Mädchen nicht selten von den eigenen Verwandten oder Ehemännern an die Porno-Produzenten regelrecht »verkauft« werden; daß ihre Teilnahme unter Vorspiegelung falscher Tatsachen erschlichen wird; daß sie in extremer materieller Not sind; daß ihr Mißbrauch verharmlost wird, wenn sie eine sexuelle Beziehung zu dem Porno-Produzenten haben oder hatten oder sie Prostituierte sind oder waren.

All diesen extremen Bedingungen von Einschüchterung, Abhängigkeit und Zwang muß in einem frauengerechten Gesetz gegen Pornographie Rechnung getragen werden.

Zu § 5: Zwang zur Wahrnehmung

Dieser Paragraph soll es Frauen und Mädchen ermöglichen, sich vor der ungewollten Konfrontation mit Pornographie zu schützen (der Schutz männlicher Kinder und Jugendlicher könnte durch den § 184 StGB effektiver durchgesetzt werden), öffentlich wie privat. Denn Pornographie verletzt die Menschenwürde *aller* weiblichen Menschen, da diese Bilder *alle* Frauen meinen.

Zu § 6: Konsum

Es häufen sich die Fälle sexueller Gewalt, bis hin zum Sexualmord, bei denen nachweisbar oder eingestandenermaßen Pornographie als Anregung (oder regelrecht als Vorlage) gedient hat. In diesem Zusammenhang sei an den Mordfall in Berlin im Januar 1987 erinnert, bei dem der 25jährige Ulf-Peter Meyritz die 22jährige Studentin Natascha Westermann vergewaltigte und auf besonders grausame Art und Weise ermordete. Meyritz sagte aus, er habe einfach mal eine Frau »demütigen« und »zu so perversen Sachen zwingen« wollen, wie er es in »mehr als hundert Porno-Videos« gesehen habe. Es häufen sich auch Einzel- und Gruppen-Vergewaltigungen, bei denen die Vergewaltiger Elemente der von ihnen konsumierten Pornographie nachinszenieren.

Hier sollten die Opfer ein zusätzliches Recht auf Schmerzensgeld haben, wenn das Motiv und die Vorgehensweise des Täters nachweisbar durch den Konsum von Pornographie motiviert ist.

Schlußfolgerung

Wie ernst der Gesetzgeber die Aufstachelung zu Verachtung und Haß dann nimmt, wenn andere Gruppen damit gemeint sind, zeigt der § 131 des Strafgesetzbuches. Da heißt es unter dem Stichwort »Gewaltdarstellung: Aufstachelung zum Rassenhaß«: »Wer Schriften, die zum Rassenhaß aufstacheln oder die grausame oder sonst unmenschliche Gewalttätigkeiten gegen Menschen in einer Art schildern, die eine Verherrlichung oder Verharmlosung solcher Gewalttätigkeit ausdrückt oder die das Grausame oder Unmenschliche des Vorgangs in einer die Menschenwürde verletzenden Weise darstellt, verbreitet, öffentlich macht (...), herstellt, bezieht, liefert, vorrätig hält, anbietet (...), wird mit Freiheitsstrafe bis zu einem Jahr oder mit Geldstrafe bestraft.«

Würde hier der Begriff »Rassenhaß« durch den Begriff »Geschlechterhaß« ersetzt, wäre klar, wie strafwürdig der Sachverhalt der Pornographie an sich längst ist. Denn Pornographie ist in diesem Sinne »Rassenhaß«, propagiert Volksverhetzung gegen Frauen. Soll dennoch weiterhin straffrei so gehandelt werden können, weil es sich bei den Opfern »nur« um Frauen handelt?

Es ist Zeit, daß der Gesetzgeber handelt.

Dezember 1987

Ein Gesetzentwurf

§ 1 Generalklausel

Wer Frauen oder Mädchen durch Herstellung, Verbreitung oder Öffentlichmachung von Pornographie in ihrem Recht auf Würde und Freiheit, körperliche Unversehrtheit oder Leben verletzt, ist zum Ersatz des daraus entstehenden Schadens und zur Unterlassung verpflichtet.

§ 2 Definition von Pornographie

Pornographie ist die verharmlosende oder verherrlichende, deutlich erniedrigende sexuelle Darstellung von Frauen oder Mädchen in Bildern und / oder Worten, die eines oder mehrere der folgenden Elemente enthält:

1. die als Sexualobjekt dargestellten Frauen / Mädchen genießen Erniedrigung, Verletzung oder Schmerz;
2. die als Sexualobjekt dargestellten Frauen / Mädchen werden vergewaltigt – vaginal, anal oder oral;
3. die als Sexualobjekt dargestellten Frauen / Mädchen werden von Tieren oder Gegenständen penetriert – in Vagina oder After;
4. die als Sexualobjekt dargestellten Frauen / Mädchen sind gefesselt, geschlagen, verletzt, mißhandelt, verstümmelt, zerstückelt oder auf andere Weise Opfer von Zwang und Gewalt.

Die Verbreitung, Sammlung oder Öffentlichmachung von Pornographie im Sinne der Absätze 1 bis 4 ist nur dann zulässig, wenn sie eindeutig wissenschaftlichen oder eindeutig gesellschaftskritischen Zwecken dient. Die Herstellung von Pornographie aber ist auch in diesem Falle unzulässig.

§ 3 Anspruchsberechtigung

1. Jede Frau (jedes Mädchen), die mit einer pornographischen Darstellung konfrontiert ist, ist berechtigt, ihre Rechte nach § 1 im eigenen Namen geltend zu machen. Der Schadensersatz umfaßt den Anspruch auf Ersatz materieller und immaterieller Schäden.
2. Das gleiche Recht haben alle Vereine, Verbände oder Institutionen, die sich als juristische Personen konstituiert und die Förderung der Gleichberechtigung von Frauen / Mädchen zu ihrem programmatischen oder satzungsgemäßen Ziel erklärt haben.
3. Jede Frau (jedes Mädchen), die als »Darstellerin« bei der Herstellung von Pornographie in ihrem Recht auf Würde, Leben, körperliche Unversehrtheit oder Freiheit verletzt ist, ist berechtigt, gegen die Verantwortlichen Ansprüche im Sinne dieses Gesetzes geltend zu machen.

§ 4 Herstellung von Pornographie

Ebenfalls zur Unterlassung und zu Schadensersatz ist verpflichtet:
1. wer Frauen / Mädchen durch Täuschung, Drohung oder Zwang zu pornographischen Darstellungen bringt;
2. wer die Darstellungen von Frauen / Mädchen nachträglich in einen eindeutig pornographischen Zusammenhang bringt.

§ 5 Zwang zur Wahrnehmung von Pornographie

Wer in der Öffentlichkeit oder privat, am Arbeitsplatz oder in der Schule Frauen oder Mädchen gegen deren Willen, vorsätzlich oder fahrlässig, der Wahrnehmung von Pornographie aussetzt, kann von diesen auf Unterlassung und zu Schadensersatz verklagt werden.

§ 6 Konsum von Pornographie

Wer nachweislich aufgrund des Konsums von Pornographie Frauen / Mädchen in ihrem Recht auf Würde, Leben, körperliche Unversehrtheit oder Freiheit verletzt, ist den direkt Betroffenen zu Schadensersatz verpflichtet.

Das Gesetz gegen Kinderpornos – ein Anfang

Sollte der Bundestag demnächst den jetzt von Justizminister Kinkel vorgestellten Gesetzentwurf verabschieden – was zu erwarten ist –, wird in Zukunft nicht nur die Herstellung von Kinderpornographie strafbar sein und der Handel damit, sondern auch ihr Besitz. Produzenten und Händler drohen dann bis zu drei und fünf Jahren Gefängnis, Konsumenten bis zu einem Jahr. Damit wird erstmals der »eigentliche Problembereich« (Justizministerium), der Konsum von Pornos, juristisch erfaßt. Was ein großer Fortschritt im Kampf gegen diese Zerstörung von Körpern und Seelen der Kinder ist (Mädchen sind die Hauptopfer, nur in den Homosexuellen-Pornos spielen auch kleine Jungen eine Rolle).

Bisher konnte das Geschäft mit der Kinderpornographie mit maximal einem Jahr Gefängnis bestraft werden. Der reine Besitz von Kinderpornographie war sogar ganz straffrei. Jetzt droht allen Beteiligten Gefängnis. Sollte mit Kinkels Absicht, auch die »Liebhaber« dieser Machwerke zu verfolgen und die Kinderpornos im Besitz der Konsumenten zu beschlagnahmen, dann wäre das ein empfindlicher Schlag gegen diese Art von Menschenhandel.

Die Porno-Kunden könnten via Vertrieb und Verkauf (im Spezial- oder im Zeitschriftenhandel, via Versandhaus etc.) ja durchaus aufgespürt werden, sie gehen offensichtlich in die Zigtausende. Allein in Deutschland hat heute die Produktion von Kinderpornos einen Jahresumsatz von 400 Millionen. Eine sinkende Nachfrage würde automatisch auch die Produktion senken und damit die Opfer schonen.

Sehr oft geht die Herstellung pornographischer Kinderfotos und -filme Hand in Hand mit dem realen körperlichen Mißbrauch von Kindern, wie in dem Fall der beiden kleinen Mädchen in Göttingen: An ihnen vergingen sich Mutter, Stiefvater, Produzent und Kunden, die über die Filme auf die Spur der Mädchen gekommen waren (die Eltern »verliehen« ihre neun- und zehnjährigen Kinder für 300 DM pro Freier).

In Deutschland wird der sexuelle Mißbrauch von Kindern theoretisch schon heute mit bis zu zehn Jahren Gefängnis bestraft. Allerdings rein theoretisch. Von den 150000 bis 200000 Opfern (vor allem Mädchen!), die jährlich von Fremden, Onkeln und vor allem Vätern mißbraucht werden, werden überhaupt nur 13000 Fälle angezeigt und von denen wiederum nur 7500 aufgeklärt (die Zahl der Verurteilungen liegt dann noch mal niedriger).

Ein großer Teil der von deutschen Männern an Kindern begangenen Sexualverbrechen aber könnte auch mit dem neuen Gesetz nicht bestraft werden, weil die Opfer in der Dritten Welt leben, wo die Herren aus der Ersten Welt gar nicht erst verfolgt werden. Die Sextouristen, die in Asien, Afrika oder Südamerika für eine Nacht mit einem achtjährigen Jungen einen Dollar zahlen oder für die »Entjungferung« eines sechsjährigen Mädchens zehn Dollar, kehren als nicht belangbare Gentlemen zurück nach Hamburg oder Gelsenkirchen.

Jetzt kündigte der Justizminister an, daß er »in Kürze« auch für diese Spezies ein Strafgesetz vorlegen will. Stellt sich die Frage, warum er das nicht gleich getan hat. Aber es stellt sich nicht nur diese Frage.

Schon auf den ersten Blick wird klar, daß der Kinkel-Entwurf gegen Kinderpornographen eine Menge Mängel hat. Er kommt nicht nur sehr spät – seit fünf Jahren fordern Feministinnen ein Gesetz, seit zwei Jahren ist es in Bonn im Gespräch, seit einem Jahr redet das Haus Kinkel davon –, er ist auch äußerst unzureichend.

Es beginnt damit, daß der ganze 20 Zeilen (!) umfassende Gesetzentwurf aus dem Hause Kinkel die von vielen ExpertInnen geforderte Erhöhung der Verjährungsfrist auf 30 Jahre nicht berücksichtigt. Das Geschäft mit der Kinderpornographie würde nach dem Kinkel-Entwurf nach spätestens zehn Jahren verjähren, der Konsum schon nach drei Jahren. Dabei wissen wir heute, daß die Mädchen schon als Babys oder im Vorschulalter mißbraucht werden. Das Trauma ist so groß, daß die Erinnerung daran oft ganz und gar verdrängt wird. So kommt es, daß die abhängigen Kinder es oft nicht nur nicht wagen zu reden, sondern manchmal auch selbst nicht mehr wissen, was ihnen geschehen ist. Die Erinnerung kommt, wenn überhaupt, erst nach langer Erinnerungsarbeit wieder hoch. Dann sind die zehn Jahre aber längst vergangen...

Noch gravierender aber ist, daß der vorliegende Gesetzentwurf nicht mit einem Wort definiert, worum es ihm überhaupt geht, was eigentlich Kinderpornographie ist: Wo fängt sie an, und wo hört sie auf? Ist ein bekleidetes kleines Mädchen in sich anbietender Pose schon Pornographie? Beginnt es erst bei Strapsen und Dessous? Ist Nacktheit Voraussetzung? Oder zählen nur eindeutige obszöne Akte? Und was ist dann »obszön«?

Justizminister Kinkel (FDP) scheint ein allgemeines Einverständnis über das Wesen von Pornographie vorauszusetzen – was in Anbetracht der seit Jahren tobenden Debatte darüber, was eigentlich Pornographie ist und was nicht, doppelt erstaunlich ist. Damit drückt sich der Gesetzgeber auch weiterhin vor der längst überfälligen Definition von Pornographie, deren Opfer vor allem Frauen und Kinder sind.

Aber warum? Es kann nicht nur Faulheit sein. Denn wenn es das nur wäre, hätte das Justizministerium auch in aller Ruhe abschreiben können. Schließlich liegt seit Herbst 1987 ein differenzierter und anwendbarer Gesetzentwurf gegen Pornographie vor. In diesem, 1987 von EMMA in Zusammenarbeit mit Juristinnen – darunter die heutige Hamburger Justizsenatorin Lore Maria Peschel-Gutzeit! – erarbeiteten Anti-Porno-Gesetz heißt es in Paragraph 2, der »Definition von Pornographie«:

»Pornographie ist die verharmlosende oder verherrlichende, deutlich erniedrigende sexuelle Darstellung von Frauen oder Mädchen in Bildern und/oder Worten, die eines oder mehrere der folgenden Elemente enthält:

1. die als Sexualobjekt dargestellten Frauen/Mädchen genießen Erniedrigung, Verletzung oder Schmerz;
2. die als Sexualobjekte dargestellten Frauen/Mädchen werden vergewaltigt – vaginal, anal oder oral;
3. die als Sexualobjekte dargestellten Frauen/Mädchen werden von Tieren oder Gegenständen penetriert – in Vagina oder After;
4. die als Sexualobjekte dargestellten Frauen/Mädchen sind gefesselt, geschlagen, verletzt, mißhandelt, verstümmelt, zerstückelt oder auf andere Weise Opfer von Zwang und Gewalt.« – Bei den ganz wehrlosen Kindern müßte als Punkt 5 noch die Darstellung als »Sexualobjekt« an sich hinzugefügt werden.

Darüber hinaus gesteht der EMMA-Gesetzentwurf der Juristinnen allen durch Pornographie in ihrer »Würde« verletzten Mädchen und Frauen das Recht auf eine Schadensersatzklage zu. Von all diesen Vorschlägen allerdings war seither nie mehr die Rede, weder in den Parteien noch in den Medien. Doch als der Justizminister jetzt sein zwar sehr unzureichendes, aber mit harten Strafen drohendes Gesetz der Öffentlichkeit vorstellte, waren sich die Medien plötzlich alle in ihrer Zustimmung einig.

So lobt die »taz« die Initiative als »längst überfällig«, begrüßt die angebracht, aber ungewohnt hohen Strafen im Göttinger Kinderporno-Prozeß (drei und sechs Jahre) und macht bei der Gelegenheit auf den »wissenschaftlich bewiesenen« Zusammenhang zwischen Theorie und Praxis, Porno-Konsum und Sexualverbrechen aufmerksam: »Pornokonsum baut Hemmschwellen ab.« So die »taz« heute.

»Die Zeit« titelt ihren kritischen Kommentar zum Kinkel-Entwurf mit den Worten »Wider den Seelenmord«. Sie beklagt, daß der Justizminister sich so lange Zeit gelassen habe, und argwöhnt, daß »in den Experten-Gremien Beschöniger sitzen, die harte Reaktionen des Staates nicht nötig finden und verzögern«. Das Hamburger Blatt macht auch darauf aufmerksam, daß der Weg der Opfer der Kinderpornographie oft direkt zu Drogen und in die Prostitution führt (und zu den nicht minder zerstörerischen Jobs der Porno-Darstellerinnen, wenn diese Ergänzung erlaubt ist). »Die Zeit« hält es auch für eine »perverse Scheinlegitimation«, zu glauben, Porno-Konsumenten würden nicht auch handeln: Im Gegenteil, diese Videos »mindern das Unrechtsbewußtsein, lassen das Horrende als normal erscheinen, bauen also Hemmungen ab. Sie verbreitern das Verbrechen«.

Die »Frankfurter Allgemeine Zeitung« begrüßt ebenfalls die in Zukunft drohenden Strafen gegen »den ekelhaftesten Sektor der Porno-Industrie« und kann sich gleichzeitig einen Seitenhieb auf die linken und liberalen Verteidiger eines Rechts auf Pornographie nicht verkneifen. Die »FAZ« spöttisch: »Noch vor wenigen Jahren wären dagegen unter Hinweis auf die ›Freiheit der Kunst‹ Bedenken erhoben worden.« – Noch vor wenigen Jahren?

Tatsache ist, daß es die Kinkel-Initiative gegen die Kinderpornographie ohne den Kampf von Frauen gegen die Pornographie überhaupt nicht gäbe. Als EMMA 1987 ihre PorNO-Kampagne lancierte und ein mit Beschlagnahmungen und Geldstrafen drohendes Zivilgesetz gegen Pornographie vorschlug, war das Gebrüll der Männermedien ohnegleichen. Von rechts über die Mitte bis links (vor allem!) fast nur Hohn und Spott über die frustrierten, lustfeindlichen Zicken, die mal wieder allen den Spaß verderben wollen. Schlimmer noch: die der Meinungsfreiheit an den Kragen, die »Freiheit der Kunst« per Zensur vernichten und per Gesetzbüttel verfolgen wollen.

Der Gipfel des Abstrusen schien damals den libertinen Herren (und ihren übereifrigen Damen) die Feststellung von Feministinnen, es gäbe einen Zusammenhang zwischen Pornographie, Sexualpraktiken und – Sexualverbrechen.

Nun, inzwischen scheint dieser Zusammenhang selbst für die »taz«, die moderne Hochburg aller fortschrittlichen Freunde der Pornographie, »wissenschaftlich« bewiesen.

Aber gilt diese Kausalität nun nur bei »Liebhabern« von Mädchen bis 14 Jahren – und hört bei den 15jährigen auf? Gilt sie nur für Freunde der Kinderpornographie, aber nicht für die Freunde der Frauenpornographie? Oder ist das nicht alles überhaupt ein und dasselbe – und werden nicht nur die Opfer der Porno-Freunde immer jünger (weil die erwachsenen Frauen immer unbequemer werden)?

Die Kinder von heute sind die Frauen und Männer von morgen. Wer gegen die sogenannte Kinderpornographie ist, muß auch gegen die Frauenpornographie, muß gegen Pornographie überhaupt sein! Wer ein Gesetz gegen Kinderpornos befürwortet, muß auch ein Gesetz gegen Frauenpornos wollen! Denn der einzige Unterschied zwischen den Opfern ist: Die Kinder sind noch hilfloser als die Frauen. Dabei handelt es sich nicht selten um ein und dieselbe Person: Das mißbrauchte kleine Mädchen von einst wird leichter die ausgebeutete Porno-Darstellerin von heute und noch leichter die durch den pornographisierten männlichen Blick entwürdigte und benutzte Frau.

Wer also heute gegen die Kinderpornographie auch per Gesetz angehen will, muß die Erwachsenen-Pornographie ebenfalls gesetzlich bekämpfen. Ein Zivilgesetz, wie es EMMA schon vor fünf Jahren vorgeschlagen hat und das nicht mit Gefängnis, aber mit

Geldstrafen etc. droht, wäre das mindeste, was der Gesetzgeber schaffen sollte. Wir fordern Sie darum auf, Herr Justizminister, sich den Gesetzentwurf, den Ihre Kolleginnen schon vor fünf Jahren sorgfältig erarbeitet haben (und der ein wenig länger als 20 Zeilen ist), wenigstens einmal durchzulesen!

1988, also vor vier Jahren, luden die Sozialdemokraten zu einem »Hearing gegen Pornographie« nach Bonn. Gastgeberin war damals Renate Schmidt. Unter den Gästen waren nicht nur Porno-GegnerInnen und Porno-BefürworterInnen sowie KünstlerInnen (wg. Freiheit der Kunst), Sexualwissenschaftler und andere ExpertInnen, sondern auch Porno-Produzenten wie Beate Uhse. In Bonn waren die Profiteure der menschenfeindlichen Pornographie also damals durchaus noch salonfähig. Da können wir dankbar sein, daß FDP-Justizminister Kinkel wenigstens keinen Hersteller von Kinderpornographie zu seiner Pressekonferenz geladen hatte, sondern sich damit begnügte, einen abschreckend-erschütternden Kinderporno vorzuführen...

Ein Jahr nach dem in den Medien groß aufgezogenen Porno-Hearing der SPD erschien ein Taschenbuch mit allen Texten des Hearings – nur einer fehlte: der Gesetzentwurf von EMMA, der Teil des Hearing-Beitrages von Alice Schwarzer gewesen war. Was kein Zufall zu sein scheint, denn über die Möglichkeit eines Anti-Porno-Gesetztes schweigen sich nicht nur die Konservativen und Liberalen aus: Auch die Sozialdemokraten haben seither nie mehr ein Wort darüber verloren.

Der »stern« griff 1989 einen Teilaspekt der PorNO-Kampagne von EMMA auf und veröffentlichte eine aufrüttelnde Serie über die Ausmaße und Folgen der Kinderpornographie. Zur Frauenpornographie aber trägt er selber jede Woche neu bei! Doch auch die Frauenpornographie ist seit der PorNO-Kampagne längst nicht mehr so salonfähig wie einst, und die Porno-Branche hat schwere Einbrüche in den Gewinnen zu verzeichnen.

Gleichzeitig aber boomt die Gewaltpornographie, vor allem in den neuen Medien wie Video und Btx. Die Phantasien und das Begehren vor allem der jungen Männer werden so heute stärker denn je von dem Wahn geprägt, Frauen meinten Ja, wenn sie Nein sagen, oder fänden es »total geil«, gequält und vergewaltigt zu werden (das sind vermutlich dieselben brutalisierten, menschenverachtenden jungen Männer, die jetzt die neuen Rechten wählen). Die zunehmende Vernuttung der Frauenmode trägt noch das Ihre dazu bei...

Worauf also warten die PolitikerInnen aller Parteien, endlich auch auf ihrer Ebene der Pornographie wirklich den Kampf anzusagen?! Ein Gesetzentwurf dafür liegt, wie gesagt, seit fünf Jahren vor – juristisch wie politisch allemal fundierter als die 20 Zeilen aus dem Hause Kinkel.

Mai 1992

So antworten die neuen Männer den neuen Frauen

Auf dem ersten Foto liegt die Frau auf dem Rücken, nackt auf einem bloßen Laken. Ihre Knie sind angezogen, an den Füßen hat sie hochhackige, glänzende Pumps. Ihr Kopf und Oberkörper sind bis zum Bauch eingeschnürt in einen Müllsack. Neben ihr liegt ein langes Elektrokabel.

Auf dem zweiten Foto liegt die Frau auf der Schondecke eines Hotelbettes. Sie ist nackt, bis auf die glänzenden, hochhackigen Schnürstiefel. Kopf und Körper sind durch ein (Leder?)Band gefesselt und bis zur Unkenntlichkeit verdeckt. Auf dem Boden neben dem Bett stehen, halb umgefallen, Cowboystiefel.

Auf dem dritten Foto liegt die Frau ebenfalls auf einem nackten Bettlaken. Diesmal allerdings auf dem Bauch. Sie trägt einen Brautschleier, der sie bis zur Hüfte bedeckt, dazu einen weißen Strapsgürtel, weiße Strümpfe und weiße, hochhackige Pumps. Ihre Hände sind mit einem schwarzen Kabel auf den Rücken gefesselt. Ihr Hintern ist bloß. Neben ihr auf dem Bett liegt der Brautstrauß, weiße Nelken.

Auf dem vierten Foto liegt die Frau in einer Badewanne. Sie ist, bis auf einen schwarzen Tanga, nackt. Ihre Fußgelenke sind mit einem schwarzen Band gefesselt, ihre Hände sind hinter ihr an der Wand an die Armaturen gebunden. Ihr langes, strähniges dunkles

Haar verdeckt ihr Gesicht. Am Wannenrand liegen schwarze Gummihandschuhe und ein Rasiermesser. Neben der Wanne stehen hochhackige Pumps.

Jede dieser Frauen ist gesichtslos. Jede ist gefesselt.

Sie alle sind »Männerphantasien«, sind »die Träume eines Bürgers«, sind »Zeitgeist« (so der Titel). Sie sind auf je einer Doppelseite im Zeitgeist-Magazin »Wiener« abgebildet, das, nach eigener Aussage, »raffinierten Journalismus für 20- bis 40jährige« macht und damit »seit sechs Jahren außerordentlichen Erfolg« hat. In Österreich. Und seit Anfang des Jahres auch einen gewissen in der Bundesrepublik. Der »Wiener« ist, laut Eigen-Prospekt für die Werbewirtschaft, »die Nr. 1 bei den jungen Aufsteigern mit überdurchschnittlicher Bildung«. Denen also, die überdurchschnittlich schnell schalten.

Der »Wiener« wird auch von ebensolchen Trendis gemacht: nämlich überwiegend von jungen Journalisten (und einigen Journalistinnen), die aus den sogenannten »Szene«-Blättern kommen. Aus den sich als alternativ gerierenden Stadtteilzeitungen. Auch aus »konkret« und »Playboy« rekrutiert sich die forsche Mannschaft.

Dieselbe Zielgruppe, die gleichen Macher und denselben eiskalten Sexismus hat das Konkurrenzblättchen »Tempo«, das in großer Hast und in Rivalität mit dem »Wiener« auf den Aufsteiger-Markt kam.

In »Tempo« plaudert zum Beispiel Ex-Pflastersträndler Matthias Horx mal über den »Mythos RAF«, und das im Aktenzeichen-XY-Stil (»Sechs gegen 60 Millionen«); mal über die »neue Hochzeitsmode« (»Sei mein«), und das im Stil eines Batailles der Bastei-Heftchen. Da feiert der wendige Trendi das »Ritual, das allein die Kraft hat, aus einer abgenutzten Alltäglichkeit ein sinnliches, erotisches Geheimnis zu machen«; die Enthaltsamkeit, »bis alle Schleusen brechen«; die »kleinen spitzen Schreie« am Altar beim Ringaustausch; den Abgang im weißen Jaguar; und, nach gebührender Wartezeit, die »Hochstufe der Lust: den Betrug«.

Gefesselt ans Bett. Gefesselt an die Ehe. Hauptsache gefesselt. Und das alles immer hübsch verpackt und cool layoutet.

»Tempo«-Kollege Jan Philipp Senker hat in der Nummer zuvor schon das realistische Ende des Rituals vorweggenommen: »Statt

Scheidung Mord«. Denn »Frauen erschlagen den Ehemann, Liebhaber erwürgen die Freundin. Alle 16 Stunden endet in Deutschland eine Liebe tödlich.« – Mal so, mal so. Mal trifft's sie, mal ihn. Oder? Was Senker bei dem Tempo zu sagen vergaß, ist, daß bei neun von zehn Beziehungsmorden Frauen die Leichen sind und Männer die Mörder. »Tendenz steigend«. Und Psychologe Maisch orakelt dazu: Das wird »das beherrschende Thema der nächsten 30, 40 Jahre sein«. Thema? Fakt ist das!

Womit wir wieder beim »Wiener« wären. Der New Yorker Fotograf Thomas Glover durfte diese »Männerphantasien« für das Herrenjournal inszenieren. Er hat sich auch was dabei gedacht: Die Frau in der Mülltüte ist laut seinem Beitext »eine Flaschenpost«, von der er sich wünscht, »daß sie verstanden wird«. Und die Frau in der Badewanne ist für ihn »vielleicht sogar realer« als die Realität. Eben. Der Mister hofft, daß »ihre Zeichen zu entschlüsseln« sind. Durchaus. Die Flaschenpost ist angekommen.

Das Wort Pornographie kommt aus dem Altgriechischen und setzt sich zusammen aus »graphos« (Abbildung) und »porne« (Hure). Es handelt sich also bei Pornographie um die Abbildung von Huren beziehungsweise von Frauen, die von Männern als Huren gesehen und dargestellt werden.

Pornographie zelebriert und demonstriert die Degradierung von Frauen. Und damit die Erhebung der sie darstellenden und konsumierenden Männer über die Frauen. Der Kern von Pornographie ist die Darstellung männlicher Macht über weibliche Ohnmacht. Pornographie hat den Sinn, Frauen zu demütigen und einzuschüchtern, ihnen Angst zu machen. Und: Männer zu heroisieren und ihnen (Hoch)Mut zu machen. Mut zum Benutzen, Demütigen, Vergewaltigen, Fesseln, Foltern, Töten.

In den USA, in denen Mister Grover seinen Phantasien freien Lauf gelassen hat, wird laut offizieller FBI-Statistik alle 18 Sekunden eine Ehefrau geschlagen und alle drei Minuten eine Frau vergewaltigt. Die Tendenz der Frauenmorde ist steigend. Wie in der Bundesrepublik.

Der gerade erschienene offizielle Report über die Produktionsbedingungen und Auswirkungen von Pornographie in den USA hat auch hierzulande Staub aufgewirbelt. Ein Jahr lang haben elf Frauen und Männer versucht, »das Wesen und Ausmaß der Pornographie in den USA« sowie deren »Einfluß auf die Gesellschaft« zu erfassen. Dazu hörten sie 208 Zeug/inn/en (EMMA wird noch ausführlich darauf eingehen). Was sie hörten, war meist grauenerregend. Rapide steigt die Zahl der Porno-Models für den immer größer werdenden Porno-Konsum. Viele der Models sind Kinder. Sie werden, wie die Frauen, nicht selten in »harter Sklaverei gehalten«, zur Porno-Produktion mit Gewalt und Erpressung gezwungen. Der sogenannte Meese-Report kommt zu dem Schluß, daß »zwischen gewaltverherrlichender Pornographie und sexuell motivierter Gewalt gegen Frauen eine ›ursächliche Beziehung‹ besteht«.

So berichtet der »Spiegel« – und hielt es dennoch für angebracht, den Artikel unter dem neckischen Titel »Sex mit Huhn« und dem Vorspann zu präsentieren, hier »rüste das rechte Amerika zum Kampf gegen die Unmoral«.

Die »taz« fand es gar nicht erst nötig, überhaupt auf den Inhalt des 2000 Seiten umfassenden Reports einzugehen. Sie beschwor lieber gleich das Dilemma, daß »die« Frauenbewegung »Weggenossin fundamentalistischer Gruppen werden« könnte. Dabei unterschlug die linke »Tageszeitung«, daß es Feministinnen waren, die die Regierung zwangen, Pornographie ernster zu nehmen und endlich die Untersuchung in die Wege zu leiten. Dieselben radikalen Feministinnen übrigens, die seit Jahren scharf die bigotten, reaktionären Fundamentalisten kritisieren.

Von *einer* Haltung »der« Frauenbewegung zur Pornographie kann auch nicht die Rede sein, dazu ist »die« Frauenbewegung in den USA zu vielfältig. Die für ihre reformistischen Positionen bekannte NOW-Führerin Betty Friedan zum Beispiel hält den feministischen »Krieg gegen die Pornographie« für eine »Obsession einzelner« und eine »Verschwendung von Energie«, entsprechend »irrelevant« scheint ihr der Pornographie-Report. Die radikale Feministin Andrea Dworkin, seit Jahren eine der Speerspitzen im Kampf gegen Pornographie, begrüßt die Existenz des Anti-Porno-Reports, auch wenn sie keineswegs mit allen Schlüssen, die die Meese-Kommission zieht, einverstanden ist.

Daß auch konservative bis rechte Kräfte versuchen, ihr Moralsüppchen auf dem Anti-Porno-Kampf zu kochen, ist nicht überraschend. Daß sie das mit anderen Motiven und Zielen als die Feministinnen tun, ist bekannt. Nur: weil auch sie *gegen* etwas sind, müssen wir noch nicht *dafür* sein. Und wenn Rechte gegen Pornographie sind, so sollte das das Problem der Pornographen sein und nicht das der Feministinnen.

In der Tat kommt die Eskalation zur harten Pornographie und die Tendenz zur allgemeinen Verharmlosung eher aus der linken und liberalen Ecke als aus der rechten. Es sind die fortschrittlichen jungen Männer von »Wiener« und »taz« (»Warum sollte frau nicht ein paar schnelle Mark in der Peepshow verdienen«), die uns das bescheren. So ist es wohl kein Zufall, daß die »taz«-Bericht-Erstattung den Pornographie-Report irreführend in den gleichen Topf warf wie die steigende Repression gegen Homosexualität und so suggerierte, dies sei eine Front. – Für wen? Und wer ist hier wessen Weggenosse? Vielleicht die linken Chauvis die der harten Pornographen?!

Auch in den USA sind es vor allem die Frauen, sind die radikalen Feministinnen die einzigen, die es wirklich wagen, gegen die Sklavinnen-Propaganda der neuen Superindustrie Pornographie zu Felde zu ziehen. Ihnen, den Gedemütigten, sind dabei viele Mittel recht. Auch neue Gesetze (gegen Pornographie!), die sie, uns, schützen könnten. Zensur? Gefahr für die Meinungsfreiheit? – Für welche Freiheit?! Die, aufs Schild zu schreiben »Whites only!« oder »Türken raus!«? Doch sicher nicht. Die Frauen als erniedrigte Objekte und Opfer vorzuführen? Ganz sicher auch nicht!

Auch in der Bundesrepublik sind Frauen spätestens seit dem 1978 von EMMA initiierten »stern«-Prozeß (gegen die Frauen erniedrigenden Titelbilder) hellhörig geworden. Diese »stern«-Titel aber muten einen schier wie Opas Gartenlauben-Sex an im Vergleich mit den zu allem entschlossenen Frauenbildern des Nachwuchses.

Da kommt etwas auf uns zu, Frauen, was das, was wir bisher erlebt haben, noch weit zu übertreffen scheint.

Das ist die Reaktion auf uns. Wir haben es gewagt, nicht nur Arsch, sondern auch Kopf zu haben. Wir haben es gewagt, ein Gesicht zu haben. Und genau das will man uns wieder nehmen. Das ist die Reaktion. Die Reaktion auf die Frauenemanzipation. Das ist die Reduktion. Die Reduktion weiblicher Menschen auf ihren Körper. Auf einen kolonialisierten Körper, auf dem der Mann seinen Claim absteckt, wie es ihm beliebt. Den er benutzt, verhöhnt, verstümmelt.

Das ist die Antwort. Die Antwort der neuen Männer auf die neuen Frauen.

Und das Infamste ist, daß diese »neuen Männer« sich dieses Bild von der »neuen Frau« im Namen der »neuen Freiheiten« machen.

Ein berühmter Ökonom, Galbraith, hat einmal gesagt: Der Fortschritt des 20. Jahrhunderts ist, daß jetzt jeder Mann gratis ein Dienstmädchen hat, im 19. hatten das nur die Bürger. Der Fortschritt des späten 20. Jahrhunderts ist, daß jetzt jeder Mann gratis eine Heim-Nutte hat (oder zumindest haben will), früher hatten das nur zahlende Männer außer Haus. Längst bietet die Kaufhof-Wäscheabteilung Dessous an, die es bis vor ein paar Jahren nur in Spezialgeschäften am Bahnhof gab. Von Erotik ist da wenig die Rede. Von Unterwerfung viel. Jetzt pochen die jungen Aufsteiger auf ihre Gratis-Vorstellung. Und wenn die nicht klappt, darf die Szene auch mal locker in den Hard-Porno kippen. Da gehört Gewalt einfach dazu. Und Vergewaltigung. Und ein Mord aus Versehen ist auch mal drin.

Und die Schwestern in der »Wienerin« und in »Cosmopolitan« kichern aufreizend dazu.

»Die Jungs bauen auf unsere Ignoranz und unsere Angst. Wir haben uns immer geweigert, das Schlimmste zu sehen, was Männer uns angetan haben«, schreibt Andrea Dworkin. »Die Jungs wetten darauf, daß ihre Darstellung von uns als Huren uns niedergeschlagen machen und stoppen wird. Die Jungs wetten darauf, daß ihre Fäuste und Messer und Penisse und Vergewaltigungen uns zu dem machen werden, was wir nach ihrer Aussage sind. Die Jungs glauben fest daran. Die Jungs liegen falsch.«

Ja, die Jungs liegen falsch. Nicht auf dem Markt, wo »fortschrittliche« Publikumszeitschriften heute mit den Methoden von Hart-Porno-Postillen Auflage zu machen scheinen. Aber bei uns. Bei uns liegen sie ganz falsch. Uns kriegen sie nicht mehr drunter.

September 1986

Jetzt geht es wieder richtig los. Naive Gemüter glaubten, so wie früher könne es nie mehr werden. Doch es kann.

Die Ewiggestrigen haben aus den Fortschritten der letzten zehn, 20 Jahre wenig gelernt. Mann bleibt Mann. Und Frau bleibt Frau. Und Sex bleibt Sex. Toujours l'amour.

Als Frauen anfingen, nicht mehr mitzuspielen, waren die Männer überrascht. Jetzt kennen sie die neuen Spielregeln. Und genau darum stellen sie sich dumm. Und schicken die Allerdümmsten vor. Dabei kommen dann Weisheiten raus wie diese:

»Da sich die Geschlechter nicht im schönen Zustand des gleichen Ranges gegenüberstehen, mag sich diese Balance immer wieder zugunsten männlicher Aggressivität auflösen. Es wäre zu hoffen, daß es noch Männer gibt, die sich auf diesen Kampf aus einer komplementären Position heraus einlassen können.« (Cora Stephan, Ex-»Pflasterstrand«- und Ex-»Spiegel«-Redakteurin in der »Zeit«.)

Oder: »Auf Frauen, denen jedes sexuelle Verlangen ausgetrieben wurde, wirken Bilder geiler Frauen (sprich: Pornographie) unter Umständen bedrohlich und verlogen« (Sibylla Flügge, Juristin).

Oder: »Frau Schwarzer redet auch schon so weihevoll blutigernst. Früher hat sie wenigstens noch gekeift« (Pieke Biermann, Berliner Lektorin und Parade-Prostituierte der Szene).

Schwanz-ab-Schwarzer. Hat was gegen's Bumsen. Also was gegen Männer. Ist frustriert. Oder lesbisch. Vermutlich beides. Auf jeden Fall ungeil. »Geil« ist die »potente Frau«, die, die »nicht keift«. Attraktiv ist der »aggressive Mann«, der, der »aus der komplementären Position« kommt. Und wie er kommt. Es lebe der Unterschied! Und es lebe der Fortschritt. Der Fortschritt, der uns beschert, daß derlei haarsträubende Frauenverachtung nicht länger aus großer Männerschnauze tönen muß, sondern nun auch aus geschminktem Frauenmund kommen kann.

Tarzan braucht Jane. Und Jane braucht Tarzan.

In ihrer Geschichtslosigkeit geht diese Sorte Frau so weit, die ganze Diskussion um Sexualität der letzten 20 Jahre schlicht zu verleugnen – obwohl gerade sie es besser wissen müßte. So tut Sibylla Flügge, die schon die Schulungskurse des 68er Frankfurter »Weiberrates« aussaß, einfach so, als seien die Kritik an der herrschenden Sexualität und der Kampf gegen den Sexismus was ganz neues, ein aufgesetzter Import aus Amerika, wie Coca-Cola oder Hamburger. Dreist behauptet Flügge im »Pflasterstrand«, dem Hausblatt der 68er Platzhirsche:

»Dieser Untergangsvision (von der ›drohenden Pornographisierung der ganzen Sexualität‹) liegt die von Catharine MacKinnon entwickelte Theorie zugrunde, daß die Sexualität im Patriarchat dazu dient, die Frauen zu unterwerfen und gefügig zu machen.«

Catharine MacKinnon? Wer ist das? Nur Expertinnen und aufmerksame EMMA-Leserinnen wissen: Das ist die amerikanische Juristin, die, zusammen mit Andrea Dworkin, den US-Gesetzentwurf gegen Pornographie formuliert hat. Und diese Catharine soll jüngst die Mär von der frauenunterdrückten Sexualität im Patriarchat erfunden haben? Potzblitz! Eine wahrlich überraschende Enthüllung.

Schließlich handelt es sich bei der Erkenntnis, daß die herrschende Sexualität Frauen unterdrückt, um eine zentrale Theorie des Neuen Feminismus. Auch Papa Freud wußte schon davon. Und die neue Sexualforschung sowieso. Aber das alles soll nun wieder vergessen sein? Es soll. Darum muß alles neu gesagt werden? Es muß. Bringen wir es also hinter uns:

»Mit Sexualität ist weder Politik noch Staat zu machen«, behauptet Cora Stephan und irrt, wie meist. Mit Sexualität wird sowohl Politik als auch Staat gemacht – was die 68er Generation, die ihren Reich kannte und zu der Stephan sich zählt, vor 20 Jahren auch schon mal wußte. Der frustrierte Student oder Arbeitslose darf sich in der Peepshow ent- und aufladen, der entmachtete Arbeitnehmer im Ehebett oder Bordell den Mächtigen mimen. Ob es uns paßt oder nicht, unweigerlich spiegelt sich auch in der Sexualität »das Herr/Knecht-Verhältnis zwischen Männern und Frauen« (Elfriede Jelinek). Veränderbar wäre es nur durch das Eingeständnis der Machtverhältnisse, nicht aber durch ihre Leugnung.

Sexualität ist kein Schicksal. Sie ist Kultur, nicht Natur. Sie ist veränderbar. Am Anfang steht nichts als die sexuelle Energie des

Menschen. Ob die sich entfalten kann oder ob sie erstickt wird, wovon sie sich prägen läßt und wogegen sie sich verhärtet – das ist eine Frage der Verhältnisse, der Erwartungen und Zwänge, die uns umgeben. Das wußte Freud. Das weiß die heutige Sexualwissenschaft (so sie es nicht zwecks modischer Anbiederung an die Herrschenden erneut zu leugnen versucht). Das wissen wir Feministinnen. Und das wissen alle Frauen (so sie es nicht zwecks modischer Anbiederung an die Männer erneut zu leugnen versuchen).

Sexualität ist alles andere als unschuldig. Sie ist tausendfach berührt, nicht selten ganz verschüttet unter all dem Müll, der lebenslang auf ihr abgeladen wird. Unsere erotischen Sehnsüchte, Begierden und Besessenheiten sind ja nichts anderes als die Summe aller Verheißungen und Verfluchungen, die uns mit auf den Weg gegeben werden. Scarletts Vergewaltigung in »Vom Winde verweht«. James Deans Verweigerung. James Bonds entschiedener Griff nach den heißen Höschen. Das sind die Bilder und Botschaften, aus denen der Stoff unserer (Un)Lust gewebt ist.

Eine (Un)Lust, deren Inhalte für Frauen in der Tat meist »komplementär« sind zu denen der Männer. Darum müssen wir heute real von einer »weiblichen« und einer »männlichen« Sexualität ausgehen – auch wenn die Grenzen fließend sind, es immer waren. Denn selbstverständlich ist die »männlich« empfundene Lust auch Frauen nicht unbekannt (und die »weibliche« Männern nicht).

In den letzten Jahrzehnten sind diese künstlichen Grenzen zwischen den Geschlechtern auch erotisch noch durchlässiger geworden. Die Palette des heute offen Gelebten geht bei Frauen vom Bestehen auf der althergebrachten Sexrolle (ihr höchstes Glück ist es, ihm zu gefallen) bis hin zum Ausbruch daraus (sein Blick ist nicht länger ihr Gesetz).

Typisches Beispiel für die nur oberflächlich modernisierte, traditionelle Sexrolle sind die ZeitgeistlerInnen. Jane verehrt Tarzan. Und Tarzan verachtet Jane. Jane mimt auf dem Altar des Fortschritts den Tiger. Tarzan zeigt sich angenehm überrascht. Denn schließlich verbringt er sein »Schäferstündchen doch lieber mit Teresa Orlowski und Jennifer Wells in einem dieser schmuddeligen Schachtelkinos« als mit den »Damen Schwarzer, Goletzka und Dworkin« (Günter Franzen im »Pflasterstrand«). Wir von der »obersten Lesbenleitung« des »Kölner ZK« (Franzen), die wir am liebsten ein Kölner KZ für Männer einrichten würden, glauben es Tarzan-Günter nur zu gern...

Denn schließlich: Ein Mann, der kein Pornograph ist, ist kein Mann. Das ist ein »Waschlappen«, ein »Softie« (als Beleidigung gemeint), schlimmer noch: ein »Hausmannharmlos«. Der echte Mann ist unfehlbar daran zu erkennen, daß für ihn und seine Gespielinnen eines Mannes Lust auch heute noch der Welt-Maßstab ist. Porno ist »geil«. Also ist Porno gut.

Ein Rassist findet auch Türkenwitze geil, aber deswegen ist Rassismus noch lange nicht gut. Ein Militarist findet die Pershing geil, aber deswegen ist Krieg noch lange nicht gut. Ein Sexualverbrecher findet Frauenmord geil, aber deswegen sind Frauenleichen noch lange nicht gut. – Seien Sie keine Spielverderberin!

Stimmt, soviel Dummdreistigkeit wie in dieser PorNO-Debatte ist mir seit 13 Jahren, seit dem Erscheinen vom »Kleinen Unterschied«, nicht mehr begegnet. Ich habe es ehrlich gesagt auch nicht für möglich gehalten, daß der so durchsichtige Einschüchterungsversuch (Frauen, die was gegen Pornos und Mackersex haben, haben was gegen Sexualität) noch mal Konjunktur kriegen würde.

Ich habe mir schon gar nicht vorstellen können, daß sich Frauen, gar »Feministinnen«, nicht zu schade dafür sein würden, da mitzuheulen.

Es ist zur Zeit vor allem den Zeitgeistlerinnen, vom »Pflasterstrand« und »taz« bis zum »Wiener«, vorbehalten, ihren Freunden und Chefs bei der Propagierung von Pornographie die Stange zu halten. Der schrille Ton, der dabei angeschlagen wird, klingt verräterisch. Mit Erotik hat er nichts zu tun. Denn Erotik kann sich nur jenseits von Machtverhältnissen, kann sich nur mit einem wirklichen Gegenüber entfalten. Wie das eines fernen Tages aussehen könnte, das hat Simone de Beauvoir in ihrem letzten Satz vom »Anderen Geschlecht« in die Zukunft geschrieben: Für das »Reich der Freiheit« ist es »unter anderem notwendig, daß Mann und Frau jenseits ihrer natürlichen Differenzierung rückhaltlos geschwisterlich zueinander finden«.

Ich weiß, ich weiß. Die Zeitgeistlerinnen finden das öde. Gleichmachender Feminismus. Igitt! Fast noch schlimmer als uniformierender Sozialismus. Es lebe der Unterschied! Denn das brauchen sie, damit's knallt an der Champagner-Bar und auf dem

Futon: die alltägliche Dosis Sadomasochismus, damit das Herrschen noch Spaß macht und die Unterwerfung kokett unter Dessous und Dummheit hervorblinzeln kann.

Da wabern sie in der alten Ordnung. Und wenn einer ausbricht, schreien sie: Haltet den Waschlappen! Faßt die Lesbe!

»Der unermüdliche Kampf gegen das, was Heterosexualität von lesbischer Liebe unterscheidet, ist der Diskurs hinter dem Diskurs über Pornographie, was schon für Alice Schwarzers Buch ›Der Kleine Unterschied und seine großen Folgen‹ galt: ›Eine homosexuelle Propagandaschrift wurde irrtümlich als eine feministische Kampfschrift aufgefaßt‹ (Bernd Nitzschke)«, referiert Cora Stephan und petzt weiter: »Darum ist Schwarzers Kampf gegen die Männer damit stets, und zwar keineswegs am Rande, ein Kampf gegen Frauen, die an Männern auch das lieben, was anders ist.«

Das einzige, was daran stimmt, ist, daß ich was gegen das angebliche »Anderssein« von Frauen habe, das in den Augen der männlichen Norm bekanntermaßen immer Minderwertigkeit bedeutet. Aber da hatte ja schon Beauvoir was dagegen. Der Rest funktioniert nach dem alten Trick: Unterstelle der denkenden Feministin Dümmlichkeiten, zwinge sie damit zur Richtigstellung und hindere sie so am Weiterdenken...

Denken wir trotzdem weiter. Nennen wir es beim Namen: Die Ewiggestrigen rüsten wieder auf. Egal ob in Papas Eichenbett oder auf Sohnemanns Futon: Hauptsache horizontale Lage. Eingenommen durchaus nicht nur von »Frauen, die Männer lieben« (anscheinend in jeder Version), sondern auch von »Frauen, die Frauen lieben«. Denn entscheidender als ihr reales Sexualverhalten ist in der Porno-Frage der Grad der Autonomie einer Frau. Und der ist keineswegs zwingend daran meßbar, mit wem sie ins Bett geht, sondern eher daran, wem sie die soziale, intellektuelle und sexuelle Definitionsmacht zugesteht: IHM oder sich selbst. Noch deutlicher gesagt: ob sie sich auf die Seite der Herrschenden schlägt oder auf die der Revoltierenden.

Die Formen der Ausbrüche von Frauen aus der herrschenden Ordnung sind so vielfältig wie ihre Bedürfnisse und Möglichkeiten. Das geht von schlichtem Eingeständnis der Unlust über die aktive Veränderung der Oben/Unten-Verhältnisse zwischen Mann und Frau bis hin zur Infragestellung der (Zwangs-)Heterosexualität. Niemals aber kann es dabei um die Anschaffung neuer Dogmen und Zwänge gehen, immer nur um die Abschaffung der alten. Es ist natürlich der komplette Schmarrn, daß ich im »Kleinen Unterschied« die »Penetration« verteufelt oder gar »verboten« hätte. Ich habe sie lediglich entmystifiziert. Die Hysterie, mit der noch 13 Jahre nach Erscheinen auf das Buch reagiert wird, gibt mir nochmals recht.

Tatsächlich geht es im »Kleinen Unterschied« um die Analyse der repressiven Funktion von Heterosexualität im Patriarchat (was Frauen – und Männer – alles »aus Liebe« tun...). Es geht also nicht um die biologische Funktion des Koitus, sondern um seine ideologische (»Die muß nur mal richtig gebumst werden«). Selbstverständlich kann – und darf! – auch die Penetration Frauen Lust machen, seelische Lust, die die körperliche nach sich zieht. Nur kann der Koitus nicht länger ungebrochen als alleinseligmachender Höhepunkt der Lust gepriesen werden. So wie es in der Pornographie geschieht.

Ja, aber was ist mit der Pornographie von Frauen für Frauen, mit dem lesbischen Sadomasochismus? fragen die ganz Schlauen. Nun, solange der sich hinter vier Wänden zwischen zwei Gleichen abspielt, ist er nicht Gegenstand der PorNO-Kampagne (und schon gar nicht des Gesetzes!). Da aber, wo lesbische SM-Pornographie kommerzialisiert wird, muß auch sie sich den kritischen Blick gefallen lassen – auch wenn es ein fundamentaler Unterschied ist, ob zwei objektiv Gleiche subjektiv Oben/Unten spielen (es aber nicht real sind) oder ob Mann/Frau diese bittere Realität auch noch erotisch inszenieren.

Das ist am heterosexuellen Sadomasochismus das Beruhigende: daß hier Verhältnisse, die real existieren, in die Phantasie hinein verlängert und damit nicht etwa verarbeitet, sondern verstärkt werden. Ein Mann wie Lawrence von Arabien, der von Männern vergewaltigt wurde und ein Leben lang traumatisiert blieb, war da schon in einer ganz anderen Lage: Er inszenierte später das Trauma erneut, ließ sich gegen Bezahlung demütigen, um so die Situation noch einmal zu durchleben – diesmal aber ihr Herr zu sein. Eine Frau jedoch, die masochistische Phantasien mit Männern unreflektiert auslebt, ist objektiv in der genau umgekehrten Situation: Sie läuft Gefahr, ihre Erniedrigung damit nur zu perpetuieren. Elfriede Jelinek beschreibt diesen zum Scheitern verurteilten Griff einer Frau nach der Obszönität in der »Klavierspielerin« in seiner ganzen bitteren Konsequenz. Der dissonante Unterton, mit dem die Zeitgeist-Linke die neue Sensibilisierung von Frauen gegen Pornographie zu diskreditieren sucht, legt den Verdacht nahe, daß es nicht weit her ist mit deren eigener, so demonstrativ deklamierter »neuer sexueller Freiheit«. Zumindest bei den Frauen nicht. Schade. Aber nicht überraschend. Denn Pornographie macht nicht nur die Frauen kaputt. Sie tötet auch die Erotik.

Juli 1988

Cartoonist Reiser: Pornograph oder Menschenfreund?

Inmitten anonymer Hochbauten stehen Männer Schlange nach Porno-Filmen. Worum es darin geht, das zeigen die Plakate: um Folter. Eine gefesselte Frau wird ausgepeitscht, einer anderen wird ein Holzstamm in die Vagina gerammt, eine dritte wird in einem Nagel-Kasten gequält (mit »echtem Blut«), heiße Eisen malträtieren »heiße Girls«. Mitten durch die Szene zieht eine kleine Truppe von amnesty international. Sie protestiert gegen die Folter – an Kurden.

Die Schlange stehenden Porno-Konsumenten schauen nicht hin, sie wirken dumpf und desinteressiert. Warum auch sollten sie sich über gefolterte Menschen aufregen – schließlich werden sie gleich sogar zehn Mark Eintritt zahlen, um Folter an Menschen auf Großleinwand und in Farbe so richtig genießen zu können. Auch der Trupp von amnesty international ist indifferent: Die wackeren Menschenrechtler erregen sich zwar über die gefolterten Kurden (die sind ja auch schön weit weg), aber sie nehmen die Folter an Frauen (gleich nebenan) noch nicht einmal als solche wahr.

Reiser hat diese Zeichnung schon Ende der 70er Jahre gemacht. Mehr als zehn Jahre danach ist da doch jemand, der sich aufregt:

das Jugendamt in Karlsruhe. Es fordert die »Bundesprüfstelle für jugendgefährdende Schriften« auf, den Cartoonband »Sexdoping« zu indizieren; das heißt, das Buch soll nur noch unterm Ladentisch verkauft werden können. Grund: »Sexdoping« sei »geeignet, Kinder und Jugendliche sozialethisch zu desorientieren und moralisch zu verwirren«. Und speziell die oben beschriebene Zeichnung sei »absolut frauenverachtend und gewaltverharmlosend«.

Die Klagenden berufen sich dabei auf das geltende Gesetz: Nach § 184 im Strafgesetzbuch ist Pornographie für Jugendliche verboten, zumindest theoretisch. Was aber ist »Pornographie«? Laut Gesetz alle Darstellungen in Wort und Bild, die »auf Erregung eines sexuellen Reizes beim Betrachter abzielen und dabei die im Einklang mit allgemeinen gesellschaftlichen Wertevorstellungen gezogenen Grenzen des sexuellen Anstands eindeutig überschreiten«. Gegen den »sexuellen Anstand« verstoßen in den Augen der empörten Jugendschützer auch die erstochene Frau und die Babyrobbe sowie die vergewaltigte Frau auf dem Polizeirevier und der Bauer auf dem Pferd. Argument? Dies »vermittelt Kindern und Jugendlichen ein Bild vom Wesen und Wert der Sexualität, in dem meist die soziale Verantwortung für das Gegenüber ausgeblendet ist und das der Realität und sexualpädagogischen Bemühungen zuwiderläuft«.

Der Realität zuwider? Schön wär's. Den »sexualpädagogischen Bemühungen« vielleicht. Aber gerade die sollten sich der Realität stellen. Und die ist nun mal so, daß die »soziale Verantwortung für das Gegenüber« nur allzuoft »ausgeblendet« ist – vor allem, wenn Männer ihren Blick auf Frauen richten. Wer das ändern will, muß es benennen! Und genau das tut Reiser. Ob es uns paßt oder nicht: die (gesellschaftlich akzeptierte) Realität ist nun mal frauen- und menschenverachtend und die (propagierte) Sexualität frauenfeindlich. War der 1983 im Alter von 42 Jahren in Paris gestorbene Reiser nun einer, der zu dieser Entwicklung beitrug? Oder ist er vielmehr einer, der diese Entwicklung erkennt, benennt – und bekämpft? Einer, der die Augen öffnen, der schockieren will?

Reiser sieht alles. Das ist es wohl, was so schmerzlich ist an ihm. Bei ihm sind die Täter darum selten nur Täter (die sind eben oft auch erbärmliche Würstchen) und die Opfer selten nur Opfer (die sind eben manchmal auch selbstgefällig und feige). Aber: Die Täter SIND Täter und die Opfer SIND Opfer – und Reiser zeigt, wie sie es werden. Verhältnisse beuteln Mann, Mann vergewaltigt Frau, Frau prügelt Kind, Kind tritt Tier. Das ist die Macht- und Gewalt-Hierarchie, für die Reiser keine Worte braucht.

Da ist die Frau, die noch im gewaltsamen (Sexualmord?)Tod »schön« sein will. Da ist die Babyrobbe, bei deren Anblick sich die Frage aufdrängt: Was ist schlimmer – erschlagen oder vergewaltigt zu werden? Da ist die vergewaltigte Frau auf der Wache, die von dem vernehmenden Beamten ein zweites Mal zum Sexualobjekt degradiert wird. Und da ist der »Pferdenarr«, ein lediger Bauer, der, wie so viele seiner Nachbarn, sein Pferd fickt und dessen via Kleinanzeige gefundene Braut dann auch prompt aussieht wie ein Pferd. Rohe, durch und durch unmenschliche Verhältnisse. Hauptsache Loch. – Doch es ist nicht Reiser, der die Würde der Frauen verletzt. Er ist es, der zeigt, daß diese Würde verletzt wird!

Reiser weiß, wovon er redet. 1943 unehelich geboren, kam er als sogenanntes Pflegekind zu Bauern in die Normandie. Was bedeutet: wenig zu essen, viel Prügel, viele Demütigungen. Ab 14 mußte er in die Fabrik (und sortierte Flaschen bei der Weinfirma Nicolas) und dann zum Militär. In der Zeit fing er an zu zeichnen. Seine ersten, noch unbeholfenen Cartoons schickte er an Cavanna, den damaligen Chefredakteur von »Harakiri«. Diese Satire-Zeitschrift war Anfang der 60er noch ganz out und Anfang der 70er ganz in.

Harakiri – und hier vor allem der zeichnende Reiser und der schreibende Cavanna – hat das Humorverständnis der Franzosen und Französinnen entscheidend beeinflußt. Diese Bande von sozialen Bastarden klatschte dem Establishment die ganze Bigotterie ins Gesicht und zeigte die herrschenden Verlogenheiten und Erbärmlichkeiten so krude, wie sie nun mal sind. Aber die Realität genügt nicht, sonst wären wir alle ja bei ihrem bloßen Anblick schon vom Entsetzen gepackt. Es bedarf der künstlerischen Bearbeitung, der satirischen Zuspitzung.

Das ist also der Unterschied zwischen Pornographie und Kunst-Satire: Pornographie ist die platte Reproduktion oder sogar die Verstärkung der existierenden Sexualerniedrigung und Sexualgewalt gegen Frauen. Ihre Darstellung wird zur Satire, wenn sie das Dargestellte gleichzeitig entlarvt – und somit bekämpft.

Cartoon von Reiser (aus »Sexdoping«)

Das ist der Fall bei dem einfach genialen Reiser, der manchmal nur noch zwei Striche und drei Punkte brauchte, um zu zeigen, was andere auf 1000 Seiten nicht ausdrücken können.

An einer Zeichnung von Reiser kann der Betrachter sich sowenig »aufgeilen« wie an einem Text von Jelinek – was allerdings den Kulturbetrieb nicht an dem Versuch hindert, auch solche Arbeiten vereinnahmen zu wollen und sie womöglich mit einem pornographischen Augenzwinkern zu vermarkten. So geschehen mit dem Roman »Lust« von Elfriede Jelinek. Und vielleicht auch so versucht mit Reiser. Wohl nicht zufällig warf der deutsche Verlag von insgesamt elf Bänden ausgerechnet »Sexdoping« und »Phantasien« sehr früh auf den Markt. Denn gerade in diesen erst nach Reisers Tod von Dritten zusammengestellten Comic-Büchern landeten in der Tat auch einige »Schweinkram«-Kritzeleien von der Art, wie sie Schüler und Stammtischbrüder rumreichen. Vermutlich haben die bei Reiser in einer sehr tiefen Schublade gelegen und wären bei ihm wohl auch da geblieben, denn sie liegen weit unter Reisers Niveau, sind also keine Satire – aber deswegen auch noch keine Pornographie. Der dünnhäutige Reiser wäre zu Pornographie gar nicht fähig gewesen. Allerdings: Auch er war ein Mann. Immerhin existieren solche Kritzeleien aus seiner Feder...

Doch sollen die nun mit dem § 184 zensiert werden? Nein. Denn nicht alles, was den »guten Geschmack« verletzt – über den sich bekanntlich streiten läßt –, kann deswegen auch gleich als Pornographie gebrandmarkt werden. Und was ist schon von einem Paragraphen zu halten, der den »Anstand« schützen soll (was immer das sein mag)? Höchste Zeit also, daß der § 184 abgeschafft und das zivilrechtliche PorNO-Gesetz, das EMMA 1987 vorschlug, endlich eingeführt wird! Denn darin wird sehr klar gesagt, was Pornographie ist – und vor allem, was sie nicht ist: »Pornographie ist die verharmlosende oder verherrlichende, deutlich erniedrigende sexuelle Darstellung von Frauen oder Mädchen in Bildern oder Worten.« – Genau davon kann bei Reiser die Rede nicht sein. Reiser vor der Bundesprüfstelle. Da schreit die linke Kultur-Schickeria gleich wieder »Zensur«. Aber gerade Jean Marc Reiser selbst, mit dem ich lange Jahre befreundet war, wäre vermutlich der erste gewesen, der gerne auf diesen Beistand verzichtet hätte. Ihn, der so viel von der Frauenbewegung gelernt hat, hätte bei dem

Streit in der Kasseler Szene wohl eher die Irritation mancher Feministin über seine Zeichnungen interessiert. Denn Reiser wußte nur zu gut, warum Frauen in dem Bereich schon lange das Lachen vergangen ist und warum gerade sie manchmal einfach keine Lust mehr haben, genau hinzusehen. Nur: *Diesmal lohnt es sich wirklich, Schwestern.*

Oktober 1990

Abtreibung

Spätestens an der Reaktion der Gegner erkennen wir die Brisanz einer Sache. Beim § 218 war (ist?) es so. Bis zuletzt wurde in Deutschland alles mobilisiert, um eine Reform zu verhindern. Die Hochburg der Männerbündelei, die katholische Kirche, flippte schier aus. Der deutsche Statthalter des Vatikans, Kardinal Meisner, wollte gleich der ganzen CDU das C im Namen streichen und ihr damit die Christlichkeit aberkennen (es gibt da also noch was abzuerkennen). Und auch so manche angepaßte Dame und so mancher fortschrittliche Herr wiegten gewichtig mit dem Kopfe: Gewissensfreiheit... Gewissensfreiheit zur Bevormundung, Demütigung und Lebensgefährdung von Millionen Frauen.

Nun scheint in Deutschland eine gemäßigte 218-Reform durch zu sein, denn es ist wohl nicht im Ernst zu erwarten, daß die Verfassungsrichter es noch einmal wagen, das demokratisch verabschiedete Gesetz zu kippen. Aber da ist ein Haken, der heißt BeratungsPFLICHT. Nicht das Recht auf Beratung, nein, dagegen wäre ja auch nichts zu sagen. Die PFLICHT zur Beratung. Mit ihr überlebt ein Teil des 218-Kerngedankens. Denn der Kern des § 218 war ja noch nie die Verhinderung von Abtreibungen. Das war ja immer klar, daß der § 218 nur das WIE einer Abtreibung und nicht das OB regeln konnte. Ob eine Frau Mutter wird oder nicht, das hat sie in allen Zeiten und unter allen Gesetzen (ja sogar unter der Todesstrafe) selbst entschieden! Aber WIE sie abtreibt – ob mit maximaler medizinischer Hilfe und selbstbestimmt oder auf dem Küchentisch und gedemütigt –, das bestimmt das Gesetz.

Das neue Gesetz nun gewährt deutschen Frauen zwar die Gnade, abtreiben zu dürfen, aber nicht das Recht. Erst müssen sie mal schön bitte, bitte machen. Nicht, daß uns eine Frau auf den Gedanken kommt, es sei ihre Sache, ob sie Mutter wird oder nicht...

Radikale Feministinnen haben 20 Jahre lang gekämpft, immer wieder fielen ihnen die anderen in den Rücken. Nicht nur die Meisners und Kohls, nein auch die Däubler-Gmelins und Gysis. Die SozialdemokratInnen fanden sich Mitte der 70er mit der skandalösen Indikationsregelung ab, die Memmingen möglich machte. Und Linke und Ökos erlaubten sich immer wieder den Luxus des Purismus, fernab vom Leben. Mal kriegten auch sie Skrupel wg. werdendes Lebens (die Grünen), mal war ihnen der einzige noch mögliche Kompromiß nicht fein genug (PDS).

Zu guter Letzt ergriffen im Parlament Frauen aus allen Parteien (außer der straff männerbündelnden CSU) und Männer vor allem aus der CDU-Ost die Initiative und brachten den Kompromiß durch: das Recht auf Abtreibung in den ersten drei Monten mit der Pflicht einer anonymen Beratung drei Tage vor dem Eingriff.

Anfang der 70er wurde die neue Frauenbewegung in der westlichen Welt von dem Kampf gegen das Abtreibungsverbot ausgelöst. Mein erstes Buch hatte 1971 den Titel »Frauen gegen den § 218«. Und in den 20 Jahren danach habe ich so oft über das Thema schreiben müssen, daß ich so manches Mal dachte: Ich mag nicht mehr. Aber ich mußte! Und ich erkannte gleichzeitig die Strategie der Männergesellschaft, uns mit dem leidigen Kampf für eine selbstbestimmte Abtreibung müde zu machen, uns kleinzuhalten, uns an nichts anderes denken zu lassen... Aber wir haben verstanden. Und trotzdem weitergedacht.

Juli 1992

§ 218: Und ewig zittere das Weib

Ich bin gegen Abtreibung. Und ich bin gegen den § 218. Das widerspricht sich? Keineswegs. Denn ich kenne das Leben. Und mir geht es wie den meisten Frauen: Wir haben fast alle im Leben schon einmal abgetrieben – oder aber es zumindest ernsthaft erwogen. Niemand ist darum so gegen Abtreibung wie wir Frauen selbst. Denn wir sind es, die den Schritt tun müssen, wenn er denn unumgänglich ist – wissen wir doch nur zu gut, was es bedeutet, ein ungewolltes Kind zu bekommen (für das Kind wie für die Mutter).

Darum kämpfe ich dafür, daß eine Frau, die sich in dieser Notsituation befindet, nicht auch noch bedroht, belästigt und krank gemacht wird. Bedroht von einem Gesetz, nach dem (zumindest theoretisch) mit bis zu drei Jahren Gefängnis für die Abtreibende zu rechnen ist. Belästigt von Dritten, die – obwohl sie oft keine Ahnung haben und die letzten wären, die Verantwortung für das Kind übernehmen würden – uns zwingen wollen, Mutter zu werden. Und krank gemacht von Ärzten, die das medizinische Monopol haben, aber es trotzdem wagen, uns bei diesem Eingriff ihren ärztlichen Beistand zu verweigern.

Auch eine bewußte und aufgeklärte Frau kann ungewollt schwanger werden, selbst das sicherste Verhütungsmittel, die Pille, birgt ein Risiko. Von der Verantwortung der Erzeuger bei der Sache ganz zu schweigen... Doch je größer das Wissen um den eigenen Körper und die eigene Lust ist und je geringer die Selbstverständlichkeit, sexuell zur Verfügung zu stehen und auf Befehl die Beine breit zu machen – um so weniger werden Frauen ungewollt schwanger. Darum hat in den letzten 20 Jahren niemand so zur realen Senkung der Abtreibungszahlen beigetragen wie die Neue Frauenbewegung.

Wir waren es, die das dumpfe Schweigen um die sexuelle Beherrschung von Frauen brachen! Wir haben öffentlich ausgesprochen, was jede Frau heimlich wußte: nämlich, daß Sexualität oft mehr ist als oben / unten und rein / raus. Wirkliche Erotik kann nur wachsen zwischen Gleichen und nicht zwischen Mächtigen und Ohnmächtigen. Ein Stück sind wir Frauen auf diesem Weg zu einer selbstbestimmten Lust in den letzten Jahrzehnten weitergekommen – jetzt sollen uns Würde und Autonomie wieder ausgetrieben werden. Mit Pornographie, Arbeitslosigkeit und dem § 218. Und das gerade auch von den Kräften, die angeblich für den sogenannten Schutz des ungeborenen Lebens sind.

Ein Widerspruch? Keineswegs. Bei der ganzen Abtreibungsdebatte geht es in Wahrheit herzlich wenig um »ungeborenes Leben«, ja es geht noch nicht einmal wirklich um die Abtreibung. Denn Frauen treiben ab, egal wie die Gesetze sind. Die Frage ist also nicht, *ob* abgetrieben wird, sondern nur, *wie* abgetrieben

Alice Schwarzer auf §-218-Demonstration (Foto: Zik)

wird. Ob heimlich, gedemütigt und bevormundet – oder offen, mit schonenden Methoden und selbstbestimmt. Es geht also um Emanzipation. Denn das Recht, eine ungewollte Schwangerschaft nicht austragen zu müssen, ist eine Voraussetzung für den Versuch zur Emanzipation. Wie sonst sollte eine Frau ihr Leben planen können, wie den aufrechten Gang überhaupt wagen, wenn über ihr permanent das Damoklesschwert einer Zwangsmutterschaft schwebt?!

Und genau das wissen die scheinheiligen Befürworter und Befürworterinnen des §218 oder einer Zwangsberatung nur zu gut. Sie wollen nicht, daß Frauen die Freiheit haben, über ihren Körper und ihr Leben selbst zu bestimmen. Sie wollen nicht, daß Frauen den Kopf heben. Sie wollen, daß die (Hetero-)Sexualität von Frauen weiterhin verknüpft ist mit der Angst vor der ungewollten Schwangerschaft, dem schlechten Gewissen bei der Abtreibung. Frauen sollen weiterhin schön bitte, bitte machen. Unsere Bestimmung soll das Wochenbett sein und nicht die Welt. Ewig zittere das Weib.

September 1990

Gesamtdeutsches Recht oder Unrecht?

Der letzte »Spiegel« vor den DDR-Wahlen listete alle Parteien und Gruppierungen auf, die sich zur Wahl stellten, dazu ihre wesentlichen Forderungen: zur »deutschen Einheit«, zur »Sicherheitspolitik« und zur »Wirtschaftsreform«. Soziale Rechte waren kein Thema. Kein Thema war auch ein Problem, das den »Spiegel« vermutlich in den kommenden Monaten mehr beschäftigen wird, als ihm lieb ist. Die Rede ist von der Abtreibung.

Obwohl es jedem Politik- und Rechtskundigen klar sein muß, was da auf uns zukommt, herrscht Schweigen im einig Vaterland der Männer. Warum sollten sie auch reden. Die Chose müssen schließlich wir Frauen ausbaden. Und den meisten Männern ist es, hüben wie drüben, nicht nur egal, sondern eher recht, wenn die Frauen mal wieder gezeigt kriegen, was Sache ist: Kinder statt Quoten!

Aber die Bombe tickt. Und spätestens jetzt, nach den DDR-Wahlen, wird sie nicht mehr zu überhören sein. Denn schon rüsten die bundesdeutschen Mannschaften zur gesamtdeutschen Entmündigung der Frauen. Was für die Frauen in Frankfurt am Main Gesetz ist, soll es bald auch für die Frauen in Frankfurt an der Oder wieder werden.

Werden die beiden deutschen Männergesellschaften es wirklich schaffen, ein gesamtdeutsches Abtreibungsverbot durchzusetzen? Oder wird dieser historische Augenblick zu einer neuen Chance für uns Frauen? Werden wir es schaffen, eine gesamtdeutsche Abtreibungsfreiheit durchzusetzen (zumindest in den ersten drei Monaten)?

Unsere Sache steht nicht schlecht. Es sieht ganz so aus, als hätten sich die Frauen in der DDR nicht ganz so blenden lassen vom kapitalistischen Glamour. Das Selbstbewußtsein der zu 93 % Berufstätigen und ihr Engagement für soziale Gerechtigkeit sind auffallend. Diese Frauen werden nicht alles hinnehmen. Diese Frauen werden kämpfen.

Vielleicht sind es auch die Frauen in der BRD jetzt endlich leid mit dem § 218. 15 Jahre lang haben sie in der Tat versucht, aus der sogenannten Indikationsregelung eine »heimliche Fristenlösung«

zu machen, 15 Jahre lang haben sie sich durchgemauschelt. Jetzt aber geht das Hintertürchen allmählich zu. Der § 218 soll wieder rigoros konsequent angewandt werden. Mehr noch: Er soll für alle deutschen Frauen gelten.

Nicht zufällig war der Zwang zum Austragen einer ungewollten Schwangerschaft Anfang der 70er Jahre der Auslöser der neuen Frauenbewegungen in der ganzen westlichen Welt. Fast jede heterosexuelle Frau hat schon einmal abgetrieben oder hat zumindest daran gedacht – unabhängig von ihren allgemeinen ethischen oder religiösen Überzeugungen. In der BRD sind, laut Umfragen, selbst zwei von drei Katholikinnen für die freie Abtreibung. Sie wissen, warum. Nirgendwo wird soviel abgetrieben wie in den katholischen Ländern. Denn aus Rom kommt das Dogma: Verhütung ist Todsünde und Abtreibung ist Mord!

Der § 218 regelt also nicht, *ob* abgetrieben wird, sondern nur, *wie* abgetrieben wird: ob legal, und mit medizinischer Hilfe, oder illegal, und gedemütigt und in Lebensgefahr. Es geht Klerikern und Politikern also nicht wirklich um die Verhinderung von Abtreibungen, sondern es geht um die Schaffung eines Schuldbewußtseins und um die Demütigung und Entmündigung von Frauen. Die Zerstörung der weiblichen Sexualität, die von der Angst vor den Folgen überschattet wird, ist dabei ein willkommener Zusatzeffekt.

Das Recht auf den eigenen Körper und eine selbstbestimmte Lebensplanung sind unabdingbar Teil der Menschenwürde. Das Recht auf Abtreibung ist darum ein elementares Menschenrecht und ganz wie das Recht auf Berufstätigkeit Voraussetzung – nicht Erfüllung, aber Voraussetzung! – für jede Frauenemanzipation. Wir Frauen wissen das. Auch wenn wir im Westen in den letzten zehn, 15 Jahren ein wenig eingeschlafen waren. Der harte Kampf um die Fristenlösung in der ersten Hälfte der 70er hatte uns müde gemacht. Zu groß war der Schock, als am 25. Februar 1975 die so demokratisch erstrittene (und von der damaligen SPD/FDP-Koalition verabschiedete) Fristenregelung vom Bundesverfassungsgericht mit einem Handstreich wieder vom Tisch gewischt wurde.

Der »Schutz des ungeborenen Lebens« habe Vorrang, die Fristenregelung sei darum »verfassungswidrig«, entschieden sechs alte Männer in Karlsruhe. Der Beschluß jedoch fiel nicht einstimmig. Eine Verfassungsrichterin und ein -richter (beide SPD) argumentierten in einem von ihnen veröffentlichten »Minderheitenvotum« genau umgekehrt. Sie gaben der »Würde des Menschen« und dem »Recht auf freie Entfaltung der Person« den Vorrang und erklärten die Fristenregelung für verfassungskonform.

Aber die Rechten setzten sich durch – nicht zuletzt, weil die Linken schwiegen. Ihnen hatten die Frauen die Fristenregelung 1974 zwar in der Vorwahlzeit abgerungen, aber sie standen in Wahrheit nie dazu. Und die Grünen? Die reden nur, aber handeln nicht, SPD und FDP gaben zehn Jahre nach der sogenannten Reform sogar die Parole aus: »Hände weg vom § 218«.

Hände weg von einem Gesetz, das die Zwangsmutterschaft festschreibt? Hände weg von einem Gesetz, das den Frauen kein Recht gibt, sondern höchstenfalls Gnade gewährt? Hände weg von einem Gesetz, nach dem zum Beispiel eine Ärztin oder Psychologin als Gutachterin für eine andere Frau entscheiden darf, ob sie abtreiben kann oder nicht – aber für sich selbst Dritte um Erlaubnis fragen muß? Der bestehende § 218 öffnete der Willkür Tür und Tor. Es war vorherzusehen, daß die Konservativen die Schlinge zuziehen würden, sobald der Zeitgeist ihnen das erlaubt.

Ich selbst gehörte in all den Jahren immer zu einer Minderheit von Feministinnen, die nie aufgehört haben, den herrschenden § 218 zu bekämpfen. 1986 lancierte EMMA – wieder in der Vorwahlzeit – eine erneute Kampagne gegen den § 218. Ziel: die SPD, FDP und Grünen zum Vorgehen gegen das Gesetz zu bewegen. Konkret gibt es dafür rein rechtlich nur einen Weg: den einer Verfassungsklage. Die EMMA-Kampagne »Weg mit dem § 218 – Wir fordern eine Verfassungsklage!« wurde damals von der SPD und den Grünen hart abgewürgt, vornweg Karriere-Frauen der beiden Parteien (wie die als Feministinnen geltenden Grünen Waltraud Schoppe und Verena Krieger oder die sozialdemokratische Paradefrau Hertha Däubler-Gmelin).

1988 kam dann der Schock von Memmingen. Die öffentliche Hexenjagd auf abtreibende Frauen und Ärzte wurde eröffnet. Heute ist Memmingen überall. Ein Prozeß jagt den anderen in dem bei uns herrschenden Denunzianten-Klima. Auch aufgeschlossene Ärzte haben längst Angst. Und der Abtreibungstourismus blüht wieder. Sehr weit müssen die Frauen nicht fahren: In quasi allen Nachbarländern der BRD ist die Abtreibung in den ersten drei Monaten legal, selbst im katholischen Frankreich.

Aber nicht Memmingen ist der eigentliche Skandal, sondern der § 218, der Prozesse wie Memmingen überhaupt möglich macht. Wenn wir Memmingen nicht wollen, dürfen wir uns nicht länger in der sinnlosen Empörung über solche Prozesse erschöpfen, sondern müssen ihre rechtliche Grundlage angreifen. Im Klartext: Der § 218 muß endlich weg! Erst dann können wir Frauen nicht mehr öffentlich vor den Kadi gezerrt und können hilfreiche Ärzte nicht länger diffamiert und ruiniert werden.

Die Ironie der Geschichte will, daß ausgerechnet das »einig Vaterland« zu einer Chance auch für uns Frauen wird. Jetzt können auch unsere Parteien die Hände nicht mehr weglassen vom § 218. Jetzt müssen sie ran! Sie müssen sich sehr bald vor unser aller Augen entscheiden: Wer ist für ein gesamtdeutsches Abtreibungsverbot – und wer für eine gesamtdeutsche Abtreibungsfreiheit? Werden wir »zusammenwachsen« im Recht oder in der Rechtlosigkeit? Soll für hüben wie drüben der § 218 gelten – oder der § 153?

Der DDR-§ 153 erlaubt die Abtreibung in den ersten drei Monaten. Diese sozialistische Fristenregelung ist ein direktes Resultat der neuen Frauenbewegung in der BRD. Denn die Genossen führten sie auf dem Höhepunkt des westlichen Protestes, im Jahre 1972, ein – wohl fürchtend, daß sonst auch die eigenen Frauen Randale machen könnten. Die Ex-Genossinnen könnten sich revanchieren und uns nun ihrerseits die Fristenlösung bringen.

Der Sozialismus ist gescheitert. Aber nicht am Feminismus (der kam bisher kaum vor). Er ist am Kapitalismus, am Bürokratismus und am Sexismus gescheitert. Wobei Faktor drei nicht zu unterschätzen ist. Denn wie soll das Ideal einer herrschafts- und ausbeutungsfreien Gesellschaft eigentlich Fuß fassen können, solange die Ausbeutung der Frauen im Haus, ihre Benachteiligung im Beruf und ihre Abwesenheit in der Macht eine Selbstverständlichkeit bleiben? Zugrunde gegangen sind diese sozialistischen Einheits-Männer-Gesellschaften also auch an ihrer Halbherzigkeit: daran, daß sie den Sozialismus für die Hälfte der Menschheit, für die Frauen, in Wahrheit nie gewollt haben!

Zu handeln gebietet übrigens nicht nur die gesamtdeutsche

Stunde, sondern auch die rechtliche Lage. Es ist längst erwiesen, daß der bestehende § 218 das Gebot der Verfassungsrichter von 1975 nicht erfüllt. Er schützt nicht, wie vom Bundesverfassungsgericht gewünscht, »das ungeborene Leben«. Denn es wird mit dem § 218 so viel und so wenig abgetrieben wie ohne. Das zeigen alle Vergleiche mit den Nachbarländern, und das beweist auch die Entwicklung in der Bundesrepublik selbst. Eine Verfassungsklage gegen den § 218 (und nicht für ihn) wäre darum auch rein formaljuristisch begründet, ja eigentlich sogar zwingend! – Sie würde außerdem den Bundesbürgerinnen die zweifelhafte Rechtmäßigkeit des bestehenden Gesetzes klar vor Augen führen und seine dreisten Befürworter in die Defensive drängen.

Wir Frauen aus den kapitalistischen und (ex)sozialistischen Gesellschaften haben mehr gemein, als uns lieb sein kann. Aber wir haben, aufgrund der unterschiedlichen Bedingungen, auch unterschiedliche Stärken und Schwächen. Die Westlerinnen bringen ein differenziertes Wissen um die Machtstruktur zwischen den Geschlechtern mit, aber auch ein Stück Resignation. Die Ostlerinnen haben ein solides gesellschaftliches Selbstbewußtsein, aber auch ein Stück Illusionen. Tun wir uns zusammen! Denn gemeinsam sind wir stärker! Gemeinsam könnten wir eine neue deutsche Frauenbewegung werden!

April 1990

Memmingen: Es reicht!

Aus den Prozessen in Memmingen sind drei Lehren zu ziehen:

1. Der Skandal ist nicht der Prozeß, sondern das Gesetz, das einen solchen Prozeß überhaupt möglich macht. Solange es dieses Gesetz gibt, kann jede Stadt Memmingen werden. Darum muß das Gesetz weg!
2. Bei unserem Kampf um eine selbstbestimmte Sexualität und Mutterschaft stand die CDU/CSU immer auf der anderen Seite,

daraus hat sie nie einen Hehl gemacht. Ein konkretes Vorgehen gegen den § 218 können wir nur bei den anderen einklagen: bei der SPD und der FDP (die noch 1974 für die Fristenlösung stimmten) und bei den Grünen (die die Abschaffung des § 218 immerhin im Parteiprogramm haben).

3. Diejenigen, die so weit gehen, alle, die für das Recht auf eine selbstbestimmte Mutterschaft sind, zu diffamieren und anzugreifen, müssen in ihre Schranken gewiesen werden. Pfaffen und Politiker, die es wagen, abtreibende Frauen öffentlich als »Mörderinnen« zu bezeichnen, sollten dies nicht länger ungestraft tun können. Wann verklagen endlich wir die anderen?! Wegen Beleidigung und »Volksverhetzung«!

Die Selbstgerechten, die Bigotten, die Frauenfeinde haben in diesen letzten Jahren wieder an Terrain gewonnen. Ein Prozeß wie der in Memmingen wäre vor zehn, 15 Jahren undenkbar gewesen. Jetzt müssen wir befürchten, daß er zur Norm wird und wir bald überall Memmingen haben.

Daß der § 218 wieder so scharf angewendet wird, ist neu. Daß man ihn dabei zwar auch gegen Frauen, vor allem aber gegen Ärzte richtet, ist kein Zufall. Denn die Frauen, das weiß jeder Richter, treiben ab, egal, was das Gesetz befiehlt. Doch wenn all die Millionen Frauen in unserem Land, die in ihrem Leben abgetrieben haben oder noch abtreiben werden, im Gefängnis säßen – ja, wer sollte dann die geborenen Kinder großziehen und die Drecksarbeit für die Männer machen?

Keine Drohung dieser Welt kann Frauen, die nicht Mutter werden wollen oder können, dazu zwingen, es zu werden. Das wissen die Herren dieser Welt. Unter Hitler haben Frauen trotz drohender Todesstrafe abgetrieben. Und in katholischen Ländern treiben sie am meisten ab (weil sie hier auch am häufigsten ungewollt schwanger werden).

Es geht beim § 218 also nicht – und ging noch nie – um die Verhinderung von Abtreibungen, sondern nur um ihre Manipulation: Wenn Frauen schon abtreiben, dann sollen sie es gefälligst demütig, schuldbewußt und unter Lebensgefahr tun.

Ärzte und Ärztinnen allerdings können eingeschüchtert werden. Wer riskiert schon gerne seine Existenz für das Wohl einer/s anderen? Darum stand in dem »Schauprozeß« (»Frankfurter

Rundschau«) von Memmingen auch zentral der Arzt am Pranger. Dies war ein »politischer Prozeß« (das findet auch Hildegard Hamm-Brücher von der FDP). Hier wurde nicht die »Tat« an sich, sondern die Gesinnung, die dahintersteht, bestraft.

Ein Arzt, der es wichtig findet, die schonendste Methode, die Absaugmethode, anzuwenden. Ein Arzt, der klarmacht, daß frau für eine Abtreibung nicht dramatisch (und teuer!) tagelang ins Krankenhaus muß, sondern daß das auch ganz undramatisch in ein paar Stunden ambulant geregelt werden kann. Ein Arzt, der sich weigert, die Hilfesuchende durch alle Instanzen und bis in die ferngelegene Großstadt zu jagen. Ein Arzt, der sich nicht zum Richter über das Leben seiner Patientinnen macht, sondern den Frauen seine medizinischen Kenntnisse zur Verfügung stellt. Ein solcher Arzt darf nicht Schule machen! Da wird öffentlich vorgeführt, was mit so einem passiert...

Seine Praxis mußte Dr. Theissen schon lange schließen (seit Oktober letzten Jahres ist er täglich mit dem Prozeß befaßt). Für die Kosten mußte er sein Haus verkaufen (von dem Geld auf dem Solidaritätskonto kann er »gerade mal die Portokosten begleichen«). Schwangerschaftsabbrüche wird er nicht mehr machen (er plant eine Zukunft als Naturheilkundler). Aber all das genügt seinen Jägern noch nicht: Jetzt soll ihrem Opfer auch noch die Zukunft zerstört werden. Das Strafmaß von zweieinhalb Jahren erlaubt keine Bewährung. Dr. Theissen soll ins Gefängnis, und nur eine (politisch sehr unwahrscheinliche) Revisionsverhandlung mit einem (noch unwahrscheinlicheren) Freispruch oder milderen Urteil könnte ihn noch retten. Voraussetzung: eine unabhängige, mutige Justiz und keine Vatikan- und Staatsbüttel!

Die wenigen ÄrztInnen, die wie Dr. Theissen denken – und gar noch handeln! –, werden zutiefst eingeschüchtert sein. Die Mehrheit setzt sich eh zusammen aus Opportunisten, die im Traum nicht daran denken, für Frauen etwas zu riskieren, und aus Herrenmenschen, für die Frauen schon immer zu den Untermenschen gehörten.

Dr. Theissen konnte in aller Legalität verurteilt werden, weil er die bei ihm Hilfe suchenden Frauen nicht gezwungen hat, einen weiteren Arzt und eine Beratungsstelle aufzusuchen und den Abbruch in einem Krankenhaus zu machen. Er hat, nach eingehenden

Gesprächen, den Willen der Frauen zur Grundlage seiner Entscheidung gemacht. Damit hat er gegen das herrschende Gesetz verstoßen.

Auch seine Patientinnen wurden bestraft. 139 mußten hohe Geldstrafen zahlen, 79 als Zeuginnen erscheinen. Ihre Lage war zum Teil dramatisch, so wie es eben immer ist. Dennoch hat das Gericht sich nicht entblödet zu sagen, der Frauenarzt habe seine Patientinnen »wie Schlachtvieh« behandelt. Und es versäumte auch nicht, Dr. Theissen über das Urteil hinaus zu diffamieren. Er sei »labil und unstet« und »habe sich lieber mit Frauen unterhalten«, statt mit deren Ehemännern »von Mann zu Mann«(!) zu reden. Eine Memme, dieser Theissen, ein Waschweib also noch dazu!

»Spiegel«-Reporter Mauz zögerte nicht, das Urteil von Memmingen als »Krieg« zu bezeichnen, Bürgerkrieg: »Dieses Urteil trennt die Menschen in der Bundesrepublik voneinander. Es scheidet Menschen von Unmenschen.« Konsequent weitergedacht heißt das: Die legale rechtliche Basis, auf dem dieses Unrechtsurteil möglich war, ist Kriegsrecht.

Jede und jeder, die/der nur halbwegs glaubwürdig sein will in diesem Kampf um die Selbstbestimmung und Würde der Frauen, muß darum spätestens jetzt gegen dieses Gesetz kämpfen! Nach 18 Jahren Basis-Protest, einer demokratisch erstrittenen »Fristenlösung« und dem verfassungsrechtlichen Schlag gegen diese ersten drei Monate freier Entscheidung gibt es politisch und rechtlich nur noch einen Weg, um den § 218 anzugreifen: die Verfassungsklage (Normenkontrollklage). Wir haben es schon oft geschrieben: Diese Verfassungsklage, die zu prüfen hätte, ob der § 218 nicht gegen die im Grundgesetz verankerte Freiheit und Würde der Frau verstößt, kann nur von einer Landesregierung oder der Parlamentsmehrheit eingereicht werden. SPD und Grüne äußerten sich »empört« über das Memminger Urteil. Worauf warten sie? Warum tun sie nicht endlich etwas? Und zwar das einzige, was sie überhaupt noch tun können: die Verfassungsklage einreichen!

Nicht wenige Frauen haben sich in den letzten Jahren einschüchtern lassen. Wir können nur hoffen, daß die Frauenfeinde mit dem Spektakel von Memmingen zu weit gegangen sind: Jetzt reicht es endgültig! Auch, daß jemand wie der Papst Rücksicht auf seine »religiösen Gefühle« fordert. Ausgerechnet er, der mehr Abtreibungen auf dem Gewissen hat als jeder andere Mensch auf der Welt: Schließlich ist er es, der die Verhütung als »Sünde« verteufelt und dadurch ungewollte Schwangerschaften verursacht. Der Rücksicht auf seine »religiösen Gefühle« fordert! Die Zeiten sind jetzt vorbei. Die Kirche ist politische Institution, die zutiefst frauenfeindlich war und ist. Als solche ist sie unser politischer Gegner. Und jede Partei, die in dieser existentiellen Frage nicht etwas für uns tut, ist das auch.

Am Abend des Theissen-Urteils war ich im Fernsehen zu einer – progressiven – Livesendung eingeladen. Die Moderatorin sagte, kurz bevor wir auf Sendung gingen, zu mir: »Wir haben nun doch nur drei Minuten. Zum Thema Memmingen ist ja auch nicht mehr viel zu sagen. Das ist heute abgefeiert worden. Ich stelle Ihnen also dazu nur eine kurze Frage, und dann reden wir über was anderes.«

Die Kollegin irrt. Jetzt geht es erst richtig los.

Juni 1989

Herr Kardinal, hat Ihre Mutter abgetrieben?

Hier, auf dem Marktplatz von Aachen, haben sich viele versammelt, die für das Recht auf Abtreibung sind. Es sind aber auch einige anwesend, für die das nicht selbstverständlich ist. Ich bitte euch um Verständnis dafür, daß ich jetzt in erster Linie für die zweite Sorte von Menschen rede, für die Besucherinnen und Besucher des Katholikentages, denn zu solchen Gesprächen haben wir sehr selten Gelegenheit.

Ich habe in der Presse gelesen, daß von den 30000 Menschen, die zum Katholikentag gekommen sind, 57 Prozent Frauen und zwei Drittel unter 27 Jahre alt sind. Ich habe das mit Bewunderung gelesen – ich würde mich freuen, wenn wir diese Zahl von Gästen jeden Tag in den Frauenzentren begrüßen könnten. Ich möchte nicht provozieren, wenn ich feststelle: Unter diesen jungen Katholikinnen hat fast jede zweite abgetrieben, oder sie wird noch abtreiben. Dies ist nichts, worüber wir uns freuen können – am wenigsten die Frauen, am allerwenigsten die abtreibenden Frauen. Katholikinnen treiben, wie alle Frauen, nicht ab, weil sie gerne abtreiben. Sie treiben aus demselben Grund ab wie alle Frauen: weil sie ungewollt schwanger geworden sind. Und das kann fast jeder Frau – jeder Frau, die mit einem Mann zusammenlebt, mit einem Mann zusammen Liebe macht – passieren. Daß es besonders hart die Katholikinnen trifft, hängt damit zusammen, daß sie es ganz besonders schwer haben mit der Verhütung. Verhütung fast jeder Art wird von ihrer Kirche immer wieder verteufelt. Dasselbe gilt für die Information über ihren Körper und über die Sexualität –, von Selbstbestimmung und dem Recht, auch einmal Nein zu sagen zur Schwangerschaft, gar nicht zu reden.

Wir wissen aus allen internationalen Untersuchungen, daß die meisten Abtreibungen in katholischen Ländern wie Spanien gemacht werden. Wir wissen aus den USA, daß gerade auch Frauen, die an vorderster Front in den Anti-Abtreibungs-Demonstrationen marschieren, heimlich in die Abtreibungskliniken geschlichen kommen. Sie treiben aus denselben Gründen ab, aus denen alle abtreiben: Sie wissen, daß den neun Monaten zwanzig Jahre folgen. Zwanzig Jahre, in denen auch heute noch die Mehrzahl der Väter – bei einigen hat sich das geändert, beginnt sich das zu ändern – die Frauen mit den Kindern allein läßt und eine Mutterschaft wirklich wie ein Schicksalsschlag in jedes Frauenleben einschlägt. Darum ist die Frage, Austragen oder nicht, etwas, was jede Frau für sich entscheiden können muß.

Es ist interessant zu sehen, daß in der Geschichte des § 218 – die gar nicht so alt ist: den gibt es erst seit 100 Jahren – dieser Paragraph noch nie Abtreibungen verhindern konnte. Dieser Paragraph bedroht zwar jede Frau, die abtreibt, mit drei Jahren Gefängnis. Abtreibungen selbst verhindert er jedoch nicht. In Wahrheit wollte der § 218 auch noch nie Abtreibungen verhindern. Bedenkt bitte: Bisher hat ungefähr jede zweite Frau in ihrem Leben irgendwann mal abgetrieben oder wird abtreiben. Stellt euch mal vor, jede zweite Frau säße im Gefängnis – wer macht denn dann die Drecksarbeit?

Beim alten § 218 haben etwa eine halbe Million Frauen abgetrieben, und nur wenige hundert sind sozusagen aus Versehen vor dem Richter gelandet. Heute ist das noch genauso. Es handelt sich also um ein Gesetz, das nie angewandt wurde und von dem auch jeder Jurist weiß, daß er es nicht anwenden kann. Dieses Gesetz hat eine ganz, ganz andere Funktion. Es hat die Funktion, uns einzuschüchtern, uns zu bevormunden, zu demütigen, uns Angst zu machen. Und darum geht es jetzt. Es geht nicht darum, ob abgetrieben wird.

Die Frage, ob wir abtreiben, beantworten wir Frauen ganz allein – unter allen Umständen. Das haben wir auch im »Dritten Reich« so gemacht, als auf wiederholte Abtreibung die Todesstrafe stand. Es ist übrigens interessant, daß für Kardinal Höffner heute »Abtreibung schlimmer als Auschwitz« ist und abtreibende Frauen »Mörderinnen« sind – und unter Hitler die Todesstrafe auf wiederholte Abtreibung stand. Ich bin ungern polemisch, aber in diesem Punkt kann man wirklich sagen: Da stehen Höffner und Hitler an einer Front...

Wir Frauen sind, aufgrund unserer Betroffenheit, mehr als jedermann und mehr als jeder Kardinal gegen Abtreibung, denn wir wissen, daß es unter allen Umständen ein schwerer Schritt ist. Wir wissen aber auch, daß dieser Schritt manchmal sein muß. Es ist interessant, in Untersuchungen zu lesen, daß in der Bundesrepublik 64 Prozent aller Katholikinnen und Katholiken dafür sind, daß Frauen selbst bestimmen, ob sie abtreiben oder nicht. Das sind zwei Drittel. Und zwar laut offiziellen Meinungsumfragen, nicht aufgrund feministischer Phantastereien. Das ist die Meinung der Basis der Katholiken. Eine Basis, die es sich gefallen lassen muß, von den Propagandisten an der Spitze manipuliert zu werden. Wir wissen, daß die Realität der Katholikinnen und Katholiken in dieser Frage so aussieht wie die unsere. Darum suchen wir hier das gemeinsame Gespräch...

Ich möchte Sie daran erinnern, daß ich zu den Frauen gehöre, die 1971 das Schweigen gebrochen haben und die laut gesagt haben: »Wir haben abgetrieben – und wir fordern das Recht dazu.« Viele von euch hier sind so jung, daß sie das selbst nicht mehr mitgekriegt haben. Ich möchte euch jetzt nicht was aus alten Zeiten vorjammern. Ich möchte euch jedoch sagen, daß es unvorstellbar ist, was für ein Grauen das früher war. Man hat mit seiner besten Freundin nicht darüber gesprochen, ob man abgetrieben hat. Man war damit ganz, ganz allein. Wenn man mit Frauen darüber geredet hat, dann haben die gesagt: »Also, wenn ich mit einem Mann im Bett liege, dann denke ich nur daran.« Und wenn sie das sagte, dann wußte jede Frau, was sie da meint... Sie dachte daran, ob sie wieder ungewollt schwanger wird.

Und wenn man ungewollt schwanger wurde, dann konnte man irgendwie versuchen, eine Adresse zu finden, dann mußte man den Arzt anbetteln, dann mußte man zum Kurpfuscher auf den Tisch, man mußte gucken, wo man das Geld herkriegte, wenn man es nicht hatte. Übrigens: die Ehefrauen von bürgerlichen Männern, die haben das so wenig wie eine kleine Angestellte. Das ist nicht allein eine Klassenfrage – die ist dann nur noch eine Verschärfung. Und dann mußte man noch die schiefen Blicke hinnehmen und mußte sich vielleicht noch von dem abtreibenden Arzt abtatschen lassen dafür, daß er so nett war, es zu tun. Die Frauen blieben allein in ihrer Verzweiflung – es war wirklich furchtbar.

Und darum ist es kein Wunder, daß die Selbstbezichtigungskampagne damals eine wahre Lawine ausgelöst hat. Sie hat die Frauenbewegung ausgelöst. Ihr könnt euch das gar nicht vorstellen, die ihr das nicht erlebt habt – es ging ein Aufatmen durch das Land. Es waren von einem Tag auf den anderen Tausende und Hunderttausende, ja Millionen Frauen – ich übertreibe nicht –, die gesagt haben: »Gott sei dank, endlich ist es raus. Es stimmt – ich hab auch abgetrieben.«

In dieses Dunkel, in dieses Grauen, in diese Bigotterie und Verlogenheit wollen uns die scheinheiligen Pfaffen und andere Konservative und Neokonservative wieder zurücktreiben.

Wir haben in den letzten Jahren von Leuten wie Kardinal Höffner oder Journalist Alt immer wieder hören müssen, abtreibende Frauen seien Mörderinnen. Ich muß sagen, ich wundere mich über die Selbstgefälligkeit dieser Herren. Und ich frage mich, wer von ihnen seine Mutter, seine Schwester oder – im Fall der weltlichen Herren, den geistlichen Herren wollen wir das mal nicht unterstellen – seine eigene Frau gefragt hat: »Hast du auch abgetrieben?« Es gibt nämlich sehr viele Männer, die die Verursacher ungewollter Schwangerschaften sind und die sich dann einen Scheißdreck um die Lösung des Problems kümmern. Es gibt sogar Ehen und

Beziehungen, wo sich Männer so raushalten, daß sie es noch nicht einmal erfahren, daß die Frau abgetrieben hat.

Ich möchte vermuten, daß Frau Höffner – ich rede von der Mutter von Kardinal Höffner – keine Ausnahme war, sondern eine Frau wie jede andere. Da sie vermutlich eine sehr gläubige Katholikin war, ist sie also nach Adam Riese mehr Gefahr gelaufen, ungewollt schwanger zu werden, als andere Frauen. Auch die mütterlichen Kapazitäten von Katholikinnen haben einmal ein Ende. Ich empfehle Herrn Höffner in Zukunft, wenn er diesen Satz »Wer abtreibt, ist eine Mörderin« sagt, sehr sehr gut darüber nachzudenken, ob nicht auch seine eigene Mutter eine »Mörderin« war.

Daß es sich um nackte Demagogie handelt, wenn wir den Fötus gleichsetzen mit werdendem Leben, dürfte jedem nicht nur aus der eigenen Erfahrung, dürfte jeder – ihr seht, der patriarchalische Sprachgebrauch sitzt tief – aus eigener Erfahrung klar sein. Es sind aber nicht nur alltägliche Moral und alltägliche Praxis, es ist auch unser Gesetz, das eine andere Sprache spricht. Das Grundgesetz unterscheidet sehr wohl und fundamental zwischen lebenden Menschen und einem Fötus. Sonst bräuchten wir uns über den § 218 gar nicht erst zu unterhalten, dann wäre ja jede Abtreibung gemäß dem geltenden Recht Mord (...)

Wir sollten uns nicht auseinanderdividieren lassen. Das ist unser gemeinsames Problem. Egal ob wir katholische, evangelische oder nicht gläubige Frauen sind. Im katholischen Land Italien ist die Fristenlösung durch eine von Feministinnen erzwungene Volksbefragung Gesetz geworden. Ich habe noch nie den Papst sagen hören, die Italienerinnen wären ein Volk von Mörderinnen...

Die Kirche behandelt im übrigen dieses Problem ja nach Stimmung, mal ist es Sünde, mal nicht. Auch der katholische Alltag unterscheidet zwischen den scheinheiligen Parolen Kardinal Höffners und Konsorten und dem eigenen moralischen alltäglichen Empfinden. In jedem katholischen Krankenhaus fliegen z. B. bei Fehlgeburten noch nicht lebensfähige Föten in den Mülleimer. Sie werden nicht beerdigt, sie sind Abfall – ein sehr hartes Wort, das ihr mir verzeihen mögt. Ich möchte euch nur auf die Kluft zwischen Handeln und Reden aufmerksam machen.

Da wird sehr viel vom Respekt vor dem Leben geredet – und das nicht nur von Joseph Höffner, sondern auch von Joschka Fischer – auf den und seine Genossen kommen wir gleich noch.

Respekt vor dem Leben? Natürlich kann man da nur sagen: Ja. Dreimal ja! Wir haben diesen Respekt. Respekt vor dem Leben der Frau. Respekt vor dem Leben des Kindes. Wir sind gegen mißhandelte, mißbrauchte Kinder, wir sind gegen ungewollte Kinder. Wir sind dagegen, daß Frauen in Häusern für geschlagene Frauen Zuflucht suchen müssen. Wir sind gegen Zwangsmutterschaft. Wir sind für geplante und gewollte Mutterschaft.

Heiner Geißler, der ja in vielen Punkten – zumindest was die schönen Reden angeht –, mehr von der Frauenfrage versteht als die SPD, dieser Heiner Geißler hat sich jüngst entlarvt. Irgendwann entlarven sie sich ja alle, sogar die Geißlers. Er propagiert ja angeblich die Gleichberechtigung für das Jahr 2000. Er hat nun ein Büchlein herausgegeben in dem steht, daß schon die *geplante* Mutterschaft für ihn widernatürlich ist. Wörtlich: geplante Mutterschaft sei »verkrampfte Emanzipation«.

Ich finde, das ist ein Satz, über den man meditieren kann. Denn in diesem Satz steckt alles drin. Wenn es nach den Geißlers geht, soll die Mutterschaft also wie ein Damoklesschwert jederzeit über uns schweben, zumindest so lange, wie wir im gebärfähigen Alter sind und soweit wir freiwillig Männer frequentieren, was ja auch unfreiwillig passieren kann. Sie soll wie ein Damoklesschwert über uns schweben, wie ein jederzeit möglicher Schicksalsschlag. Das könnte den Geißlers so passen: daß diese jungen Frauen, die endlich anfangen, nachzudenken, die in allen Umfragen beweisen, daß sie in jedem Punkt (in der Politik, in den Fragen von Krieg und Frieden, in der Frage der Emanzipation) fortschrittlicher sind als gleichaltrige Jungen –, daß diese jungen Frauen diesem unbestimmten Schicksal Mutterschaft wieder willkürlich ausgeliefert sind. Jederzeit. Daß sie kein Studium machen können. Daß sie ihre Ausbildung nicht beenden können. Daß sie ihr Leben nicht planen können. Daß sie jederzeit damit rechnen müssen, ungewollt schwanger und dann sofort Mutter zu werden. Darum geht es. Und währenddessen machen die Geißlers Karriere und managen die Welt. Und wir sitzen da und warten auf den Heiligen Geist.

Es war eben die Rede davon, daß 53 Prozent aller Frauen, die abtreiben, schon Mütter sind. Das heißt, 47 Prozent aller Frauen, die abtreiben, sind es nicht. Sie wollen es entweder jetzt nicht werden, oder sie wollen es auch überhaupt nicht werden. Es gibt ja auch Männer, die keine Väter werden wollen. Auch für die Freiheit der Nicht-Mutterschaft plädiere ich. Auch dazu müssen wir das Recht haben, gegen den § 218 zu demonstrieren – auch ohne Kinderwagen und ohne schwanger zu sein.

In weiten Teilen der Bundesrepublik ist die Indikationslösung – das ist wahr, und ich bin stolz darauf, das sagen zu können – lange Zeit eine heimliche Fristenlösung gewesen. Viele der Beratenden haben den Wunsch der Frauen, abtreiben zu wollen, respektiert und haben dafür das Blatt Papier gegeben, das nötig ist, um das Recht auf Abtreibung zu haben. Dies aber fängt in dem sich verschärfenden Klima, in dem behauptet wird, Abtreibung sei Mord, an sich zu ändern. Immer mehr Berater versuchen Frauen umzustimmen. Immer mehr Ärzte weigern sich, abzutreiben. Die Hatz nimmt wirklich phantastische Formen an.

Das heißt, wir brauchen jetzt endlich wieder rechtlich klare Verhältnisse. Wir müssen raus aus der Defensive. Wir müssen wissen, daß der bestehende Paragraph – wenn ich das mal so altmodisch sagen darf – ein Schandparagraph ist. Und daß dieser Paragraph *abgeschafft* werden muß. Wir müssen die Abschaffung des Paragraphen 218 fordern! Das mindeste ist die Fristenlösung.

Ich habe jetzt zum Ende meiner Rede noch einen sehr konkreten Vorschlag. Der geht nicht an Kardinal Höffner – der wird sowieso so weiter denken, wie er denkt. Ich mache den Vorschlag, daß wir eine Verfassungsklage gegen den § 218 einreichen. Dieses ist eine juristisch sehr gut begründbare Forderung. Die SPD geht schließlich auch zum Verfassungsgerichtshof nach Karlsruhe für den § 116 b des Streikrechts (Arbeitsförderungsgesetz). Warum sollte sie nicht für das Selbstbestimmungsrecht der Frauen nach Karlsruhe gehen? Und warum nicht auch die Grünen und die FDP? Es gäbe eine Menge Argumente für eine solche Klage.

November 1986

II. Sexualität oder Liebe?

Der Titel »Sexualität oder Liebe?« ist natürlich falsch. Da gibt es kein Oder. Für die Mehrheit der Frauen (und eine Minderheit weiblich geprägter Männer) sind Sexualität und Liebe untrennbar verknüpft. Und von der Sexualität zur Sexualpolitik ist es oft noch nicht einmal mehr ein Schritt. Was also tun mit der Sexualität? Und wohin mit der Liebe?

Die Krux mit der Lust

»Es kann und darf nicht um neue Normen gehen. Nicht alle Frauen sollen bisexuell oder lesbisch werden. Aber alle Frauen sollen die Möglichkeit haben, bisher Selbstverständliches in Frage zu stellen. Und – und das scheint mir das Wesentlichste – Frauen dürfen nicht eingeschüchtert bleiben vom Terror der angeblichen Norm. Frauen müssen endlich von ihren Ängsten, Abhängigkeiten, Widersprüchen und Hoffnungen reden können.« (Der »kleine Unterschied« und seine großen Folgen; 1975).

»Jeder Teil des Körpers ist jeder und vielleicht bei jeder Frau ein anderer oder auch der, wo sich nach Schwarzerscher Vorschrift nichts abspielen darf, aber unglaublich viel geschehen kann, vorausgesetzt, der Kopf ist frei. Wenn er aber voll ist von ideologischem Schrott, passiert gar nichts, egal ob mit oder ohne Penetration.« (Ariane Barth 1988 in DER SPIEGEL).

»Wir haben dieses Knäuel von Gewalt, Sexismus und Gesetz, von Phantasie, Sexualität und Erotik, von Kunst und Politik nicht lösen können.« Bundestagsabgeordnete Regula Bott 1988 auf dem Porno-Hearing der »Grünen«.

Die härteste aller Erfahrungen ist vielleicht die, daß die fortschreitende Zeit nicht identisch ist mit dem Fortschritt. Ärger noch: Es geht in der Geschichte so manches Mal rückwärts statt vorwärts. Und was das kollektive Gedächtnis angeht – darauf ist schon gar kein Verlaß. All das bringt in Gefahr, nostalgisch zu werden. Oder penetrant.

Mitte der 70er zum Beispiel. Da war es doch ganz schlicht eine Selbstverständlichkeit, daß die Frauen den Ton angaben, die graderaus sagten: Einfach rein/raus reicht nicht mehr! Frauen standen nicht länger zur Verfügung; sie begannen, sich Fragen zu stellen: Was will *ich* eigentlich? Worauf habe *ich* Lust? Habe ich überhaupt Lust? (Und wenn nicht, warum nicht?)

Lange her. Heute scheinen (wieder) die Frauen den Ton anzugeben, für die Sexualität gleich Heterosexualität ist, Heterosexualität gleich Koitus und Mann gleich Pornograph. Eine, die anders denkt und lebt, ist schlicht eine »frustrierte Männerhasserin« – was im Patriarchat nicht als nüchterne Realitätsbeschreibung gilt, sondern als Verstoß gegen das 1. Gebot, das da lautet: Du sollst IHN lieben (und das unter allen Umständen und um jeden Preis).

Schier zum Resignieren wär's, ginge es nicht um etwas so Elementares und Zentrales wie Sexualität. Denn Sexualität ist ja so viel mehr als nur augenzwinkerndes Spielchen, lässige Turnübung oder cooles Ritual. Sexualität kann eine ganz zentrale Quelle für Vitalität, Sinnlichkeit und Lebenslust sein. Darum hat die Tatsache, daß uns Frauen über Jahrhunderte und Jahrtausende eine eigene Sexualität verboten, geraubt und zerstört wurde, vermutlich noch viel weitgehendere Folgen für die Verfassung der weiblichen Persönlichkeitsstruktur, als wir es heute auch nur ahnen...

Mitte der 70er Jahre herrschte bei den Frauen Aufbruchstimmung in Sachen Sex. Die »Sexwelle« der späten 60er hatte sie gestreift, ein paar neue Freiheiten, aber noch mehr neue Pflichten gebracht. Die Frauenbewegung nannte die Verhältnisse beim Namen. Da konnte die Männerpresse noch so hetzen, es half alles nichts: Eine Mehrheit von Frauen und Mädchen erkannte sich wieder in den exemplarischen Protokollen vom »Kleinen Unterschied«. Das Buch löste eine wahre Kettenreaktion von Aha-Effekten aus. Frauen begannen zu sagen, was sie bis dahin noch nicht einmal zu denken gewagt hatten.

Es wurde öffentlich, daß die herrschende Sexualität selten dem Erzeugen von Lust dient und oft dem Erhalt von Macht (»Höchste Zeit, daß ich meine Frau mal wieder bumse – damit sie weiß, wer der Herr im Haus ist.« Ein Zitat aus dem Film »Der Kumpel läßt das Jucken nicht«). Und es wurde klar, daß wir alle – Frauen wie Männer – verdammt viel tun müssen, um das zarte Pflänzchen Eros freizulegen unter dem ganzen Müll.

Die Konsequenzen, die einzelne Frauen aus dem »Kleinen Unterschied« (und all den anderen Büchern und Gesprächen) zogen, waren (und sind) vielfältig. Manche trennten sich von ihren Männern. Manche fingen erst jetzt an, für wirkliche Beziehungen zu ihnen zu kämpfen, auch im Bett. Manche begannen Liebesbeziehungen zu Frauen – oder sie standen endlich auch zu diesen Beziehungen, die sie schon immer hatten. Aber es gab auch die heterosexuellen Paare, die die feministischen Anregungen gemeinsam ernst nahmen und – davon profitierten, auch erotisch. Ja, es gab sogar die (wenigen) Männer, die den erotischen Aufbruch der Frauen begrüßten (meist, weil ihr eigener Leidensdruck unter dem Makker-Sex schon immer groß gewesen war).

Veränderung war angesagt. Denn Sexualität ist ja nichts Angeborenes, ist nicht Natur, sondern Kultur. Das heißt: Sie ist veränderbar. Heute ist Sexualität noch immer für Frauen eher Fessel als Entfesselung. Wie eine wirklich befreite Sexualität (in einem wirklich freien Leben) sein wird, darüber sind Spekulationen müßig. Ein wenig ahnen es die, die sich bereits ein Stück erotischer Freiheit erkämpft haben.

Zu dieser erotischen Freiheit gehört das Wissen um den Körper und die Emotionen. Das orgastische Zentrum des weiblichen Körpers – also das Pendant zum männlichen Penis – ist die Klitoris. Ein Orgasmus aber ist mehr als das Resultat körperlicher Abläufe, er ist auch und vielleicht vor allem das Ergebnis seelischer Erregung. Das heißt: Was erotisch Spaß macht, das muß letztendlich jede (und jeder) für sich entscheiden, darüber kann und darf es keine Rezepte geben – und schon gar keine Dogmen.

Und genau darum haben Feministinnen das gefährlichste der sexuellen Dogmen angegriffen: das Dogma vom Koitus, von der Penetration. Wir waren nie und sind nicht der Auffassung, daß Penetration (mit Penis, manuell oder wie auch immer) keinen Spaß machen darf. Wir haben lediglich darauf aufmerksam gemacht, daß dies nicht der *einzige* Spaß und, rein körperlich, für Frauen sicherlich auch nicht immer der Hauptspaß ist!

Warum der Koitus in der Männergesellschaft trotzdem so mystifiziert wurde, liegt auf der Hand: Er ist das Privileg von Männern. Er ist in unserer Kultur darum auch zum männlichen Akt per se stilisiert worden, und er liefert Frauen, ganz nebenbei, permanent der Ungewißheit einer ungewollten Schwangerschaft aus (oder zwingt sie zur Verhütung). Dabei ist er nur für eines unentbehrlich: für die Zeugung eines Kindes. Für die Zeugung von Lust ist er oft eher hinderlich. Zumindest für Frauen.

Wie es bei den Männern ist? An ihnen, das zu begreifen und zu sagen. Offensichtlich ist, daß in unserer männerdominierten Kultur Sexualität und Gewalt auf eine ungute, fast unlösbare Art und Weise miteinander verquickt wurden. Diese Tendenz wird von der Pornographie erneut verstärkt. Darum kann man zunehmend weniger von Sexualität reden, ohne die immer prägender werdenden Auswirkungen der Pornographie mitzubedenken.

Pornographie brutalisiert Sexualität und – macht sie arm. Turnübungen oder Rituale sind nun mal ohne Phantasie und Emotionen schlicht langweilig bis lächerlich. Das macht ja auch Autoren wie de Sade oder Bataille so rasch so fad: mal von vorn, mal von hinten, mal mit Kruzifix, mal im Würgegriff – die rein technisch möglichen Varianten sind beschränkt.

Auch die Möglichkeiten der Tabubrüche sind, dank der Emanzipation vom Christentum und von der bürgerlichen Moral, weniger geworden. Und noch nicht einmal Aids, die »neue Sexgeißel«, hält, was sich der »Spiegel« schaudernd von ihr versprach.

Eine Lektion allerdings, eine ganz besonders bittere, lernten wir Frauen hinzu in diesen letzten zehn Jahren: nämlich die, daß es nicht nur den Macker draußen zu bekämpfen gilt, sondern auch das Weibchen drinnen. Manche Frauen taten das nicht, sei es aus Angst, sei es aus Opportunismus. Sie stellten sich nicht den eigenen Widersprüchen, sondern kultivierten sie.

So formierte sich in dieser zweiten Phase des Geschlechterkampfes ein neues, ein besonders scharfes Bataillon: die Truppe der Weibchen. Die, die mit den Wir-lieben-Männer- und Wir-finden-Porno-geil-Gebetsmühlen in der Hand in der vordersten Linie die Kamikaze-Jobs für die Jungs erledigen (welche es ihnen auf Dauer ohne Zweifel nicht danken werden). Diese Weibchen müssen, dies nur zur Klärung, übrigens nicht unbedingt heterosexuell leben. Unter den intellektuell oder erotisch männlich identifizierten Lesbierinnen finden wir einige ihrer bedingungslosesten Parteigängerinnen.

Die Stunde der Weibchen schlug (wieder) mit der PorNO-Kampagne. Und nicht zufällig stieß den Stephans und Barths dabei der »Kleine Unterschied« wieder hoch. Denn in der Tat ist das dieselbe Sache: der Kampf gegen männliche Übermacht und weibliche Degradierung, auch und gerade in der Sexualität. So ist es denn nicht weiter verwunderlich, daß eine »Spiegel«-Redakteurin 13 Jahre nach Veröffentlichung vom »Kleinen Unterschied« gegen das Buch so schäumt, als sei es gerade erst erschienen; und sich dabei im Ton vergreift, wie es anno 75 nur Männer taten.

Und sie schüren auf Weibchenart ein Mißverständnis, das es zu klären gilt. Die PorNO-Kampagne leugnet nicht die eigenen Widersprüche von Frauen: diese (un)heimlichen Sehnsüchte und Begierden, die zwangsläufig all das spiegeln, was in uns hineingegeben wird. Im Gegenteil. Hingabe, Auslieferung, Unterwerfung – das sind weiterhin zentrale Motive der Erotik der meisten Frauen. Denn zu lange waren das für sie die einzigen erlaubten Formen von Lust. Darüber gibt es kein Rechten und schon gar kein Richten!

Nur: Ob es immer so bleiben soll – diese Frage muß erlaubt sein. Qui en profite? Wem nutzt es eigentlich, wenn es so bleibt? Und wer sagt, daß wir ausgerechnet bei der Liebe den Verstand verlieren müssen?!

Im Herbst 1988 konnte es sich eine grüne Bundestagsabgeordnete auf dem Porno-Hearing erlauben, allen Ernstes öffentlich zu beklagen, sie habe »dieses Knäuel von Gewalt und Sexismus, Phantasie und Sexualität, Kunst und Politik nicht lösen können«.

Konsequentes Ergebnis dieses ungelösten grünen Hearings: »Wir wollen eine alternative Pornographie!« (Frau bleibt gespannt, wann diese Bonner Spitzen-Grünen die »alternative Bombe« fordern.)

18 Jahre nach Erscheinen von Kate Milletts »Sexus und Herrschaft« (zum Beispiel) kann eine alternative Politikerin – die immerhin den ganzen Tag dafür bezahlt wird, Politik zu verstehen und zu machen – es sich erlauben, so zu tun, als wäre nie etwas geschehen. Als hätten Feministinnen in den letzten 20 Jahren nichts gedacht, nichts getan, nichts geschrieben. Als sei die neue Frauenbewegung nicht die bedeutendste soziale Bewegung nach 68. Und als sei gerade die Analyse und Auseinandersetzung mit der herrschenden Sexualpolitik – von Abtreibung über Inzest und Vergewaltigung bis hin zu den Sexualpraktiken – nicht der wichtigste historische Beitrag dieser Bewegung!

Stimmt übrigens, das Knäuel von Sexismus, Sexualität und Gewalt ist nicht lösbar. Das hätten wir den Grünen schon im vorhinein sagen können. Eben das macht ja die Brisanz der Pornographie aus! Pornographie beginnt nicht im Porno-Laden, sondern am

Kiosk, im Museum, in der Glotze, im eigenen Bett. Die erotischen Phantasien und Sehnsüchte eines jeden – und einer jeden! – sind heute davon angefaßt. Je jünger, je stärker. Es gibt darum nicht hier die gute Erotik und da die böse Pornographie. Genau das ist unser Problem!

Und darum können Frauen sich vor Pornographie selbstverständlich *nicht* wirklich per Gesetz schützen. Sie müßten dazu den pornographischen Blick des anderen genauso verbieten wollen wie die eigenen, manchmal pornographisierten Gelüste.

Uns Frauen bleibt – wollen wir weder mit unserer Lust wieder auf der Strecke bleiben noch vom Hammer der Sexualgewalt erschlagen werden – nur ein Weg: Wir müssen ehrlich mit uns selbst sein, und wir dürfen die Augen nicht verschließen vor dem, was um uns herum geschieht. Das *kann* heißen, daß wir unsere eigenen Bedürfnisse (die ja keineswegs immer den hehren feministischen Ansprüchen entsprechen!) leben – so weit ausleben, wie sie anderen oder uns selbst nicht zu sehr schaden. Das *muß* heißen, daß wir uns gegen die steigende Pornographisierung der Sexualität zur Wehr setzen. Und das *kann* heißen, daß wir vor ihren übelsten Auswüchsen (der Propagierung von Gewaltpornos) rechtlichen Schutz fordern.

Wo Macht und Abhängigkeit herrschen, kann sich auf Dauer keine Erotik entfalten. Pornographie aber propagiert sexualisierte Macht und Ohnmacht. Und sie tut das zunehmend. Denn Pornographie artikuliert sich immer mehr in Bildern. Und die Macht der Bilder in unserer Kultur steigt. Bilder sind allgegenwärtig. Sie sind um uns und in uns.

Soll die Erotik wieder an die Leine gelegt, soll sie Regeln und Ritualen unterworfen werden?

März 1989

Ich trage gerne Boas

Ich trage gerne Boas. Die Gelegenheiten dazu sind rar. Nicht minder gerne trage ich Kopf. Auch nicht immer passend. Verführung und Verstand, Lust und Bewußtsein – verträgt sich das? Grundsätzlich ja. Aber wahr ist, daß es sich auch behindern kann. Wahr ist aber auch, daß es sich gegenseitig steigern kann.

Sexualität. Gefängnis und Freiraum zugleich. Kaum lösbar scheinende Verkettung von Demütigung und Herausforderung, Plage und Verheißung, Dressur und Unbändigkeit. Willkommenes Ventil für beide Geschlechter in einer Gesellschaft, in der das Leben immer inhaltsloser wird, verstärkter Knüppel gegen Frauen in einem Patriarchat, an dessen Grundfesten wir rütteln.

Sexualität also ist, gerade für uns Frauen, Fessel und Entfesselung zugleich. Können wir – und das ist jetzt die Frage – uns das eine nehmen, ohne das andere länger hinzunehmen?

Es sieht so aus. Denn Frauen haben längst begonnen zu handeln, offen zu handeln. Nach dem hart erkämpften Recht auf Unlust wollen wir nun auch Lust. Die Anzeichen dafür sind zahlreich. Auch dieses Buch ist ein Dokument der erotischen Offensive von Frauen. Womit wir Frauen das größte Tabu verletzen, das man uns auch in der Sexualität auferlegt hat: Wir nehmen nicht mehr hin, bescheiden uns nicht länger.

Allerdings: Hart neben dem Fortschritt liegt der Rückschritt. Im Juli 1982 stellte zum Beispiel die Zeitschrift »Brigitte« in der Auswertung einer Leserinnenbefragung zur »Liebe« (13000 antworteten) selbst spürbar überrascht fest: »50 Prozent aller Frauen können jemanden begehrenswert finden, ohne daß Liebe oder Verliebtheit im Spiel ist. Bei den Teenagern rutschte diese Einstellung sogar auf die 70-Prozent-Marke.« Gleichzeitig aber waren 40 Prozent aller Befragten »bereit, auf *seine* sexuellen Wünsche einzugehen, auch wenn sie ihnen selbst nicht behagen sollten«. Im Bett stellen wohl auch heute noch viele Frauen eigene Bedenken und Bedürfnisse zurück.

Übrigens: daß es sich bei der Frauenliebe à la »Brigitte« selbstverständlich immer um die Liebe zum Mann handelt und die zur Frau verschwiegen wird, ist schon bemerkenswert, wenn man bedenkt, daß Kinsey schon vor 30 Jahren schätzte, jede siebte erwachsene Frau habe ausschließlich oder sporadisch sexuelle Kontakte zum eigenen Geschlecht, und der Hite-Report 1976 feststellte, daß sich jede fünfte Frau zu homosexuellen Erfahrungen *bekannt* hatte (knapp die Hälfte dieser Frauen definierten sich als »homosexuell«, die übrigen als »bisexuell«).

Bedenkt man außerdem, daß die Frage der Ausschließlichkeit der Liebe zum Mann und die Möglichkeit einer Sexualität auch mit Frauen gerade in den letzten Jahren viele Frauen sehr bewegt hat, so grenzt die Diskretion von »Brigitte« schon an Manipulation. Motto: Was ich totschweige, existiert nicht. Die französische Frauenzeitschrift »F-Magazin« hatte diese Berührungsangst nicht und fand in einer vergleichbaren Umfrage prompt heraus, daß zehn Prozent der befragten Frauen lesbisch oder bisexuell leben und »fast alle« der befragten heterosexuellen Frauen Frauenliebe auch für sich durchaus für möglich, wenn nicht gar wünschenswert halten!

Auf nichts haben Frauen in den vergangenen Jahren so heftig und so zustimmend reagiert – und Männer so allergisch – wie auf die kritische feministische Auseinandersetzung mit den Formen der herrschenden Sexualität und das Diktat der Zwangsheterosexualität.

Im »Kleinen Unterschied«, schrieb ich selbst 1975: »Sexualität ist der Angelpunkt der Frauenfrage. Sexualität ist Spiegel und Instrument der Unterdrückung von Frauen in allen Lebensbereichen. Hier fallen die Würfel. Hier liegen Unterwerfung, Schuldbewußtsein und Männerfixierung von Frauen verankert. Hier steht das Fundament männlicher Macht und weiblicher Ohnmacht. Hier entzieht sich scheinbar ›Privates‹ jeglicher gesellschaftlichen Reflexion. Hier wird die heimliche Wahrheit mit der ›öffentlichen Lüge zum Schweigen gebracht‹.«

Das sehe ich auch heute noch so. Aber neben dieser dunklen Seite der Sexualität interessiert mich zunehmend auch ihre helle. Und so geht es nicht mir allein. Für uns Frauen ist Verweigerung kein Endziel. Wir wollen uns endlich auch die Lust auf die Lust zugestehen können: auf die *eigene* Lust.

Die Wege von Frauen zur erotischen Lust sind unterschiedlich. Es kommt auf die Bedürfnisse und die übrigen Lebensrealitäten an. Was die eine fasziniert, berührt die andere nicht. Was der einen zur Gefahr werden kann, wird von der anderen souverän gehandhabt. Einige neue Fallen jedoch drohen beim Versuch der erotischen Selbstverwirklichung allen. Und das sind nicht unbedingt immer nur äußere Fallen, das können auch innere sein. Zwei Tendenzen tun sich da besonders hervor und sind sich, so konträr sie zunächst wirken, im Resultat sehr ähnlich.

Die einen, das sind die *neuen Libertinen*. Frauen, die ganz und gar ungebrochen, als sei nie etwas geschehen, ihre sogenannten Bedürfnisse »rauslassen« und »ausleben«. Dabei tun sie so, als seien ebendiese »Bedürfnisse« etwas Urwüchsiges, quasi natürlich Gewachsenes (und nicht kulturell Gewordenes!), eine Art Trieb, gegen den frau eben nicht ankomme. Und sie unterstellen, Sexualität sei ein Freiraum, der mit gesellschaftlichen Realitäten nichts zu tun habe. Deswegen könne man dort, Emanzipation hin, Emanzipation her, tun und lassen, was man gerade wolle.

Ihre makabersten Auswüchse haben die *neuen Libertinen* in sich als progressiv verstehenden Kreisen, wo Frauen in linken Gazetten ganz und unreflektiert ihre masochistischen erotischen Phantasien ausbreiten oder stolz über ihre Nebenjobs in Peep-Shows und auf dem Strich plappern. Signale für Entsprechendes in anderen Milieus sind unter anderem das steigende Sado-Maso-Angebot in den Sexshops und die allgemeine Vernuttung der Frauenwäsche.

In nur scheinbarem Gegensatz dazu befinden sich die *neuen Prüden*, die (in nicht enden wollender Ausuferung der an sich begründeten Frauenforderung nach mehr Zärtlichkeit) mit der Propagierung des »Kuschel-Sex« zu einer wahren Infantilisierung weiblicher Sexualität beitragen. Für diese Frauen, nicht selten auch Feministinnen, erschöpft sich Sexualität im »Kuscheln« und »Liebhaben« – und dies nicht etwa als ein Bedürfnis von vielen möglichen in der Sexualität, sondern als umfassendes Ideal. Ein typisches Beispiel für diese Kuschel-Sex-Ideologie im Kinderton ist Anja Meulenbelts Buch »Für uns selbst« (das schlicht eine Beleidigung und grobe Unterschätzung von Frauen ist).

Daß so manche Frau sich, aus begründeter Angst und Vorsicht, auf Hautkontakt und den menschliche Wärme spendenden Teil von Erotik beschränken will, ist verständlich. Nur meine ich, daß es uns dann zumindest klar sein sollte, daß dies eine *Beschränkung* ist: Es ist der Preis, den Frauen in einer von Frauenverachtung durchdrungenen, männerbeherrschten Sexualität zahlen. Dies kann kein Idealzustand sein, und wir sollten uns nicht hindern (lassen), praktisch und theoretisch mehr zu wollen! Denn die Leugnung von Leidenschaft und Heftigkeit beraubt uns der Grenzüberschreitung, die Sexualität sein kann.

Gleichzeitig bleibt es für mich ein uneingeschränktes Recht jeder Frau (und überhaupt jedes Menschen), sich für sich ganz persönlich kaum oder gar nicht für Sexualität zu interessieren. Sehr zu Recht weist ja auch Margarete Mitscherlich-Nielsen auf die Fragwürdigkeit einer an sexuellen Frequenzen gemessenen »psychischen Gesundheit« und auf die individuell unterschiedlichen Prägungen erotischer Temperamente hin. Aber: Wenn wir Frauen uns schon praktisch und/oder theoretisch mit Sexualität beschäftigen, dann sollten wir neugierig sein und – endlich einmal – auch maßlos. Wir sollten den Mut und die Phantasie haben, Sexualität in ihrer ganzen Dimension ausloten zu wollen.

Ich habe mich in diesen vergangenen Jahren oft gefragt, warum Frauen sich auch ohne direkten Außendruck selbst so reduzieren, in vielen Bereichen und eben auch in der Erotik. Bei den Propagandistinnen des Kuschel-Sex gibt es dafür mehrere Erklärungen. Zum einen ist es natürlich auch eine Reaktion auf das Gerammel der Männer. Aber ist es wirklich eine Alternative (oder Verweigerung)? Frauen hatten bisher nur wenig Gelegenheit, Sexualität für sich positiv zu besetzen, im Gegenteil. Frauen sind auch, aufgrund ihrer Prägung, leichter geneigt, in eine fürsorglich-mütterliche Haltung zu verfallen: Da wollen sie vielleicht sich und ihren Schwestern auch im Sex nicht mehr zumuten als diesen Klein-Kinder-Schmus...

Vielleicht ist da aber noch ein dritter, ein wirklich brisanter Grund für dieses Verhalten. Bedenkt man, daß eine solche erotische Beschränkung ja auch Verzicht auf die größtmögliche erotische Herausforderung ist, die heute eine Frau überhaupt wagen kann, nämlich fordernd und anspruchsvoll *für sich selbst* zu sein!, so muß man sich die Frage stellen, ob dieser Kuschel-Sex nicht Anpassung, ja mehr noch: ob er nicht Unterwerfungssignal ist: Seht her, so harmlos sind wir Frauen. Wenn wir heterosexuell leben, wollen wir gar nicht viel von euch; wenn wir homosexuell leben, sind wir entsexualisierte Wesen und machen dir, Mann, keine Konkurrenz.

Und die Männer? Die ja auch im Bett weiterhin Realität einer überwältigenden Mehrheit von Frauen sind (88 Prozent aller befragten EMMA-Leserinnen haben sexuelle Beziehungen zu Männern!). Sind die ganz die alten? Oder gibt es auch bei ihnen Veränderungen? Ja. Und ob. Bewegungen fordern Gegenbewegungen heraus, Entlarvungen alter Unterdrückungsformen zwingen Unterdrücker zur Emanzipation oder – zu neuen Listen. So gibt es, wenn ich es recht überblicke, grob sortiert, erotisch gesehen unter den Männern zur Zeit vier Sorten: die alten alten, die neuen alten, die ehrlich Bemühten und die ganz Schlauen.

Was die *alten alten* charakterisiert, dürfte klar sein: Das sind die, die es sich, warum auch immer, weiterhin erlauben können, den alten Stiefel durchzuziehen. Unter ihnen sind Ignoranten ebenso wie solche, die ganz genau wissen, was sie tun. Allen gemeinsam ist, daß noch nicht einmal die Ausläufer des Feminismus sie tangieren können. Sie sind übrigens nicht immer alt an Jahren, zunehmend sogar wieder ganz jung. Sie existieren in allen Milieus und Klassen, ein erotisches Abenteuer mit ihnen ist meist keines.

Ihnen auf den Fuß folgen die *neuen alten*! Sie sind vor allem in sogenannten progressiven Kreisen angesiedelt. Sie sind die Begründer der Ich-bin-ein-Macker-und-stolz-darauf-Ideologie und lassen gern »die Sau raus«. Es gibt sie in Dumpf und in Geistreich. Im Bett sind sie eher armselig. Vermute ich.

Und dann sind da die *ehrlich Bemühten*. Nette Menschen. Nur etwas anstrengend. Hinter (fast) jedem ehrlich bemühten Mann steht nämlich immer eine noch bemühtere Frau... Dennoch: Sie scheinen ein Lichtblick (und Resultat feministischer Arbeit) zu sein. Wie weit sie letztendlich wirklich gehen werden, ist nicht zuletzt eine Frage weiblichen Durchsetzungsvermögens.

Zu guter Letzt die *ganz Schlauen*. Das sind Geschöpfe wie aus der Geschichte vom Hasen und vom Igel: Wenn wir ankommen, sind die immer schon da. Die wissen schon lange, daß Frauen eigentlich die besseren Menschen sind. Mehr: die stärkeren. Noch mehr: die potenteren. Wortreich verstehen sie darzulegen, wie schwach sie, die armen Männer, sind. Darum muß zur Rettung der

Welt im allgemeinen und zu der der Männer im besonderen die Frau her. Man findet die *ganz Schlauen* im Bett wie auf der Friedensdemo. Ihr Traum: im Schoß der omnipotenten Mutter in die Ekstase geschaukelt zu werden. Ihr Trick: die Verweigerung, wenn es denn sein muß. Denn sie leiden unter dem »Fluch der Entladung« und beneiden uns Frauen um die »unendliche Tiefe der weiblichen Lust« (so Finkielkraut und Brucker, zwei typische Schlawiner dieses Genres, in »Die neue Liebesordnung«). Die *ganz Schlauen* sind ganz besonders im Auge zu behalten: Denn wenn Männer Frauen als die besseren Menschen preisen, läßt das dicke Ende meist nicht lange auf sich warten. Und wenn es nur ist, daß wir ihnen alles verzeihen müssen, weil sie ja von Natur aus so unzulänglich sind, diese armen XY-Träger... (Womit wir beim neuen Biologismus wären, auf den ich noch zu sprechen komme.)

Und die Frauen? Was ist los in der weiblichen Homosexualität? Sicherlich nicht automatisch nur Aufregendes. Eine Gefahr droht allemal: Das ist die Verdoppelung der (anerzogenen!) »Weiblichkeit«. Flapsig gesagt: Kuschel-Sex hoch 2. Dagegen stehen zwei Chancen: erstens, daß Frau und Frau sich eben *nicht* – wie Frau und Mann – als objektive Repräsentanten von Macht und Ohnmacht gegenüberstehen, sondern, zunächst einmal, als Gleiche; zweitens, daß die Vorgaben fehlen: Frauen müssen Liebe mit Frauen, körperlich wie seelisch, immer wieder neu erfinden – bedrückende und befreiende Unsicherheit zugleich. Bedrückend ist, daß sie sich ihre Existenz immer wieder neu ertrotzen und erkämpfen müssen; befreiend ist, daß auf ihnen nicht die Fesseln der sogenannten Normalität lasten.

Es ist kein Zufall, daß unter den Feministinnen der Prozentsatz der homo- und/oder bisexuellen Frauen höher ist (14 Prozent bei den EMMA-Leserinnen allgemein, 33 Prozent bei den aktiven Feministinnen unter den EMMA-Leserinnen!). Den Männern das Monopol aufkündigen und auch Frauen lieben können, ist irgendwann Folge eines konsequenten Feminismus.

Kate Millett ist eine von diesen Feministinnen. Nur wenige haben sich beim Thema Sexualität so weit vorgewagt wie sie. Im »Basement« geht sie der zerstörerischen und selbstzerstörerischen Wirkung von verformter und nicht gelebter weiblicher Sexualität nach, in »Sita« wagt sie den freien Flug der Lust, wenn auch mit lädierten Flügeln. Und es ist kein Zufall, daß die einst verheiratete Autorin diese Gratwanderung auf der Suche nach Lust heute offensichtlich nur in der Homosexualität leben und beschreiben kann. Ihre Passion mit einer Frau führt sie zwar an Abgründe, reißt sie jedoch nicht ganz in die Tiefe, da sich hier objektiv Gleiche gegenüberstehen. Mit einem Mann hätte sie dieses Maß an Hingabe und Besessenheit nicht wagen können. Doch wie auch immer Frauen heute Sexualität leben – ob mit sich allein, mit Männern oder mit Frauen: daß Erotik von der Fesselung zur Entfesselung wird, ist nur denkbar, wenn wir auch in diesem Bereich die uns zugewiesene »Weiblichkeit« in Frage stellen. Was wiederum nur möglich ist, wenn wir auch unsere Realität verändern. Denn wirkliche Hingabe ist nur in Freiheit möglich (in Unfreiheit ist sie nichts als Unterwerfungsritual), und wirkliche Eroberung ist nur aus einer Position der Stärke denkbar.

Frauen sollten sich da nicht den Blick vernebeln lassen durch den neuen Biologismus, der aus dem »schwachen« nur ein angeblich stärkeres Geschlecht macht. Sicher, Tatsache und auch wissenschaftlich längst unbestreitbar ist, daß der weibliche und der männliche Körper sich in der Grundstruktur rein physiologisch sehr ähnlich sind. Mehr noch: Die amerikanische Psychoanalytikerin Mary Jane Sherfey resümierte in »Die Potenz der Frau« die wissenschaftliche Erkenntnis, daß jeder Embryo ursprünglich weiblich ist und die »Maskulinisierung« erst in der fünften Woche durch Zufuhr von Androgenen eingeleitet wird. Sherfey: »Embryologisch gesehen ist es durchaus richtig, im Penis eine wuchernde Klitoris, im Skrotom eine übertriebene Schamlippe, in der weiblichen Libido die ursprüngliche zu sehen. Die moderne Embryologie müßte für alle Säugetiere den Adam-und-Eva-Mythos umkehren.« Tatsache ist auch, daß Frauen rein körperlich in kürzerer Zeit mehr Orgasmus haben können als Männer.

Nur – was heißt das? Nicht viel. Denn der Mensch ist wenig Natur und viel Kultur. Und nichts ist weniger natürlich als Sexualität. Von daher ist die Feststellung der physiologischen Überlegenheit zwar ein ganz netter Gag in einem Patriarchat, das seine Macht bisher als sozusagen angeboren begründet hat, dieses aber nun umdrehen zu wollen, wäre eine Retourkutsche, mit der wir nicht allzu weit kommen. Denn sexuelle Ausbeutbarkeit ist keine biologische, sondern eine Machtfrage, und wie auch immer wir argumentieren – in einem Patriarchat ist eine körperlich höhere Potenzfähigkeit von Frauen dann eben Anlaß für die »heimlichen Ängste« der Männer, und diese heimlichen Ängste wiederum sind Vorwand für ihre ganz und gar unheimlichen Machtdemonstrationen... Nein, emanzipatorisch kann auch in der Erotik nur eines sein: die Befreiung von der Einengung der Geschlechterrollen und nicht ihre erneute Verfestigung! Das ist ein langer Weg. Sicher. Unsere Vorstellungen und Erlebnisfähigkeiten in der Lust sind eng verknüpft mit der Geschlechtsidentität. Daß diese Geschlechtsidentität nichts Angeborenes, sondern etwas Anerzogenes ist, ist für die fortschrittliche Wissenschaft eine Binsenwahrheit (was die neuen Biologisten allerdings nicht daran hindert, ganz einfach das Gegenteil zu behaupten).

Gerade die Sexualität ist Arena unmittelbarster Konfrontation der Geschlechter und privilegierter Dressurplatz für »Männlichkeit« und »Weiblichkeit«. Die Befreiung der Frauen impliziert darum auch eine fundamentale Veränderung ihres Verständnisses von weiblicher Lust.

Was ist Lust überhaupt? Dazu gibt es heute auch in der männerbeherrschten Sexualwissenschaft etliche spannende Theorien – selbst wenn sie die patriarchalische Prägung der herrschenden Sexualität fast nie ausreichend berücksichtigen und immer von den Erfahrungen von Männern ausgehen, auf Frauen also so nicht übertragbar sind. Fortschrittliche Sexualwissenschaftler halten schon seit einiger Zeit die Freudsche Theorie vom »sexuellen Trieb« und die damit verbundene Vorstellung einer periodisch notwendigen »Entladung« (»Dampfkesselmodell«) für unhaltbar (danach gäbe es auch keine Triebtäter und wären die operativen »Entmannungen« von Sexualverbrechern absurd und sinnlos!). Gunter Schmidt vom Hamburger Sexualforschungsinstitut griff die Trieb-Kritik jüngst zustimmend auf und ergänzte: »Im subjektiven Erleben der Frauen hat die Triebhaftigkeit des Sexuellen immer eine geringere Rolle gespielt, sie haben sie von jeher für eine Absonderlichkeit der Männer gehalten, sich mit dieser richtigen Auffassung aber nicht durchsetzen können.« Er definiert sexuelles Verlangen als »Bereitschaft zur Lust«.

Nur, was hieße das für uns Frauen: bereit sein zu welcher Lust?

Die Auffassung vom männlichen »Trieb« (dessen patriarchalisches Pendant die »weibliche Hörigkeit« ist) ist ja doch so viel mehr als ein wissenschaftlicher Irrtum, und es reicht nicht, dies jetzt nur wissenschaftlich zu korrigieren. Die Triebtheorie ist ein Politikum: Sie war und ist ideologischer Freifahrschein für Männer, deren sexuelle Aggressionshandlungen gegen Frauen (und Kinder) in diesem Licht als quasi unvermeidliche Urgewalt gelten – Männer »können eben nicht anders«!

Diesen Aspekt der Macht vernachlässigen selbst – und gerade! – progressive Sexualforscher auch da, wo sie die Fragwürdigkeit sexueller »Normalität« aufzeigen. Für den Hamburger Sexualwissenschaftler Schorsch zum Beispiel sind »Perversionen« zwar weder »krankhaft« noch »irrelevant«, sondern im Gegenteil ein Phänomen, das »die Grenzen erlaubter Sexualität bloßlegt« und eine »Utopie sexueller Freiheit, unbeschnittener Lust sichtbar« macht. Schorsch: »Das Ziel einer kritischen Beschäftigung mit Perversionen (...) ist die Bewußtmachung einer im weitesten Sinne politischen Dynamik und Sprengkraft in der Sexualität, die mehr und mehr verleugnet und vergessen wird.«

Schorsch greift unter anderem die auch in Deutsch erschienenen Überlegungen des amerikanischen Analytikers Stoller auf, der bei seiner Beschäftigung mit »Perversionen« (vom Exhibitionismus bis zum Sado-Masochismus) zu der These gelangt ist, »Perversion« sei die »erotische Form von Haß«. Mehr noch: Über jeder erotischen Motivation läge ein »Hauch von Feindseligkeit«.

Interessante Überlegungen, weil sie die Frage wagen, wieweit Sexualität eigentlich in ihrem Kern »sozial«, zwingend »lieb« ist.

Daß Lust (bei Männern) nicht gleich Liebe ist, wissen gerade wir Frauen aus eigener Erfahrung. Was aber ist dann das Wesen von Erotik? Es gehört nicht viel zu der Feststellung, daß Erotik für Männer mit Macht besetzt ist und für Frauen mit Ohnmacht. Im erotischen Masochismus wiederholen Frauen nicht nur ihre politische Unterwerfung, sie versuchen auch, aus dieser Ritualisierung im Bett – und zum Teil vielleicht sogar selbst mit inszenierter Unterwerfung – Lust zu ziehen.

Unterwerfung, Auslieferung, Hingabe: elementare Bestandteile von Erotik. Genauso wie Eroberung und Überwältigung. Ungut wird es erst, wenn das gekoppelt ist mit der gesellschaftlichen Realität (daß die Schwächere auch hier wieder die Untere ist und der Stärkere der Obere); wenn wir auf einen einseitigen Part festgelegt sind und wir Frauen aus der sexuellen Hingabe unsere Bestimmung zur allgemeinen Unterwerfung schließen.

Die Folgen für den/die »Perverse/n« sind, je nach Art der Perversion und nach dem übrigen Leben, eben doch sehr unterschiedlich. Es ist eine Sache, wenn zum Beispiel Bataille sich in sadistischen Phantasien an eigene Abgründe und Grenzen wagt, eine andere, wenn seine Lebensgefährtin Laure ganz und gar aufgeht in ihrem erotischen Masochismus. Bataille, im Leben Schriftsteller und Philosoph, zog aus seinen erotischen Obsessionen zusätzliche Bestätigung in einer Männergesellschaft. Laure, deren private Geständnisse nach ihrem Tode veröffentlicht wurden (die, bezeichnend für den Zeitgeist, zu einer Art Kultbuch avancierten), hat neben ihrem erotischen Masochismus nichts als ein inhaltsloses, früh gescheitertes und in Selbstzweifeln ersticktes Leben. Wenn Bataille seinen Sadismus auslebte, holte er sich daraus Selbstbestätigung und Impulse. Wenn Laure ihren Masochismus auslebte, war dies zwar lustvoll für sie, aber – um den Preis erneuter Erniedrigungen. Sadistische Männer sind Sieger, masochistische Frauen die Besiegten.

Was nicht heißt, daß ich für ein rigides Abblocken der Sadomasochismus-Debatte plädiere. Wirklich spannend an dieser Diskussion finde ich die Frage nach erotischer Gewalt und Leidenschaft, die dahintersteht. Einengend scheint mir die erotische Begrenzung bei obsessiven Sadomasochistinnen auf ganz bestimmte Riten und bedenklich ein unreflektiertes Einschwenken auf den masochistischen Part für Frauen.

Der Weg auf der Suche nach Lust ist für Frauen heute allemal eine Gratwanderung. Denn fast alles, was wir jetzt lustvoll erleben, ist gleichzeitig befrachtet mit Last. Wenn wir uns aus dem Käfig der »Weiblichkeit« psychisch und faktisch befreien, werden wir auch unsere eigene Lust ein ganzes Stück neu definieren müssen.

Es werden sich dann neue Fragen stellen. Vielleicht auch die, wieweit die These von der »aggressiven Erotik« auch für Frauen zutrifft. Und: ob Liebe und Lust für uns weiterhin selbstverständlich zusammengehören. Oder steht die Sicherheit einer Beziehung vielleicht dem Abenteuer Erotik im Wege? Tötet die süße Vertrautheit der »festen« Beziehung etwa Begierde und Lust?

Wie halten wir es mit der Treue? Wie mit der Poly-/Monogamie? Wie mit der Rücksicht auf die/den andere/n? Die alte (Doppel-)Moral haben wir über Bord geworfen. Und nun? Entbindet uns das aller Rücksichten und Verpflichtungen?

Gewiß nicht. Denn das Streben nach eigener Freiheit kann die Notwendigkeit des Respekts für die/den andere/n nicht unbeachtet lassen. Die auch in der Frauenbewegung seit einigen Jahren grassierenden Dschungelgesetze mit dem Recht der Stärkeren auf Hemmungslosigkeit, Demütigung und Zerstörung schlagen letztlich gegen uns selbst zurück.

Die alte Moral ist in Frage gestellt. Brauchen wir eine neue? Ich meine, ja. Und zwar eine, die die Funktion herrschender »Normalität« und herrschenden »Anstandes« durchschaut und dem eine Ethik freier Selbstverantwortung entgegenstellt.

Große Worte. Ich weiß. Aber ohne solche Überlegungen bleibt Lust nur Last und Sexualität das überfrachtete Vehikel, das nicht Erotik, sondern Macht und Ohnmacht transportiert. Was auf die Dauer wirklich zu schade wäre. Denn, wie gesagt – ich trage gerne Boas.

September 1982

Ode an einen KV

Ja doch, ich weiß genau, was ich an ihnen mag. An diesen Wesen, die unbekannt sind in der heilen Welt der Bürger/innen, verachtet in der Frauenbewegung und bewundert in der Subkultur homosexueller Frauen. Kesse Väter. KVs, wie Eingeweihte sie knappvertraut nennen. Sie kennen sich aus. Sie beherrschen die Szenerie. Sie wissen, wann sie die Lokalität zu betreten haben. Nicht vor 23 Uhr. Sie kennen die Regeln und Riten. Das ist ihre Welt. In der anderen verweigert man ihnen den Platz.

Schon das Entree. Mit dem sicheren Schritt des leicht gelangweilten Stammgastes. Schmale Hüften, leicht angezogene Schultern, vorgeschobenes Profil. Ihr Platz ist an der Bar: einen Arm leicht aufgestützt, den anderen frei fürs Bier- oder Whisky-Glas und das rituelle Streifen durch das knabenhaft geschnittene Haar.

Es gibt sie in vielen Variationen: vom verlorenen Jungen über den Dandy und die Sportlerin bis hin zur kühlen Intellektuellen. Es gibt sie mit und ohne Distanz, bierernst und ironisch, manchmal.

Tief drin aber ist es ihnen bitterernst. Sie sind gekränkt von der Zumutung Weiblichkeit. Sie sind keine Mädchen, keine Weiber – auch wenn eben diese Weiblichkeit sie bei anderen Frauen anzieht. Aber das gehört dazu, denn nur das macht sie endlich zum anderen, zum nicht-weiblichen Geschlecht.

Sie verletzen das größte Tabu, das überhaupt existiert für eine Frau in einer Männergesellschaft: Sie wagen den Griff zur Männlichkeit. Und das auch noch in einer Domäne, die die Herren der Schöpfung allerstrengstens sich vorbehalten: in der Erotik.

Sie sind Amazonen. Heldinnen. Kerle. Weiße und schwarze Prinzen. Sie beherrschen die Inszenierungen der Kühnheit und die Rituale der Eroberung. Und – sie sind Frauen. Ihnen ist diese Rüstung eben nicht auf den Leib geschneidert, eben nicht in die Wiege gelegt. Und das macht es so unerhört, macht sie so aufregend, so erotisch.

Mann sein und Mann spielen – wie platt und wie einfach. Aber Frau sein und... Daß sie es wagen. Den Griff beim Tanzen. Das Vorschnellen mit dem Feuerzeug. Die Hochstapelei. Selbstverständlich sind sie auch rührend. Manchmal erbärmlich. Und durchschaubar. Aber auch beeindruckend. Und mitreißend.

Vielleicht lösen sie ihre Verheißung im Bett nicht ein. Vielleicht erfüllen sie ein plattes Übersoll. Vielleicht aber auch sind sie fähig zu beidem: zur Eroberung und zur Hingabe.

Ich erkenne sie, auch außerhalb ihres Terrains. Diese Silhouette. Diese Handbewegung. Diese Art, Feuer zu geben. Dieser Blick.

Und die anderen, die erkennen euch auch. Genauer: Sie ahnen euch, auch wenn sie nicht wissen. Wenn ihr stark seid, dann irritiert ihr sie und imponiert ihnen gleichzeitig. Wenn euch der Griff zur Männlichkeit aber zuviel Kraft gekostet hat, ihr schon zu wund geschlagen seid, dann lächeln sie über euch, finden euch grotesk. Ihr könnt euch nicht verstecken. Ihr könnt/wollt nicht anders.

Und dafür bewundere ich euch. Ich, die bewußte Feministin, die selbst viel wagt, sich aber auch – aus List und auch aus Lust – das Spiel Weiblichkeit allemal offenhält. Wenn ich will, kann ich so tun, als sei nichts. Ihr könnt das nicht mehr.

Dafür liebe ich euch. Ihr seid schön. Weil ihr das Spiel der Stärke und Grandezza zu dem euren macht. So hart errungen. Und so leicht vorgeführt.

Sage mir noch eine was gegen KVs. Die hat ja keine Ahnung.

September 1982

Brief an eine Freundin

Liebe Ingried,
vor zwei Wochen hast du es mir gesagt: Ich will im Sommer heiraten. Du hast es mir erst nach dem dritten Glas Wein gesagt. Nicht ganz ohne angespannten Unterton. Die Art von Anspannung, die vom eigenen, schlechten Gewissen kommt und sich erfahrungsgemäß zielgerade gegen die Freundin zu richten pflegt, gegen das feministische Über-Ich. Deine Stimme klang sehnsüchtig, resigniert und entschlossen zugleich: Ich heirate – was sagst du dazu!?

Ja, was soll ich dazu sagen, was nicht schon längst gesagt worden wäre? Seit anderthalb Jahrhunderten kämpfen Feministinnen für die Emanzipation der Frauen und damit auch gegen ihre Illusionen. Was also könnte ich noch vorbringen gegen »den schönsten Tag in deinem Leben«...?

Darf ich trotzdem fragen, warum ausgerechnet Du heiraten willst? Du bist Mitte Dreißig, eine Karrierefrau und hast schon lange Dein eigenes Leben. Du kennst Deinen Freund seit zwei Jahren und wohnst – nicht ohne vorweg Bauchschmerzen und Freundinnenratschläge satt – seit ein paar Monaten mit ihm. Du hast in der Vergangenheit eigentlich immer nur mitleidig geguckt, wenn eine Frau mit der Ehe schwanger ging.

Früher, früher da gab es wenigstens noch ein paar halbwegs glaubhafte Gründe. Vor 20 Jahren heirateten meine Freundinnen, weil sie »sonst keine Wohnung« bekamen – aber die habt ihr ja schon längst. Vor 20 Jahren heirateten meine Freundinnen, weil sie »Kinder haben« wollten – aber die wollt ihr ja nicht (und wenn doch, macht es Dir »rein gar nichts aus, ledige Mutter zu sein«). Vor 20 Jahren heirateten meine Freundinnen, weil sonst die Eltern Terror machten – aber Deine sind ja geschieden, und Deine Mutter lebt selbst mit einem Freund zusammen.

Warum also heiratest Du, Irene?

Ausgerechnet Du. Du stammst selbst aus einer kaputten Familie und hast zig üble Scheidungen im Freundinnenkreis miterlebt.

Ausgerechnet Du. Du flippst schon aus, wenn Dein Freund Dich als »meine Freundin« vorstellt; und hast früher nur milde den Kopf geschüttelt, wenn eine Frau ihren Namen am Standesamt abgab. (Ja, ja, ich weiß, Ihr diskutiert noch darüber, ob er nicht Deinen Namen annimmt – aber selbst wenn: Ob das ihm bekäme?)

Ausgerechnet Du. Du kennst bestens Deine Hedwig Dohm und Deine Simone de Beauvoir. Du weißt genau, daß die Geschichte der Ehe eine Geschichte der Abhängigkeit und Ausbeutung von Frauen ist, und »die Institution Ehe die Keimzelle des Patriarchats«.

Ausgerechnet Du. Du hast mir selbst noch vor ein paar Monaten ironisch aus der Zeitung die Meldung vorgelesen: »Von den heute geschlossenen Ehen wird mindestens jede zweite bis zum Jahr 2000 wieder geschieden sein...«

Ausgerechnet Du willst also jetzt selber heiraten, willst das große Ausnahmepaar werden, das »es« schafft. Du sagst mir zwar nicht, warum ausgerechnet Du es schaffen könntest, Du erklärst mir aber, warum Du es schaffen willst: Weil Du mit diesem Schritt »die Ernsthaftigkeit Deiner Gefühle klarmachen« willst! Weil Du, »die ganze Unverbindlichkeit leid« bist! Weil Du endlich Dir selbst und allen anderen unwiderruflich beweisen willst: »Wir gehören zusammen!«

Es gibt aber noch einiges, was Du mir nicht sagst. Nämlich, daß

Du anfängst, Angst vor dem Alter zu haben (früher nannte man das »Torschlußpanik«). Daß Du zunehmende Angst vor dem Verlassenwerden hast. Daß du die »Affären« leid bist, endlich leid, und Dich sehnst nach Dauer und Sicherheit.

Statt dessen erzählst Du mir was von »Das Ganze nicht so ernst nehmen«. Und: »Die Ehe auf den Kopf stellen«. – Auf welchen Kopf?

Gib es doch ganz einfach zu, Ingried: Du hoffst, daß die Ehe die Liebe, Deine Liebe sicherer macht, und Du bist eben doch stolz darauf, einen Mann zu haben – so, wie es Deine Eltern immer von Dir erwartet haben. Und Du vergißt, wie leicht die geschmackvollen, schlichten Platinringe zu Ketten werden. (Ich muß Dich doch nicht an unsere Freundin Susanne erinnern, die nach zehn glücklichen, beneidenswert emanzipierten Ehejahren gerade in einer quälenden, teuren Scheidung steckt.)

Du willst meine Räsonniererei nicht länger anhören müssen. Du willst nicht immer so vernünftig sein müssen! Du willst ohne Einschränkung zu Deinen Gefühlen stehen können! Kurzum: Du willst EINMAL JA SAGEN!

Also gut: einmal Ja sagen. Ich verstehe. Sehr gut sogar. Ich brauche nur an Prinzessin Dianas traumhaftes Brautkleid zu denken und wie sie langsam aus der Kutsche steigt und noch langsamer auf den Altar zuschreitet... Ich kenne mich aus in den Untiefen der Sehnsüchte, deren höchste Erfüllung noch immer die Frage zu sein scheint: Willst du meine Frau werden?

Schön hört sich das an. Zu schön. Denn welche Frau will heute wirklich noch SEINE Frau werden? Mit den bekannten Konsequenzen?

Vermutlich träumt irgendwann jedes Paar davon, »das Traumpaar« zu sein. Nur wird die Ehe nicht im Traum, sondern im Leben geschlossen. Die Ehe ist ein staatlich besiegelter Vertrag mit weitreichenden sozialen und materiellen Konsequenzen: Aufgabe des Namens, finanzielle Haftungen, eheliche Vergewaltigung (die keine ist). So sieht das aus.

Ehrlich gesagt werde ich den Verdacht nicht los, daß Du die Ehe mit der Liebe verwechselst. Da bist Du nicht die erste. Aber genau das hat der Liebe noch nie gutgetan. Außerdem: Die Liebe ist noch mal ein ganz anderes Kapitel...

Solltest Du nun trotz alledem im Sommer heiraten, Ingried, bleibt mir nichts anderes, als Dir Glück zu wünschen. Aber solange Du das ewige Ja noch nicht gesprochen hast, erlaube ich mir, mich mit Dir über die Ehe zu streiten – über Deine Ehe.

Alles, wovor ich Dich warne, weißt Du selbst? Und das alles willst Du eigentlich auch gar nicht? Dann laß es.
Deine Alice

Mai 1988

Ein Gespräch mit Hella von Sinnen und Cornelia Scheel

Über die beiden ist viel geschrieben worden, vor allem in der Boulevardpresse hat es die Schlagzeilen nur so gehagelt. Selbst aber reden sie hier zum erstenmal über sich, über ihr Leben, ihre Arbeit und ihre Liebe: Cornelia Scheel, 28, Ex-Bundespräsidenten-Ex-Tochter, und Hella von Sinnen (bürgerlich: Hella Kemper), 33, Entertainerin. Die beiden haben seit Dezember eine gemeinsame Wohnung in Köln und waren seit Beginn ihrer Beziehung Anfang 1991 »nicht eine Nacht getrennt« (Hella) und »keinen Tag« (Conny).

Alice: Ihr seid seit über einem Jahr das bekannteste homosexuelle Paar der Nation. Wenn ihr jetzt Bilanz zieht – was ist denn für euch dabei herausgekommen?

Cornelia: Schön war, wenn einem die Kinoverkäuferin auf die Schulter geklopft hat und sagte: Ich finde euch gut! Wir bekamen sehr viel Solidarität zu spüren, wurden auf der Straße angesprochen und bekamen eine Flut von Briefen. Das Gros war positiv.

Alice: Seid ihr auch angepöbelt worden?

Cornelia: Ja. Wobei ich den Eindruck hatte, daß man sich oft nicht traute, vor allem Hella direkt anzupöbeln. Aber auf dem Anrufbeantworter gab es die eine oder andere...

Hella: ... Unflätigkeit, vor allem, weil Conny damals noch im Telefonbuch stand. Es gab auch einen direkten Angriff. Wir hatten uns im Sommer eine Woche Sylt gegönnt. Plötzlich war eine Paparazzi-Nachricht an der Hotel-Rezeption: »Ich möchte ein Foto von Ihnen im Strandkorb machen.« Ich antwortete ihm, wir seien privat hier, deshalb könne er keine Fotos machen. Daraufhin saß der Mann eine Woche im Hotel und hat uns belagert. Wir sind fast nicht mehr aus der Tür gegangen bzw. nur noch zu grotesken Zeiten, so daß er uns nicht erwischte. Als wir abfuhren, verfolgte er uns mit seinem Auto noch bis Hamburg, Stoßstange an Stoßstange, wie in einem schlechten Film.

Alice: Conny, du hast vorher ganz wohlerzogen gelebt...

Cornelia: ... und vor allem verlogen, nämlich heterosexuell! Ich habe zumindest versucht, es mir einzureden. Ich hatte immer wieder Beziehungen von sehr kurzer Dauer, so daß die Leute mich für ein Vorzeigemädchen hielten, das in den Rahmen paßt. Als ich meinem Vater und meinen jüngeren Geschwistern sagte: »Ich bin sehr verliebt in Hella von Sinnen, und ihr müßt euch an die Vorstellung gewöhnen, daß ich lesbisch bin«, da waren die sehr überrascht, und mein Bruder mußte etwas schlucken. Aber heute ist es für meine Geschwister etwas Selbstverständliches. Sie finden meine Ehrlichkeit gut.

Alice: Was waren eigentlich eure Motive, eure Beziehung so öffentlich zu machen? Bei Hella ist es offensichtlich auch Spaß an der Provokation. Aber du, Cornelia?

Cornelia: Für mich gab es zwei Motive. Wir konnten uns an allen zehn Fingern ausrechnen, daß unsere Beziehung nicht lange geheim bleiben würde. Die »Bild«-Zeitung rief mich einmal an und sagte mir, »Barbara Scheel« sei mit Hella von Sinnen in einer Diskothek gesehen worden, ob das denn stimmen würde. Da schien es uns sinnvoll, selber damit rauszukommen, ehe so schmierige Geschichten über uns verbreitet werden. Zum anderen:

Mit den vorigen Beziehungen war ich nie an die Öffentlichkeit gegangen, weil ich nie dazu gestanden habe. Ich habe dann bei Veranstaltungen oft Ausreden gefunden, um zu Hause bleiben zu können. Mit Hella erlebte ich dann die Befreiung durch diese überdimensional große Liebe. Das war für mich wie ein lauter

Schrei: Endlich! Endlich möchte ich auch, daß ihr es alle wißt. Es war viel Euphorie und Stolz dabei – eine gute Nachricht behält man eben nicht so gern für sich.

Alice: Du hast ja auch vorher in Lebenszusammenhängen gelebt, in denen es starke Zwänge gab. Du bist mit einer alleinerziehenden Mutter, die Ärztin war, in München aufgewachsen. Als du fünf Jahre alt warst, heiratete sie den damaligen Außenminister Scheel. Als er Bundespräsident wurde, warst du elf.

Cornelia: Von sechs bis 16 hatte ich ständig einen Begleitschutz, also Sicherheitsbeamte, um mich herum. Die hatten natürlich auch eine Kontrollfunktion und schränkten meinen Spielraum ganz schön ein. Und wir wurden vorgeführt als Musterfamilie: Hier ist das Mustertöchterchen, und da sind die beiden Musterkrabbelkinder. Ich hatte rosa Schleifen im Haar und mußte jeden begrüßen. Dabei hätte ich lieber im Reitstall gespielt. Wenn ich mit Pferdemist im Haar nach Hause kam, schrie mein Vater auf: In einer halben Stunde kommt der Botschafter von Soundso, und bis dahin mußt du fertig sein.

Alice: Für deine Mutter muß das auch eine große Umstellung gewesen sein. Von der alleinstehenden Ärztin zur »Frau an seiner Seite«...

Cornelia: Für sie war es die Hölle! Sie hat sich dem auch nicht gebeugt, sie hat dagegen rebelliert. Für sich hat sie den Begleitschutz abgelehnt. Für die Kinder hat sie sich allerdings überreden lassen, weil ihr die Verantwortung zu groß erschien. Aus den »gewöhnlich gut unterrichteten Kreisen« in Bonn kann man heute noch erfahren, daß sie der Schrecken jedes Protokollchefs war. Bei einem Dinner mit der Königin warf sie die vorgeschriebene Tischordnung einfach um. Sie traf irgendeine befreundete Journalistin und rief: »Komm, setz dich neben mich, und Sie, Herr Botschafter, würden Sie bitte meiner Freundin Platz machen?« Dadurch waren die Zwänge für uns erträglicher. Wir bekamen ja über unsere Mutter ein Stück Normalität mit. Aber natürlich war es auch angenehm, in so einem schönen Haus zu wohnen. Wir wurden sehr verwöhnt.

Alice: Der rebellische Zug an deiner Mutter hat dir aber imponiert?

Cornelia: Ja, sehr. Ich glaube, sie hat das Maximum an Freiraum

Hella von Sinnen und Cornelia Scheel
(Foto: Bettina Flitner)

für sich rausgeholt, mit sehr viel Kraft und Kampf. Aber ich erinnere mich auch an eine verzweifelte Mildred Scheel, die keine Lust mehr hatte und alles hinschmeißen wollte. Und dann erinnere ich mich an noch etwas. Als ich mit 15 meine erste Liebesbeziehung hatte – mit meiner Reitlehrerin –, da wollte Mildred das um jeden Preis verhindern. Eines Tages stand meine Mutter plötzlich in der Zimmertür – sie erwischte uns in flagranti. Im Bett... Da hat sie sehr heftig reagiert, sie hat mich sogar geschlagen. Danach haben wir nie mehr darüber gesprochen. Ich dachte, ich habe etwas ganz Schlimmes getan...

Alice: Ab da hast du versucht, mit Männern klarzukommen?

Cornelia: Ja. Aber daß ich Frauen toller fand, das war für mich immer klar. Die Jüngelchen, die ich dann hatte, hatten immer einen femininen Touch, und ich versuchte, sie möglichst fern von mir zu halten. Irgendwann habe ich mir dann eingeredet, ich sei beziehungsunfähig, ich bin autark und lebe für die Arbeit in der Krebshilfe. Ich habe mir ein dickes Fell angefressen, so daß niemand bis zu mir durchdrang, niemand mich berührte.

Alice: Und wie habt ihr euch kennengelernt?

Hella: Auf der Funkausstellung in Berlin 1989. Da hab ich sie als kräftige, spießige Butze empfunden und habe sie nicht weiter beachtet.

Cornelia: Sie hat Autogrammstunde gegeben. Es war ein heißer Sommertag, und sie hatte Ranzi an...

Hella: Meine Weste!

Cornelia: ...und sie saß und schrieb, und ich stand hinter ihr und mußte immerzu hingucken: Die Lederweste auf der nackten Haut sah einfach gut aus, so sexy. Als ich mich bedankte, merkte ich, wie ich richtig rot wurde.

Hella: Ich habe erst beim drittenmal gemerkt, daß sie Conny heißt und nicht Claudia. Als wir uns dann am späteren Abend lange unterhalten haben, stellte ich fest, daß sie genauso unter dem Verlust ihrer Mutter litt wie ich. Darüber hatten wir ein sehr inniges Gespräch. Ich fand Conny plötzlich sehr klar und geradeaus und sehr attraktiv. Na ja, und dann hat es irgendwann zwischen uns mächtig gefunkt und gesprüht und geknallt! Ich war ja damals noch in einer sehr festen Frauenbeziehung. Meine Partnerin tolerierte Flirts und One-night-stands, weil sie selber auch kein Kind von Treue war. Cornelia hat das damals akzeptiert, daß sie mich nur einmal die Woche hat...

Alice: ...so fängt das meistens an!

Hella: Wir hatten zuerst eine heimliche Affäre und haben versucht, uns zu treffen, wo es ging. Dann habe ich meiner Freundin gesagt, daß Schluß zwischen uns ist, und bin zu Conny gezogen.

Alice: War dieser so plötzliche und so öffentliche Abgang nicht ein bißchen rücksichtslos?

Hella: Stimmt, das war für meine Freundin sehr abrupt.

Alice: Ihr seid ja dann auch ziemlich abrupt an die Öffentlichkeit – auf dem Bundespresseball in Berlin. Da war ja auch dein Vater, Conny, mit seiner neuen Frau, da waren die ganzen Presseleute...

Hella: Es war uns schon klar, daß da was kommt. Das Ausmaß des ganzen Rauschens im Blätterwald hatte ich mir aber so nicht vorgestellt.

Alice: Das hat natürlich mit Cornelias gesellschaftlicher Exponiertheit zu tun.

Hella: Ja, aber das ist mir dann erst klargeworden. Die haben die Titelstories nicht wegen mir geschrieben, sondern wegen ihr.

Alice: Und wie war die Reaktion in deinen Kreisen, Conny?

Cornelia: Von meinen Freunden hat sich kein einziger von mir abgewendet. Aber der Kontakt zu meinem Vater ist seit dem Presseball gestört. Ich hatte ihn kurz vorher angerufen und gebeten, mit mir Essen zu gehen. Wir verbrachten einen wunderbaren Abend zusammen. Ich erzählte ihm von Hella, meiner großen Liebe, und er war der wunderbarste Vater, den man sich vorstellen kann. Er sagte, daß er mich für meine Klarheit und Offenheit bewundert. Es gäbe Menschen, die ihre Homosexualität leugnen, und das sei für alle Beteiligten sehr schlimm. Ich denke, das war eine Anspielung auf Mildred.

Alice: Was wollte er damit sagen?

Cornelia: Ich weiß nicht so recht... Das Thema Homosexualität war bei uns zu Hause tabu. Aber ich habe die Liebe meiner Mutter zu Frauen immer gespürt. Frauen gehörten zu ihren engsten Vertrauten. Vielleicht hat meine Mutter sich nur nicht getraut, das zu leben... Und irgendwann war dann der Zeitpunkt vorbei.

Da hat sie sich eben der Moral der Gesellschaft gebeugt. Dann kam das mit der Krebshilfe, die wurde ihr Lebenswerk, ihr ganzes Denken.

Alice: Ich habe den Eindruck, du hast sie sehr geliebt. Deine Mutter und du, ihr hattet doch eigentlich eine Liebesbeziehung, oder? Neulich stand in der Zeitung, daß sie dir immer so kleine Zettelchen geschrieben hat, als du noch klein warst. Das fand ich ganz rührend.

Cornelia: Das mit diesen Zettelchen hat sie 22 Jahre lang gemacht. Ich habe ja die ersten fünf Jahre meines Lebens allein mit ihr gelebt, und ich habe sie sehr geliebt. Und sie hat dafür gesorgt, daß die Nabelschnur nicht durchgetrennt wurde. Ich wuchs also sehr nah mit einer Frau auf, die sehr extrovertiert war und die immer auf andere zugegangen ist...

Hella: ...manchmal, wenn du Mildred beschreibst, finde ich, daß die Beschreibung auch auf mich paßt.

Cornelia: Ja, klar sind da Parallelen. Das war auf den ersten Blick dieses Starke, dieses Aufrichtige; auch die Stimme, die man hört und die klar spricht – das kannte ich und hatte ich in positiver Erinnerung.

Alice: Und wie war es dann, als deine Mutter krank wurde? Sie war ja zwei Jahre krank bis zu ihrem Tod.

Cornelia: Sie wurde von Trauer befallen und hat gesagt: Ich habe in meinem Leben viele Dinge versäumt. Das hat sie mehrfach gesagt. Ich fragte immer: Was denn? Du hattest doch ein wunderbares Leben, du hast die hinreißendsten Kinder, du hast immer erfolgreiche Sachen gemacht. Du hast doch viel erreicht. Ja, sagte sie, ich meine andere Sachen...

Alice: Und Walter Scheel?

Cornelia: Er hat sie immer ernstgenommen. Mich auch! Auch an dem Abend, als ich ihm von Hella erzählt habe. Da war er rührend. Dann kam der Presseball. Kurz vorher rief er an und sagte, er habe mit seiner Frau darüber gesprochen, es sei doch nicht so einfach. Ich solle doch bitte dafür sorgen, daß es kein Zusammentreffen von uns vieren gebe auf dem Ball.

Alice: Hat dich das verletzt?

Cornelia: Nicht mal so sehr, er ist ja ein Diplomat par excellence, und das, was er an dem Abend unter vier Augen gesagt hatte, war mir wichtiger. Aber daß wir seit anderthalb Jahren keinen Kontakt mehr haben, das verletzt mich. Ich habe ihn seit diesem Abend nicht mehr gesehen, auch nicht auf dem Presseball.

Alice: Hast du in deinem Kreis auch Sanktionen erlebt, Hella? Dir wird ja vor allem von anderen Lesben vorgeworfen, daß du deine frühere Lebensgefährtin sehr abrupt verlassen hast. Du hattest die Beziehung zu ihr ja gerade erst auf der Bambi-Preisverleihung öffentlich gemacht. Und einige Wochen später, platsch, die Neue.

Hella: Na ja... Von der Presse wurde mir eher vorgeworfen, daß ich die Beziehung zu Cornelia benutze, um meine Einschaltquote zu erhöhen. Das hat mich ziemlich verletzt. Was die Verletztheit meiner früheren Freundin angeht – die als relativ unöffentliche Person durch diese Sache mit in die Zeitungen geraten, also geoutet worden ist in einem Maß, das sie selbst nie gewollt hätte und das ihr auch beruflich schadet – das hat mir alles sehr leid getan.

Alice: Und wie ging es dann mit euch beiden weiter?

Hella: Wir waren jede Woche in der »Bunten« und nicht nur da, wurden überall heimlich fotografiert. Auf einem Drehtermin in Hamburg war ein Fotograf, der die Fotos sofort weiterverkaufte. Der hat uns heimlich aufgenommen, als wir in der Mittagspause duckelten, und am nächsten Tag stand unter den Fotos: »Wie weit dürfen Frauen in der Öffentlichkeit gehen?«

Alice: Ihr seid ja dann sehr schnell auf Rollen festgelegt worden: die wohlerzogene, schüchterne Cornelia und die laute...

Hella: ...die Schöne und das Biest!

Alice: Oder der Kerl und die Frau.

Hella: Über diese Dinge konnten wir, ehrlich gesagt, nur noch lachen. Eine Formulierung aus der »Bunten«-Klatschkolumne über den Presseball hat uns besonders begeistert: »Dreitausend Gäste zur Verlobung von Tünnes und Scheel!« (Conny und Hella biegen sich vor Lachen.) Ansonsten hat uns dieser unglaubliche Trommelwirbel nur noch mehr zusammengeschweißt.

Cornelia: Es war so überzogen, daß ich dazu ganz viel Distanz hatte. Sie schrieben nicht die Wahrheit, und darum hat es mich nicht wirklich tangiert. Ich hatte das Gefühl, die schreiben über andere. Eine Zeitung jedoch hat meinen leiblichen Vater ausgegraben. Mich hat er nie interessiert. Der Mann hat mich nie angenommen als seine Tochter, der hat nicht zu mir gestanden. Da wurde also etwas ganz Intimes verletzt. Auch Mildred Scheel ist verletzt worden, im nachhinein.

Hella: Dasselbe haben sie dann mit mir gemacht: meinen alten Vater in Gummersbach heimlich fotografiert, meine ehemaligen Lehrer und Schulkameraden ausgefragt. Da wurde es zum erstenmal so richtig unangenehm.

Cornelia: Da hat jede von uns sehr gelitten.

Alice: Welche Konsequenz habt ihr daraus gezogen?

Hella: Der Umgang mit der Presse ist ein großes Problem, das wir jedesmal neu diskutieren müssen. Wenn Cornelia oder ich der »Bunten« rechtzeitig ein Interview gegeben hätten, wäre diese schmierige Geschichte vielleicht gar nicht passiert. Weil wir aber gesagt haben, wir reden nicht mit der Presse, haben sie auf Teufel komm raus recherchiert, auch lauter Sachen, die nicht stimmten. Und alle anderen haben es abgeschrieben. Wie die Presse das eben so macht. Sie haben zum Beispiel geschrieben, daß meine Mutter lesbisch gewesen wäre. Laut »Bunte« lag sie jeden Tag bis mittags mit irgendeiner Frauenbeziehung im Bett. Da mußte dann die beste Freundin meiner Mutter aus Gummersbach bei der »Bunten« anrufen und sich verbitten, daß ihre tote Freundin so »verunglimpft« wird. Da sagte der Redakteur zu ihr: Ja, wenn Frau von Sinnen mit mir gesprochen hätte, wäre das alles nicht passiert!

Alice: Aber hast du nicht selbst auch zuviel geredet, Hella? Selbst über Intimstes?

Hella: Finde ich nicht! Ich hatte zum Beispiel in einem Interview erzählt, daß ich gern im Bett liege und Pizza esse. Da fragte die Reporterin: Vor dem Sex oder nach dem Sex? Ich: vorher und nachher, für mich ging es ja um Pizza-Essen und nicht um Sex. Dazu nahmen sie Fotos aus dem »stern« von vor drei Jahren, auf denen ich im Bett liege, so daß man den Eindruck gewinnen mußte, sie hätten eine »home story« gemacht und bei uns auf der Bettkante mitgegessen.

Alice: Du hast also wirklich nur zweimal mit der Presse über eure Beziehung gesprochen, Hella? Und alles andere ist immer abgeschrieben oder phantasiert worden?

Cornelia: Nein, noch ein drittes Mal: mit der »Bild«-Zeitung wegen der Heirat...

Hella: ...da war das so: Wir waren in Wien zu einer Sendung. Da saß eine Journalistin mit am Tisch, die wollte unbedingt ein Interview mit uns beiden machen. Wir: Nein, wir geben keine Interviews. Sie gab sich scheinbar damit zufrieden, wich uns aber nicht von der Seite. Wir verbrachten noch einen feuchtfröhlichen Abend in Wien mit den Kollegen der Sendung und dieser Journalistin, die mit den Fernsehleuten befreundet war. Dabei haben wir nachts um zwei auch über Heirat gesprochen. Ich habe natürlich privat in dieser Runde meine Meinung gesagt: daß Homosexuelle das Recht auf Heirat haben sollten! Darüber hat die Journalistin einfach in der »Kronen-Zeitung« in Wien geschrieben. Daraufhin rief dann die »Bild«-Zeitung bei mir an und wollte eine Stellungnahme dazu etc. etc.

Alice: Und was habt ihr aus diesen Sachen gelernt?

Hella: Nix. Oder doch: Man darf eben nicht mit einer Journalistin saufen gehen.

Conny: Prost, Alice!

Alice: Prost, Conny! Würdet ihr immer noch gerne heiraten?

Beide: Ja!

Hella: Wir stellen uns das sehr, sehr schön vor. Wir wissen aber noch nicht, ob wir dann beide im langen weißen Kleid oder beide im Smoking...

Alice: Da werden die Männermedien gespannt sein. Die fragen sich ja schon die ganze Zeit, wer von euch oben und wer unten liegt.

Hella: Wir machen, was Spaß macht! Auch im Bett. Nix nach Vorschrift...

Alice: Und es macht auch nach 15 Monaten noch Spaß?

Hella: Immer mehr! Wir haben, seit wir zusammen sind, keine einzige Nacht ohne die andere verbracht.

Cornelia: Und keinen einzigen Tag!

Alice: Und die Hausarbeit...?

Cornelia: Wir können beide nicht kochen...

Hella: ...wir waschen beide, wir putzen beide, wobei ich lieber aufräume und Conny lieber spült. Was sehr angenehm ist: Wir arbeiten zusammen. Wir sind zusammen eine kleine Ideenfabrik.

Alice: Wird die Hausarbeit gerecht geteilt? Sagt die Wahrheit, wir sind schließlich eine feministische Zeitschrift!

Cornelia: Ja.

Hella: Nein, Cornelia macht mehr…

Cornelia: …nein, nein, das sieht nur so aus, weil ich langsamer bin als Hella! Ich laß die Dinge mit mehr Ruhe angehen.

Alice: Eure »Ideenfabrik« ist für Conny aber eine Arbeit, die ganz stark von deiner abhängt, Hella. Gibt es auch etwas Eigenes, was du machst oder machen willst, Conny?

Cornelia: Ich habe im Moment gar nicht das Bedürfnis dazu. Ich vermisse nichts. Im Freundeskreis wird mir schon mal gesagt: Hör mal, du mußt aber doch mal irgendwann… Aber es schreit nichts in mir danach.

Alice: Hast du ein eigenes Einkommen?

Cornelia: Ich bekomme Arbeitslosengeld.

Alice: Du lebst also auch von Hellas Geld mit. Du arbeitest ja auch mit ihr. Wie regelt ihr das praktisch?

Hella: Wenn das Arbeitslosengeld ausläuft, werde ich Conny wahrscheinlich anstellen.

Alice: Und wenn du dir jetzt was kaufen willst, Conny?

Cornelia: Ich habe selbst noch genug Geld, ich bin nicht von Hella abhängig. Ansonsten wäre ich doch etwas beunruhigt… Denn natürlich bin ich etwas von Hella abhängig, und ich weiß, daß da Gefahren lauern. Ich gehe davon aus, daß es da irgendwann Probleme geben wird. Wenn es dann soweit ist, werde ich sicher etwas ändern.

Alice: Bei deiner Gelassenheit spielt vermutlich die Tatsache, daß du finanziell unabhängig bist, eine entscheidende Rolle.

Cornelia: Bestimmt.

Hella: Ich verdiene schweineviel Geld, und es ist so schön! Wir stehen singend auf, wir frühstücken bis in die Puppen, wir setzen uns hin und schreiben Sketche, wir reisen, wir haben beide wahnsinnigen Spaß an meiner Arbeit. Ich muß sie nicht mehr alleine machen – es ist so angenehm, daß sie überall mit hinkommt. Sie ist da, sie hilft mir, in die Klamotten zu kommen, alles zu organisieren. Und genau dasselbe mache ich mit ihr. In »Premiere« hatte sie ein Interview wegen der Krebshilfe, da mache ich genau dasselbe für sie.

Alice: Das kommt aber doch eher selten vor!

Cornelia: Gott sei Dank. Akzeptiere doch einfach, daß ich jetzt glücklich bin! Ich bin ein introvertierter Mensch und habe mich vorher selbst vergewaltigt. Ich habe es gehaßt, für die Krebshilfe Auftritte machen zu müssen. Ich steh nicht gern auf der Bühne und mache Scheckübergaben, und ich habe wirklich viele gemacht. Es war jedesmal dieselbe Hölle, ich hab mich nie dran gewöhnt. Jetzt bin ich glücklich, daß Hella es macht und nicht ich.

Hella: Ich glaube, wir sind einfach ein großer, großer Glücksfall. Es haben sich zwei sehr starke Frauen getroffen, die an einem Strang ziehen. Und ich kann mir durchaus vorstellen, daß das Helli eines Tages die Faxen völlig dick hat mit dem Fernsehscheiß. Vielleicht spiele ich dann wieder ein Theaterstück in der Kölner »Filmdose« für 50 Mark am Abend. Und daß Cornelia dann sagt: Okay, jetzt mache ich was, irgendwas, und wenn ich Pizzadienst fahre, eine Kneipe aufmache oder weiß der Teufel.

Alice: Das muß sie dann aber tatsächlich auch können... Aber das Entscheidende ist doch offenbar, daß Cornelia ihren eigenen Background hat und nicht total auf dich angewiesen ist. Dein Klassenbewußtsein, Cornelia, schafft da auch ein Stück Gleichgewicht zwischen euch beiden. Hella ist ja eher die aufgestiegene Kleinbürgerin, die sich gerne etwas zum Underdog stilisiert. Vielleicht sollten wir deshalb mal in EMMA verpetzen, daß dein Papa Leiter des Sozialamts war und die Mama aus einer kleinen Unternehmerfamilie kommt? Und du bist durch die Heirat deiner Mutter in die oberen 10000 aufgestiegen, Cornelia. Das tariert vermutlich das Machtverhältnis zwischen euch ein bißchen aus.

Hella: Das ist richtig!

Cornelia: So ist es. Tariert finde ich schön! Wenn wir zusammen irgendwo hinkommen, bin ich nicht die kleine...

Hella: ...Dummfick!

Cornelia (lacht): Trotzdem finde ich Hella überlegen, weil ich nur die »Tochter von« bin, während sie sich selber gemacht hat.

Alice: Hella, wie soll es mit deiner Arbeit weitergehen?

Hella: Bis Ende des Jahres laufen die Verträge für »Alles nichts, oder?!« Dann mache ich am End eine neue Unterhaltungs-Show.

Alice: Liegt dir RTL nicht ein bißchen im Magen? Der Sender ist ja inzwischen durch und durch pornographisiert. Einfach alles wirkt glitschig.

Hella: Ja, das macht mir auch zu schaffen. Die Frage erwischt mich auch zu einem Zeitpunkt, wo ich sehr müde bin. Ich habe ein Jahr lang tapfer ein Frauenmagazin gemacht, »Weiber von Sinnen« – sicher mit unterschiedlichem Ergebnis, aber RTL ist die Sendung nie klamaukig, nie klamottig genug. Sie sagen immer, sie hätte das langweilige Alexander-Kluge-Niveau. Ab März möchte ich darum unter demselben Titel Sketche machen. Zum Beispiel haben wir vor, morgen eine satirische Reportage über Frauen zu schreiben, die Männer im Knast heiraten. Ich spiele dann beide, sowohl den tätowierten Mann im Knast wie auch die Frau: »Iss ja klasse, Mann, der kann ja auch nich raus!«

Alice: Hella, du erzählst sehr gerne vielen viel von dir. Besteht da nicht die Gefahr, daß die Nation irgendwann mal in jeder Ecke deiner Seele sitzt? Welche Ecke ist dann noch privat?

Hella: Ich erzähle oft Anekdötchen über mich, aber das ist wie ein Abend am Biertisch mit Helli. Genauso mache ich es in meinem Buch (»Ich bin's, von Sinnen«). Tief in meinem Herzen bin ich aber fast schüchtern und habe kein Bedürfnis, tiefe Einblicke in meine Seele zu geben. Die Dinge, die ich immer wieder über mich sage – ich bin dick! ich scheiße dreimal am Tag! ich ficke gerne! ich fresse gerne! – das sind einfach nur menschliche Bedürfnisse!

Alice: Möchte und vor allem sollte die Nation das alles aber unbedingt so genau von dir wissen?

Hella: Ich möchte aber darüber reden!

Cornelia: Hella spricht ja oft von ihrem Stuhlgang. Und sie sagt auch Dinge, nach denen sie niemand gefragt hat.

Alice: Okay, okay, du bist eine Tabubrecherin, Hella. Aber die Menschen, die dich gern haben, würden sich auch freuen, wenn du deinen Exhibitionismus überlebst. Du nimmst dir Rechte, die sich sonst nur Männer nehmen. Im Guten wie im Bösen. Das imponiert vor allem Frauen. Aber die fänden es auch schade, wenn du deine Haut zu leicht riskierst. Und die Jungs, die wollen jetzt natürlich deine Haut!

Hella: Kann sein, kriegen sie aber nicht!

März 1992

Ein Gespräch mit Ingrid Steeger

»Ich war immer stumm...«, sagt Ingrid Steeger. Erst jetzt, nach 40 Jahren, fängt sie an zu reden. Und das mit schonungsloser Ehrlichkeit. Einen traurigen, aber auch lustigen Nachmittag lang erzählte die »Sexnudel« und »Ausziehpuppe der Nation« ihre Wahrheit. Die Wahrheit eines Menschen, der schon als kleines Kind zum Verstummen gebracht wurde: erniedrigt, geschlagen, mißbraucht. Das »Sexgirl vom Dienst« wußte bis vor kurzem selbst überhaupt nicht, was Sexualität ist. Für die alten Sex-Filme aus den 60ern (»Schulmädchen-Report«) schämt sie sich heute. Jüngst sprach sie im Fernsehen zum erstenmal öffentlich darüber, daß sie vergewaltigt wurde, dreimal. Alice Schwarzer wollte mehr von Ingrid Steeger verstehen – heraus kam eine Lebensgeschichte, in der sich viele Frauen wiedererkennen werden.

Alice Schwarzer: Gestern abend in der Talkshow wirkten Sie sehr ernst und angespannt...

Ingrid Steeger: Ich habe natürlich schon viele Interviews gegeben, aber diese Intimitäten vor der Fernsehkamera... Als das mit den Sexfilmen gefragt wurde – wenn ich das erklären will, muß ich in meine Jugend zurückgehen, und dann sage ich natürlich viel zuviel, was ich gar nicht sagen möchte.

Schwarzer: Sie haben ja auch ein Buch über Ihr Leben geschrieben.

Steeger: Ja. Das war eine Art Therapie für mich. Ich bin mit diesem Buch sehr weit zurückgegangen in meine Jugend. Als es fertig war, konnte ich kaum die ersten Seiten noch mal lesen, ohne gleich wieder zu weinen. Bis zum sechsten Lebensjahr habe ich nur sehr wenige Erinnerungen. Die haben aber immer mit Angst zu tun: daß ich Angst hatte, einen Fleck in den Teppich zu machen; Angst, daß mein Vater ihn entdeckt...

Schwarzer: Sie schreiben: »Immer wenn mein Vater den Schlüssel im Schloß drehte, zitterte ich vor Angst.«

Steeger: Ich zittere auch jetzt noch, wenn ich in der Wohnung bin. Mein Vater ist zwar tot, aber meine Mutter lebt dort noch. Ich höre immer noch den Schlüssel. Sowie mein Vater nach Hause kam, sind wir nach allen Richtungen gelaufen und haben geguckt, ob alles in Ordnung ist – um keinen Ärger zu erregen und um nicht verprügelt zu werden.

Schwarzer: Was regte ihn denn zum Beispiel auf?

Steeger: Wenn er schlechte Laune hatte, haben wir so und so Prügel gekriegt. Nicht nur er schlug. Meine Mutter hat uns samstags immer durch die Wohnung gejagt. Vielleicht hat sie Angst vorm Sonntag gehabt. Aber vor meiner Mutter hatten wir nicht diese Angst. Mein Vater hat uns, glaube ich, einmal die Woche verprügelt. Das war dann ein richtig langes Prügeln. Das letzte Mal war, als ich 18 war. Da ist er so richtig auf meinem Kopf und meinem ganzen Körper spazierengegangen. Ich lag auf dem Boden, und er ist auf mir rumgetrampelt. Dann hat er mich ins andere Zimmer geschleppt und mich dort weiter verprügelt.

Schwarzer: Ihr Vater war Teppichverkäufer in einem Kaufhaus. Wie war er im Beruf?

Steeger: Da soll er beliebt gewesen sein... Meine Mutter aber hat ihn gehaßt. Und neulich hat sie zu meiner Schwester gesagt: »Ihr habt mich schon als kleine Kinder unter Druck gesetzt.« Ich habe überlegt, wie sie das meint – vielleicht einfach nur durch unsere Anwesenheit?

Schwarzer: Hat Ihr Vater auch Ihre Mutter geschlagen?

Steeger: Das weiß ich nicht mehr. Ich kann mich nur daran erinnern, daß er nächtelang monoton durchgemeckert hat. Oder geschrien. Es ist noch heute so: Sowie mich jemand anschreit, tue ich alles und fange an zu weinen. Pfleghar konnte ja auch so schreien im Studio. Sowie der dann ein bißchen laut wurde... Ich ziehe unwillkürlich solche Männer an.

Schwarzer: Was beeindruckt Sie denn an solchen Männern?

Steeger: Die Intelligenz. Sie fasziniert mich, ich finde sie erotisch. Wahrscheinlich, weil ich mich nicht für so intelligent gehalten habe, bewunderte ich es immer, wenn ein Mann gebildet und belesen war.

Schwarzer: Haben diese Männer – wie die Regisseure Pfleghar und zuletzt Wedel – Sie eigentlich auch privat gefördert?

Steeger: Nein, im Gegenteil. Nur mein letzter Freund, der Dr. Wedel, hat mir sehr viel Selbstbewußtsein gegeben. Ich habe mich durch ihn und mit ihm sehr verändert. Schon allein dadurch, daß er mich so genommen hat, wie ich bin. Als wir uns kennengelernt haben, habe ich kaum gesprochen. Ich habe mich auch selber nie für eine Schauspielerin gehalten, aber er hat es getan. Er hat einiges aus mir herausgeholt in dem Film, den wir zusammen gedreht haben: diese rührende Komik, die ich immer spielen wollte. Da weine ich fast nur. Das hat er natürlich aus meinem Leben geklaut. Aber ich weine eigentlich ganz gerne.

Schwarzer: Gehen wir noch mal zurück zu Ihrer Kindheit.

Steeger: In der Schule hab ich immer nur den Mund gehalten, die Lehrer haben mich schon gar nicht mehr aufgerufen. Ich hab mich auch nicht gemeldet, klar. Ich fing immer sofort an zu weinen, wenn jemand mit mir gesprochen hat. Wir haben einfach zu Hause gelernt, nicht zu reden. Und wenn wir den Mund aufgemacht haben, war es sowieso falsch. Ich war immer stumm. Aber ich hab trotzdem viele freche Sachen im Leben gemacht. Ich hab auch schon mal versucht, von zu Hause abzuhauen. Auch, daß wir in Diskotheken getanzt haben, das war nicht so ohne. Da mußte man erst mal den Mut zu haben – aber immer schweigend! (lacht) Ich weiß auch, daß ich damals unwahrscheinlich viel gelogen habe. Ich bin ja quasi dazu gezwungen worden. Warum sollte ich mich auch für die Wahrheit verprügeln lassen?

Schwarzer: Und wann haben Sie mit dem Lügen aufgehört?

Steeger: Ich habe so viel in meinem Leben gelogen, daß ich irgendwann nicht mehr lügen konnte – jetzt bin ich vielleicht manchmal sogar zu ehrlich.

Schwarzer: Und da gab es überhaupt keinen Halt zu Hause?

Steeger: Zu Hause durften wir nicht denken und nicht fühlen. Wir waren zu dritt. An meinen zehn Jahre älteren Bruder habe ich seltsamerweise so gut wie gar keine Erinnerung. Meine Schwester und ich hielten zusammen. Obwohl ich anderthalb Jahre jünger war, habe ich sie immer beschützt – ich habe alle weggeboxt, die was von ihr wollten, habe aber immer mir die Schuld gegeben, wenn was passiert ist. Meine Mutter hat den Fehler gemacht, uns dem Vater zu entfremden, sie hat die Angst und den Haß mit aufgebaut. Meine Schwester sagt, als wir ganz klein waren, war das Verhältnis noch einigermaßen. Aber dann... Ich hatte immer mehr Angst und verstummte ganz.

Schwarzer: Da muß doch noch mehr passiert sein...?

Steeger: Ja, da ist auch noch mehr passiert. Und zwar in meiner

Kindheit, als ich noch ganz klein war, so fünf, sechs Jahre alt... Aber ich möchte nicht darüber reden. Ich muß Rücksicht nehmen, auf Menschen, die noch leben.

Schwarzer: Haben Sie Ihrer Mutter damals von diesem Problem erzählt?

Steeger: Einmal ja. Aber sie wollte mir nicht glauben und hat gesagt, daß ich lüge.

Schwarzer: Wie bitte?

Steeger: Sie wollte es eben nicht wahrhaben. Ich habe dann nie wieder was gesagt. Bei uns war ja das sexuelle Thema tabu, darüber hat man nicht gesprochen, obwohl wir es ja mitgekriegt haben: Meine Schwester und ich, wir lagen abwechselnd im Bett unserer Eltern – zwischen beiden. Und das ziemlich lange. So bis acht, neun. Da ich ja vor meinem Vater Angst hatte und meine Mutter es auf keinen Fall wollte, dachte ich immer, muß es was Widerliches und Schreckliches sein.

Schwarzer: Da hat die Mutter Sie als Puffer eingesetzt.

Steeger: Ja, und so haben wir eben alles mitbekommen.

Schwarzer: Und wie hat Ihr Vater reagiert?

Steeger: Ich kenne meinen Vater gar nicht. Wir hatten eigentlich kaum Kontakt. Wir haben zu Hause ja gar nicht gesprochen.

Schwarzer: Und wie lief das sonntags, wenn er zu Hause war?

Steeger: Der Sonntag war immer schrecklich, eben weil er zu Hause war. Ich weiß noch, als wir klein waren, da ist er öfter mit uns in den Zoo gegangen. Abends saßen wir vor dem Fernseher, da durfte sowieso nicht gesprochen werden. Ich weiß nichts von ihm. Er weiß sicherlich auch nichts von mir.

Schwarzer: Hat Ihre Mutter Sie eigentlich aufgeklärt?

Steeger: Nein. Meine Schwester hat mich aufgeklärt, hat mir gesagt, daß Frauen ihre Tage haben. Ich hab die erst mit 19 oder so gekriegt. Meinen Busen hab ich auch sehr spät gekriegt. Ich war wie ein kleiner Junge, ziemlich dünn. Ich war klein, aber zäh.

Schwarzer: Wie war das mit der Schule?

Steeger: Ich ging zur Volksschule und dann auf die Handelsschule.

Schwarzer: Was wollten Sie denn damals werden?

Steeger: Ich hab sehr viel gezeichnet, habe alle Leute mit Zeichnungen eingedeckt und wollte irgendwas mit Graphik machen. Da hätte ich aber zur Lette-Schule gehen müssen, das hätte Geld gekostet. Was mit Tieren hätte ich auch gern gemacht. Ich wollte unbedingt im Zoo arbeiten, als Helferin. Aber als sie mich da gesehen haben, haben sie mich nach Hause geschickt, weil ich so klein und dünn war. Jedenfalls wollte mein Vater, daß ich einen bodenständigen Beruf lerne, nämlich Sekretärin.

Schwarzer: Sie haben vor einiger Zeit den Mut gehabt, öffentlich zu sagen, daß Sie vergewaltigt wurden – dreimal.

Steeger (zögert): Ich weiß nicht, ob ich das angezogen habe... dieses Geschehenlassen, dieses Gehorchen... Damals fand ich die Vergewaltigungen gar nicht so schlimm, fast normal. Es war widerlich, und ich habe es beiseite getan.

Schwarzer: Beim erstenmal waren Sie 18.

Steeger: Ja. Das habe ich aber verheimlicht. Ich war im »Big Apple«, einer Jugenddiskothek. Samstags kamen die Westdeutschen immer nach Berlin. Da war die Diskothek immer voll, und da wurden dann Parties bei irgend jemandem gefeiert. Ich wurde eingeteilt, wo ich mitzufahren hatte.

Schwarzer: Wer teilte denn ein?

Steeger: Irgend jemand. Ich war ja immer nur Mitläufer, ich habe mich immer überall nur angehängt. Ich war, glaube ich, nie so wichtig für die Leute. Ich kam zu irgendeinem jungen Mann, mit dem ich fuhr. Er sagte, er müßte noch zu Hause seine Gitarre holen, weil er Musik macht. Ob ich kurz mit nach oben komme. Und im Hausflur ist es dann passiert. Ich wollte schreien, aber da hat er mir den Mund zugehalten. Es ging alles so schnell.

Schwarzer: Mitten im Flur?

Steeger: Nein, bei den alten Mietshäusern, da, wo es hinten zum Keller geht, geht ja die Rückseite von der Treppe schräg hoch, und da hat er mich dagegengeknallt. Ich hab gar keine Chance gehabt und ihn auch nie wiedergesehen.

Schwarzer: Wie haben Sie danach reagiert?

Steeger: Ich habe mich geschämt...

Schwarzer: Haben Sie es Ihrer Mutter erzählt?

Steeger: Da hätte ich nur wieder eine runtergekriegt! Sie hätte sicher gesagt, daß ich's provoziert habe.

Schwarzer: Und das zweite Mal?

Steeger: Darüber möchte ich eigentlich nicht reden. Ich habe heute noch Angst vor diesem Mann. Ich war damals 21, es war ein guter Bekannter... Der hat danach geweint und sich entschuldigt.

Schwarzer: Und die dritte Vergewaltigung...?

Steeger: Da muß ich 23 gewesen sein. Das war in Frankreich. Das war allerdings unheimlich, ich habe Angst gehabt, daß man mich tötet. Es war mitten am Tag. Ich habe mich allein in einem Weinberg gesonnt. Ein Auto hielt an. Zwei Männer und eine Frau, die kamen ganz zielstrebig, haben kein Wort gesagt. Der eine kniete mit gespreizten Beinen auf meinen Oberarmen, während der andere es getan hat, derweil die Frau meine Handtasche ausraubte. Genauso schweigend, wie sie gekommen waren, sind sie gegangen. Wie sie aussahen, weiß ich nicht mehr. Ich weiß nur noch, daß ich meine Tage hatte. Ich habe schrecklich geblutet. Das hat mich am meisten geekelt.

Schwarzer: Und warum haben Sie da nicht etwas unternommen, jemandem etwas gesagt? Dies war doch ein ganz klarer Überfall!

Steeger: Ich hab mich einfach nicht getraut. Ich habe überhaupt erst mit 35 Jahren gelernt zu reden. Ich hatte immer Angst, daß ich was falsch sage.

Schwarzer: Sie haben mit 23 angefangen, sogenannte Sexfilme fürs Kino zu machen.

Steeger: Ja. Wir brauchten das Geld, meine Schwester und ich. Der Vater ihrer zwei Kinder ist nach Thailand zurückgegangen, und sie kam dann mit dem kleineren Kind zu mir, das andere Kind war bei meiner Mutter. Ihre Ausbildung als Krankenschwester hatte sie nicht zu Ende gemacht, und sie wußte nicht, was sie tun sollte. Ich hab damals ein bißchen im Büro gearbeitet, halbtags oder wie es eben kam, die Filme waren ja nicht jeden Tag. Das waren Episodenfilme: Schulmädchen-Report, Hausfrauen-Report, Lehrmädchen-Report. Man hat daran nie länger als zwei Tage gearbeitet, man war ja nie länger als fünf oder zehn Minuten zu sehen im Film. Das hab ich ungefähr drei Jahre lang gemacht. Ich habe damit aufgehört, als ich anfing, mich zu schämen.

Schwarzer: Wofür haben Sie sich denn geschämt?

Steeger: Man wurde einfach schlecht behandelt, man war ein Mensch vierter, fünfter Klasse. Die Regisseure konnten sich wahrscheinlich selbst nicht verzeihen, daß sie bei Sexfilmen die Regie machten, und ließen das an uns aus. Es war wie Fließbandarbeit.

Schwarzer: Was mußten Sie denn genau machen?

Steeger: Beim Schulmädchen-Report zum Beispiel lernt man jemanden kennen oder man bückt sich. Der sieht dann das Höschen oder den Po, manchmal waren auch kleine Geschichten dabei. Ich habe damals nichts empfunden dabei, also habe ich mich auch nicht geschämt. Auch wenn ich mit Männern geschlafen habe, habe ich nichts empfunden. Ich hatte überhaupt kein Verhältnis zu meinem eigenen Körper – er war mir ganz gleichgültig.

Schwarzer: Wann haben Sie zum erstenmal freiwillig mit einem Mann geschlafen?

Steeger: Ein Jahr nach der Vergewaltigung. Da hab ich allerdings gesagt, daß ich noch Jungfrau bin. Ich war verliebt, und er wollte etwas haben, also hat er es bekommen. Ich weiß noch, wie ich währenddessen dachte, o Gott, hoffentlich ist er bald fertig. Alle Männer sagen, sie würden es merken, wenn die Frau ihnen etwas vorspielt, aber keiner merkt es. Inzwischen habe ich das Lügen aufgegeben, das ist mir zu anstrengend.

Schwarzer: Wie lange haben Sie gelogen?

Steeger (lacht): O Gott, nicht daß die Männer jetzt zurückrechnen... Lange, sehr lange, bis vor kurzem.

Schwarzer: Ist das für Sie nicht eine makabre Situation gewesen, einerseits die »Sexnudel der Nation« zu sein und selber gar nicht zu wissen, was Sex ist?

Steeger: Das war lange für mich fast normal.

Schwarzer: Sie wollten keine Spielverderberin sein?

Steeger: Ich habe mir immer unwahrscheinliche Mühe gegeben, daß der Mann ein gutes Gefühl hat. Ich habe es für ihn getan, nicht für mich. Wenn man sich immer auf den anderen konzentriert, vergißt man sich dabei.

Schwarzer: Sie haben neulich öffentlich gesagt, daß Sie nicht mehr zu den Sexfilmen stehen.

Steeger: Natürlich denke ich heute anders! Ich kann mich auch nicht sehen auf dem Bildschirm. Neulich hat Wedel durch Zufall umgeschaltet, und ich war in einem dieser alten Filme zu sehen. Ich hab einen Anfall gekriegt und Sachen durch die Gegend geschmissen! Ich wollte nicht, daß er es sieht.

Schwarzer: Kränken Sie die Bilder von damals?

Steeger: Ich finde es eklig, daß da jemand an meinen Busen faßt und daß ich das für Geld getan habe. Ich habe mich damals ja verkauft. Heute wäre das ganz undenkbar für mich. Heute habe ich ein ganz anderes Verhältnis zu mir selbst und zu meinem Körper.

Schwarzer: Als Sie mit den Sexfilmen aufhörten, wie lang dauerte es, bis Sie mit Pfleghar »Klimbim« drehten?

Steeger: Drei Monate. In einem damaligen »Kommissar« hab ich einen halben Satz gehabt. Dabei mußte ich eine Treppe runtergehen. Da hat mich Pfleghar gesehen. Ich wußte natürlich nicht, wer er war. Und dann hatte ich plötzlich einen Vertrag über zwei Folgen. Das ging so schnell. Ich wurde praktisch über Nacht bekannt.

Schwarzer: Wo ist für Sie der Unterschied zwischen den Sexfilmen und so einer »sexy Komödie«?

Steeger: Ich wurde besser behandelt. Und ich wurde plötzlich beachtet. Damit hatte ich aber ganz große Probleme. Ich bin in den ersten vier Jahren der Klimbim-Zeit so gut wie nie ausgegangen, denn ich hatte Angst, daß man mich anspricht und ich dann nichts Vernünftiges sagen kann... Ich hab mir immer die Sätze alle vorher zurechtgelegt. Und der Pfleghar, der ja damals mein Regisseur war, hat das natürlich verstärkt. Er stand privat nicht zu mir. Es wäre nicht gut für den Beruf, wenn wir uns zusammen in der Öffentlichkeit zeigen, hat er gesagt.

Schwarzer: Hat er sich für Sie geschämt?

Steeger: Ja, viereinhalb Jahre lang. Ich war eigentlich immer so ein kleiner Mitläufer, wie so'n kleines Hündchen. Wenn man gepfiffen hat, war ich da. Ich hab immer nur auf einen Anruf von ihm gewartet, und wenn ich mal nicht da war, hat er geschimpft. Er hat von überall auf der Welt, wo er gerade war, angerufen, ob ich zu Hause bin. In der Zeit war ich viel bei meiner Schwester in der Familie. Wenn er dann anrief, hab ich mich immer eingeschlossen, damit niemand hört, was ich sage. Und dann bin ich immer weinend rausgekommen.

Schwarzer: »Hör Zu« hat damals geschwärmt: »Wie macht sie das bloß? Woher kommt ihre heitere Schwerelosigkeit?«

Steeger (zuckt die Schultern): Bei Klimbim habe ich sehr viel geweint. Wenn ich mir die Filme heute ansehe, weiß ich noch ganz genau, bei welchen Szenen ich geweint habe. Diese Verzweiflung habe ich hinter Blondie – dieser überzogenen Kunstfigur – versteckt. Das war mir ganz recht.

Schwarzer: Und wenn Sie damals in der Zeitung über sich lasen, Sie seien die »Ausziehpuppe der Nation«?

Steeger: Na ja... Klimbim war ja auch 'ne Leistung, aber das wird eben nicht als Schauspielerei verstanden. Manche Leute sagen doch tatsächlich auch heute noch zu mir: Möchten Sie nicht mal Schauspielerin werden?

Schwarzer: Da kommt erschwerend hinzu, daß Sie in einem Land arbeiten, das Komik nicht zu schätzen weiß!

Steeger: Ja, vor allem Sex mit Komik, das verachten die Leute – aber gleichzeitig schauen sie es sich an und amüsieren sich darüber.

Schwarzer: Dabei hat man sich doch bei Ihren Auftritten auf den Boden geworfen vor Lachen!

Steeger: Ja. Aber das hat erst Pfleghar alles aus mir rausgeholt.

Schwarzer: Wie haben Sie es denn geschafft, von ihm wegzukommen?

Steeger: Ich habe es bisher immer geschafft. Ich bin von jedem Mann weggegangen. Dazu hab ich auch keine andere Beziehung gebraucht. Ich kann auch nicht doppelgleisig fahren. Mir macht's auch Spaß, treu zu sein, das heißt, ich überleg da gar nicht groß.

Schwarzer: Und die Männer haben Sie immer betrogen?

Steeger: Ja. Aber man glaubt eben immer, was man glauben will.

Schwarzer: Gleichzeitig haben sich diese Männer mit Ihnen gebrüstet.

Steeger: Natürlich war ich für viele Männer ein Aushängeschild. Ich bin für die Männer immer ein typisches Frauchen gewesen: klein und hilfsbedürftig. Dabei bin ich sehr häuslich. Ich koche gern, ich mache gern sauber. Ich versuche immer, alles schön zu machen. Bei dem Pfleghar war das allerdings nicht so. Da habe ich noch nicht einmal gewagt zu kochen, aus Angst, daß ich etwas falsch mache.

Schwarzer: Sie haben offensichtlich auch eine sehr soziale Seite.

Steeger: Ich habe sogar ein regelrechtes Helfersyndrom. Ich muß mich immer um andere kümmern. Ob da 'ne Taube auf der Straße liegt, oder Asylanten oder Türken – wenn einer Hilfe braucht, dann mach ich das, aber gerne. Ich habe lange zwei alte

Leute betreut und mich um sie gekümmert. Die sind jetzt gestorben. Sie haben schräg gegenüber gewohnt, da war ich fast jeden Tag. Selbst wenn ich in Amerika war, hab ich die angerufen und ihnen Karten geschickt. Ich hab ihnen einen Wellensittich geschenkt, mit dem haben wir gespielt. Dem alten Mann konnte ich auch alles erzählen. Er hat zwar nicht immer alles verstanden, aber er hat mir wenigstens zugehört.

Schwarzer: Warum tun Sie das alles?

Steeger: Vielleicht, weil ich geliebt werden möchte... Ich glaube, ich habe mir Liebe und Freundschaften lange erkauft: mit Liebesdiensten oder mit Geschenken. Ich habe ein großes Herz, und meine Schmerzgrenze liegt sehr weit hinten. Das ist für viele Leute von Vorteil – für mich sicher nicht.

Schwarzer: Haben Sie auch Freundschaften?

Steeger: Früher gar nicht, aber das war meine eigene Schuld, ich habe mich ja immer versteckt. Da konnte man mich ja auch nicht ernst nehmen. Dann hab ich angefangen zu lesen, mich zu bilden, und zwar von alleine. Ich hab dann gemerkt, daß ich das verstehe, und mein Nachholbedarf war groß.

Schwarzer: Und jetzt?

Steeger: Seit ein paar Jahren, seit ich 40 bin, habe ich auch Freundschaften.

Schwarzer: Was sind das für Freunde?

Steeger: Das sind alles Freundinnen, bis auf einen Mann. Die hab ich seit vier, fünf Jahren. Die beste ist 63, die Ina, sie ist Fotografin. Die kommt gleich hinter meiner Schwester. Ich mag sie sehr. Wir können gut miteinander reden. Ich kann ihr alles erzählen, sie kann mir alles erzählen.

Schwarzer: Fällt Ihnen Vertrauen mit Frauen leichter als mit Männern?

Steeger: Ja. Mit den Männern konnte ich nie so reden, wie ich jetzt mit den Frauen rede. Die Männer haben mich nicht teilhaben lassen an ihrem Leben – außer Herr Dr. Wedel.

Schwarzer: Was hat der denn für einen Doktortitel?

Steeger: Doktor der Philosophie! Da war ich auch so stolz drauf (lacht). Das war eben auch das mangelnde Selbstbewußtsein. Das hat mir schon was gegeben, auch wenn's blöd ist. Aber solange ich es sehe, ist es ja okay. Wenn ich es nicht sehen würde...

Schwarzer: Sie haben sich anscheinend immer sehr stark auf Ihre Beziehungen eingestellt.

Steeger: Und ob: Dabei war ich dann oft nur die Zweite, die Inoffizielle, und das mit den bekannten Folgen... Weihnachten alleine, Silvester alleine... Und immer habe ich so getan, als würde es mir nichts ausmachen. Dabei war ich so verzweifelt darüber, daß ich versucht habe, es allen anderen gegenüber zu verstecken. Zum Beispiel bei meinem letzten Freund habe ich Weihnachten Christbaumkugeln geholt, einmal sogar für 500 Mark kleine Teddybären, und eine Gans – und dann so getan, als hätte ich jemanden zum Feiern... Die Leute haben mich dann immer gefragt: Wie sieht denn in diesem Jahr dein Weihnachtsbaum aus?

Schwarzer: Die Zeit scheint vorbei zu sein. Sie sagen ja jetzt mit einer wirklich radikalen Schonungslosigkeit auch für sich selbst die Wahrheit.

Steeger: Na ja... Ich gehe jetzt auch mehr weg, rede mehr mit Leuten. Meinen Beruf mag ich auch erst seit zwei, drei Jahren. Und seitdem komme ich auch weiter.

Schwarzer: Wie geht es weiter?

Steeger: Ich bereite mich zur Zeit auf meine Rolle in »Jedermann« vor, da spiel ich die Buhlschaft. Das Stück wird im Sommer in Berlin in der Gedächtniskirche aufgeführt. Dann drehe ich in der Türkei einen Abenteuerfilm fürs Fernsehen. Und ich werde ab 23. Juni nach sechs Jahren in Berlin zum erstenmal wieder auf der Bühne stehen. Und ab Oktober gehe ich mit auf Theatertournee. Es ist wirklich wahr: Ich habe sechs Jahre nicht Theater gespielt, weil ich meinen letzten Freund nicht so lange allein lassen wollte.

Schwarzer: Klar, man kann nicht die totale Geliebte sein und sich gleichzeitig um den Beruf kümmern.

Steeger: Das würde ich heute auch nicht mehr machen! Jetzt macht mir der Beruf auch Spaß, und darauf will ich nicht mehr verzichten. Ich möchte auch gern mal 'ne Mutter spielen, aber ich krieg einfach keine Kinder!

Schwarzer: Das Problem ist, daß man Sie immer in eine bestimmte Schublade gesteckt hat.

Steeger: Ja, ich war nie richtig ich. Das bin ich jetzt geworden – obwohl ich natürlich noch dran arbeiten muß. Ich hätte auch

Schwierigkeiten, mit einem Mann zusammenzuleben. Ich bin selbständiger und selbstbewußter geworden, ich brauche meinen Freiraum.

Schwarzer: Können Sie gut allein sein?

Steeger: Ja, sehr gut. Selbständig war ich doch schon immer, wenn man's mal so sieht... Ich schreibe, ich lese, ich telefoniere, ich spiele mit meinem Dackel Felix – mir fällt immer was ein. Und jetzt mache ich noch was Neues: Ich will den Indianern und den Naturvölkern überhaupt bei ihrem Kampf gegen Atomwaffentests und den Abbau von Uran helfen! Ich engagiere mich für das World Uranium Hearing.

Schwarzer: Schon beeindruckend, wie Sie das alles durchgestanden haben, und auch noch anderen helfen.

Steeger: Es muß jetzt alles bei mir raus: Was ich erlebe, was ich fühle! Mit denselben Erfahrungen würde vielleicht ein anderer Mensch sagen: Wie schrecklich – und in Selbstmitleid ertrinken. Aber ich finde: Im Grunde genommen war ich immer ein Glückskind.

Mai 1992

Sexualwissenschaftler: Ganz linker Sex

Ich rede hier auf dem Kongreß der »Deutschen Gesellschaft für Sexualforschung« über das Thema »Sexualität und Frauenkampf«, weil ich damit nicht schiefliegen kann. Nach einem Blick in die neueren Publikationen der Sexualwissenschaft sehe ich, daß ich damit goldrichtig liege.

Ich will mich hier nicht aufhalten mit explizit reaktionären Haltungen und Konzepten, die in diesen progressiven Kreisen nicht oder kaum vertreten sind. Das heißt nicht mit einer Auffassung von der männlichen und weiblichen Sexualität, die biologistisch begründet ist, also von der Annahme ausgeht, daß Frauen von Natur aus »anders« seien, daß sie auch in der Sexualität die Empfangenden, die Passiven seien und die Männer die Aktiven und die Gebenden. Das sind zwar Vorstellungen, die durchaus noch existieren – und vermutlich auch eine Renaissance erleben werden –, die aber bei fortschrittlichen Sexualforschern nicht so vorherrschen.

Ich möchte diesen fortschrittlichen Sexualforschern in diesem Lande die Ehre geben, mich mit einem ihrer progressivsten Vertreter auseinanderzusetzen. Exemplarisch. Es könnte auch ein anderer sein. Der von mir gewählte ist nicht schlimmer – und in einigen Punkten sogar besser – als die meisten; gerade darum habe ich ihn gewählt. Es handelt sich um Professor Volkmar Sigusch, zur Zeit noch erster Vorsitzender der »Deutschen Gesellschaft für Sexualforschung«, Leiter der Abteilung für Sexualwissenschaft an der Frankfurter Uni und Autor zahlreicher Publikationen.

Es ist mir bei der Vorarbeit zu diesem Vortrag gegangen, wie es mir immer wieder geht als Feministin. Das heiß, man denkt als Frau doch immer, es wäre etwas passiert. Schließlich reden wir nun seit zehn, 15 Jahren und, sicher, die Männer haben das nicht so aufgenommen, wie wir uns das wünschen würden, aber es ist doch nicht ganz an ihnen vorbeigegangen. Ich habe darum geglaubt, ich würde wohl sehr subtil argumentieren müssen – was ich auch lieber tue, denn das ist für einen denkenden Menschen immer eine Herausforderung.

Ich will gestehen, daß ich leider nicht viel zum Subtilen kommen werde, ganz im Gegenteil, daß es reichlich brachial zugehen wird – ganz einfach, weil es auf der anderen Seite auch ziemlich brachial zugeht. Es sieht nämlich so aus, als ob es heute, 1985, gang und gäbe ist, daß auch und gerade fortschrittliche Sexualwissenschaftler so argumentieren, als hätten Feministinnen speziell oder auch Frauen allgemein in diesen letzten Jahren kein Wort gesagt – und das ist dann, 15 Jahre nach Beginn des neuen Feminismus, gar nicht mehr komisch.

Diese aufgeklärten Männer sprechen zwar nicht mehr von den Frauen, die angeblich so anders seien, nicht von der »weiblichen Natur« auf der einen und der »männlichen« auf der anderen Seite, nein, siehe da, sie machen es noch viel besser: Sie sprechen überhaupt nicht mehr von den Frauen! Sie reden von der Sexualität »an sich«, von der Liebe »an sich«: Sie setzen Mann gleich Mensch.

Die unterschiedliche Prägung, den anderen Alltag und Lebensverlauf, die oft sehr verschiedenen Sehnsüchte und Ängste von Frauen und Männern werden nicht mehr berücksichtigt, sie existieren ganz einfach nicht mehr.

Und wenn sie sehr bewußt Linke sind, da ist auch viel vom Kapitalismus die Rede und sehr viel von der »Verdinglichung der Sexualität«, aber der Begriff »Patriarchat« – da kann man sich eine ganze Serie von Lupen anschaffen, den wird man nicht finden. Und das beim Thema Sexualität, in einem Bereich also, der wirklich die Geschlechter-Arena par excellence ist.

Meine fortschrittlichen Kollegen wenden sich in ihrer Mehrheit nur scheinbar und mit dürren Worten gegen die biologistische Argumentation, sie tragen satt zur Aufrechterhaltung der sexistischen Verhältnisse bei, indem sie eben nicht sagen, daß es gerade in der Sexualität permanent eine Rolle spielt, ob man nun Mann oder Frau ist und welchen Unterschied es macht.

Ich möchte zunächst drei Postulate von Sigusch selbst zitieren, weil ich Sigusch nicht nur an meinen Ansprüchen messen möchte, sondern auch an seinen eigenen. Sigusch versucht scheinbar, sowohl der marxistischen Persönlichkeitstheorie – das Sein bestimmt das Bewußtsein – als auch den neueren Erkenntnissen der fortschrittlichen Sexualwissenschaft gerecht zu werden. Seine Primässen:

Postulat 1: »Der Mensch ist von Natur aus gesellschaftlich, und seine Sexualität ist es auch. Sexualität ist eine gesellschaftliche Kategorie. Menschensexualität schlechthin, reine Sexualität ist reine Gedankenschöpfung.«

Postulat 2: »Zu interessieren hat uns der geschichtlich-gesellschaftliche Charakter des Sexuellen.«

Postulat 3: »Eine von Geschichts- und Gesellschaftstheorie getrennte Theorie der Sexualität des Menschen ist keine. Wer über Sexualität ernsthaft nachdenkt, hat die ganze Gattungsgeschichte des Menschen und mehr am Hals. (...) Eine Sexualtheorie außerhalb einer umfassenden Persönlichkeitstheorie kann es nicht geben.«

Wie wahr!

Nur müßte es doch auch bei einem Sigusch inzwischen angekommen sein, daß es in unserer heutigen Gesellschaft nicht nur entscheidend ist für einen Menschen, welcher Klasse oder Rasse er angehört, sondern auch, welchem Geschlecht!

In den Bereichen Liebe, Sexualität, Vergewaltigung, Prostitution, ja sogar Homosexualität aber wendet Sigusch nicht nur seine eigenen Postulate nicht auf seine Forschung an, sondern ignoriert auch alles, was Frauen in den letzten Jahren und Jahrzehnten von ihrer Erfahrung mit – der eigenen und der männlichen – Sexualität mitgeteilt haben. Ich meine, daß das nicht nur für die Hälfte der Menschheit, der ich angehöre, nicht nur für die Frauen, sondern daß das für das gesamte kritische Denken und Forschen fatal ist.

Zum Beispiel Thema Liebe. Sigusch schreibt in seinem Aufsatz »Das gemeine Lied der Liebe« (in »Vom Trieb und von der Liebe«) den Satz: »Kapitalismus und Liebe gehören zusammen.«

Ja, gewiß doch. Aber Patriarchat und Liebe gehören auch zusammen, mindestens genauso! Und das ignoriert der deutsche »Sexpapst« vollkommen. Im Jahre 1985! Er selbst macht hier im Konkreten genau das, was er abstrakt kritisiert: Er redet von der Liebe »an sich«. Er berücksichtigt den gesellschaftlichen Charakter der Liebe und ihre entsprechende Funktion nicht. Um es mit Sigusch zu sagen: Wer über Liebe ernsthaft nachdenkt, hat die ganze Gattungsgeschichte des Menschen (inklusive der patriarchalischen Geschichte von Männern und Frauen) und mehr am Hals...

Sigusch hat anscheinend noch nie gehört, daß Liebe für Frauen und Männer im Patriarchat jeweils fundamental unterschiedliche Inhalte und Konsequenzen haben kann und daß das kein Zufall ist, sondern Politik: Sexualpolitik. Er schwärmt statt dessen lieber idealistisch von der Liebe, die »kleine Seelen groß« macht, »Leben und Tod in eins« ist oder auch »leicht und kindlich wie ein Abendwind über Ägadien«.

Im Namen der Liebe gibt die Mehrheit von Frauen heute immer noch ihre eigene Existenz, ihre Identität auf. Das beginnt mit dem symbolischen Akt der Namensaufgabe. Ich bin sicher, Herr Sigusch würde sich nicht morgen Neumann nennen, nur weil ein Mensch seiner Zuneigung Neumann hieße. Die Selbstaufgabe von Frauen drückt sich, wie alles im Leben, auch im Ökonomischen aus, das ja das Fundament von dem allen ist. Im Namen der Liebe leisten Frauen diesen ungeheuren Berg von Gratisarbeit, der in unserer Gesellschaft wie in vergleichbaren Gesellschaften die gleiche Menge ausmacht wie die gesamte Erwerbsarbeit. Im Namen der Liebe nehmen Frauen es hin (oder genauer: nahmen sie es bisher hin – auch das beginnt sich zu ändern, sogar mächtig), sich in der Erwerbsarbeit nicht nur zurückdrängen zu lassen, sondern sich auch selbst zurückzunehmen aus Rücksicht auf Männer und Kinder, aus Nächstenliebe für Kollegen (»Ich bin nicht so ein Ellbogen-Typ«). Im Namen der Liebe lassen Frauen sich schlagen und vergewaltigen. Im Namen der Liebe wurden und werden Frauen zum Teil noch zu dem, was Beauvoir so treffend ein »relatives Wesen« genannt hat: ein Wesen, das nur in Relation, in bezug auf IHN existiert, seine Frau.

So wird wirkliche Liebe vernichtet oder gar nicht erst möglich. Auch Sigusch spricht von der »Vernichtung der Liebe«. Der Mensch werde »von kleinauf erniedrigt, gedümpelt, entwertet, genötigt, isoliert, leer, voll Angst und ohne Würde«. Denn: »Wer tagein, tagaus als Maschine drei Handgriffe machen, wer Jahr um Jahr als Maske nutzlose Waren an den Käufer bringen, wer ein Leben lang als Handlanger tote Akten gegen Menschen führen muß, der kann nicht einfach im Liebes- und Geschlechtsleben das Gegenteil« sein. Richtig. Und wer ein Leben lang als Hausfrau den Mann bedienen und im Bett zur Verfügung stehen oder auf dem Strich sein Geld verdienen mußte – was ist mit dem bzw. der?

Sigusch bedauert unter anderem in seinem Aufsatz über Liebe, daß die Menschen jetzt verstärkt alleine leben, und unterstellt, aus freien Stücken würde niemand alleine leben, sein Beispiel: die alkoholabhängige Witwe (übrigens, zu Frauen fallen ihm immer nur die abschreckendsten Beispiele ein). Nun bedauern wir ja alle, daß nicht soviel Liebe auf der Welt ist, wie wir gern hätten – nur für uns Frauen sieht die Liebe eben anders aus als für Männer, und darum fangen gerade wir an, diese Form von Liebe energisch aufzukündigen. Jede zweite junge Frau will heute nicht mehr heiraten! Und sie weiß, warum.

Kommen wir zur Sexualität. Sigusch kritisiert die Schlüsse, die Mary Jane Sherfey in ihrem Mitte der 70er Jahre erschienenen Buch »Die Potenz der Frau« zieht. Das habe ich mit Zustimmung gelesen. Auch ich halte die angeblich biologisch begründete Omnipotenz und angeblich natürliche orgastische Überlegenheit der

Frau für eine erneute Mystifizierung – diesmal nur unter umgekehrten Vorzeichen. Sigusch merkt an, daß dies sicherlich ein kulturelles Resultat sei, wenn Männer heute real weniger potent, also weniger orgasmusfähig seien als Frauen. Ich schließe mich da voll und ganz an.

Ich freue mich über seine kritische Aufmerksamkeit gegenüber dieser ansonsten sehr schätzenswerten Sexualforscherin in diesem Punkt. Ich würde mich noch mehr freuen, wenn ich in Zukunft diese Aufmerksamkeit in bezug auf die gesamte andere Hälfte der Menschheit – der der Autor ja nicht angehört, aber es ist ja doch der Anspruch eines gesellschaftskritischen Menschen, ab und zu mal über seine Bettkante rauszugucken –, und zwar nicht nur in bezug auf die fragwürdigen, sondern auch in bezug auf die bemerkenswerten Aussagen von Frauen, finden würde.

Ich gehe grundsätzlich davon aus, daß Mann und Frau im Bereich der sexuellen Potenz, der erotischen Energie, der erotischen Phantasie die gleichen Möglichkeiten haben könnten. Die Betonung liegt auf *könnten*. Denn die Sexualität ist nun mal nicht etwas, was so natürlich vom Himmel fällt, sondern Sexualität ist Produkt der Kultur und der gesellschaftlichen Verhältnisse. Darin sind Sigusch und ich uns ja auch einig. Im Prinzip. Mit dem kleinen Unterschied, daß der so gern marxistisch argumentierende Sexualforscher offensichtlich noch nie auch nur eine feministische Zeile gelesen hat. Er hat anscheinend noch gar nicht mitgekriegt, daß in unserer Gesellschaft nicht nur das Kapital, sondern auch das Patriarchat herrscht. Er scheint nicht zu wissen, daß auch und gerade in der Sexualität Mann nicht gleich Mensch, sondern Mann oft gleich Unmensch ist und Frau gleich Untermensch.

Der Pornomarkt wird immer härter, da tobt der Geschlechterkrieg, also da geht es manchmal wirklich um Leben und Tod. Unter solchen Umständen von der Sexualität »an sich« mit der Blauäugigkeit eines Sigusch zu reden, ist für einen aufgeklärten Menschen ein Unding. Gezielt borniert pickt der »fortschrittliche« Sexualwissenschaftler sich Entwicklungen und Erkenntnisse aus der aktuellen Sensibilisierung in bezug auf die Geschlechterrollen heraus.

Wenn ich bei Sigusch einen Satz lese wie: »Zunehmend weniger

Menschen wissen, wessen Geschlechts sie sind« –, dann stimmt etwas daran, und gleichzeitig ist es zutiefst reaktionär. Es stimmt, daß, bewußt oder unbewußt, in Stärke oder Schwäche, freiwillig oder zwanghaft, zunehmend mehr Menschen sich weigern, sich dem Diktat der Geschlechtsrollenzuweisung zu beugen. Für diese Etikettierung als »weiblich« oder als »männlich« ist das biologische Geschlecht ja nur ein Vorwand.

Diesen Widerstand verdanken wir primär dem neuen Feminismus: Frauen haben – wieder einmal – angefangen, laut zu sagen: Wir begnügen uns nicht mehr mit dem Teil, den man uns zugesteht, wir wollen ganze Menschen sein. Aber das geht nicht einfach, indem man den zwar nicht angeborenen, aber real existierenden und vom Patriarchat täglich neu erzwungenen Unterschied leugnet. Denn wir Frauen haben eine von Männern enorm unterschiedliche Lebensrealität. Wenn ich zum Beispiel abends durch die Straßen gehe, und es kommt mir im Dunkel einer Nebenstraße ein Mann entgegen, weiß ich sehr gut, was ich für ein Geschlecht habe. Es gibt Momente, da reiße ich das Maul auf wie ein Kerl, aber wenn ich abends auf der Straße bin, und es kommt mir ein echter entgegen, dann weiß ich, daß ich »nur« eine Frau im Patriarchat bin. Schnell und dezent wechsle ich die Straßenseite. Dabei versuche ich geflissentlich, nicht wie ein Opfer zu wirken, große Schritte zu machen, die Schultern nach vorn zu schieben. Diese permanente Angst und Anstrengung kennt kein Mann... »Der Mensch ist von Natur gesellschaftlich« (Sigusch). Und die Frau ist es auch.

Gerade in den Sexualwissenschaften muß eine wirklich radikale, an die Wurzeln gehende Forschung all das wissen – und sie könnte es auch wissen, denn wir Frauen haben in den Bereichen Sexualität und Gewalt sehr, sehr viel dazu gesagt, was es bedeutet, heute eine Frau zu sein. Welche Ängste wir haben müssen aufgrund der Realität, welchen Erniedrigungen und Beschmutzungen wir ausgesetzt sind. Welche Hoffnungen und Sehnsüchte uns dennoch bewegen.

Von der Sexualität »des Menschen an sich« statt von der der Frauen und der der Männer zu sprechen ist noch nicht einmal die halbe Wahrheit. Das ist schlicht reaktionär und gehört in den Papierkorb. Es ist darum nur folgerichtig, daß zum Beispiel ein pseudopprogressiver Autor wie Sigusch sich zum Problem der Vergewaltigung ungehemmt patriarchalisch äußert.

In seinem Kapitel über Vergewaltigung ist sein quasi erster Satz »Frauen vergewaltigen Männer, was technisch komplizierter ist, aber es kommt vor«. – Das mußte mal gesagt werden...

Da wird also suggeriert, selbst Vergewaltigung sei etwas Geschlechtsneutrales, das eben vorkommt zwischen Menschen.

Sigusch wörtlich zur Vergewaltigung: »Indem der Vergewaltiger die Devise wahrmacht, nach der der Mensch nur dann zählt, und nur so viel, sofern und inwieweit er benutzbar ist, variiert er das Generalmotto ›Nach uns die Sintflut‹. Die Aufklärer müssen tief in die Fetischkiste greifen, um den Betroffenen weiszumachen, das alles habe nicht mit der allgemeinen Verdinglichung zu tun. Warum der kleine, bisher ebenso graue wie unbescholtene Angestellte rudelhaft zum Vergewaltiger übergegangen ist, wird dabei so klar beantwortet werden, wie es eine Kloßbrühe ist.«

Nicht zufällig wird hier der sich als links verstehende Sexualforscher so unklar. Die Aufklärer in Sachen Vergewaltigung, die er hier kritisiert, sind übrigens Aufklärerinnen. Aber er scheint sie nie gelesen zu haben. Er begnügt sich damit, über diese so zentrale sexistische Problematik seine vulgärmarxistische Soße zu gießen. Ich sage sehr bewußt: vulgärmarxistisch. Weil: mit marxistischer Analyse hat dieses aufgesetzte Gerede von der Verdinglichung und vom Fetisch eben nur noch herzlich wenig zu tun. Marxistisch im besten Sinne wäre es, die Vergewaltigung als zwangsläufigen Ausdruck des Machtverhältnisses zwischen den Geschlechtern zu begreifen.

Zur Vergewaltigung haben Frauen in dem letzten Jahrzehnt viel, sehr viel geschrieben. Es genügt, dazu das Standardwerk des neuen Feminismus, »Gegen unseren Willen« von Susan Brownmiller zu lesen, um zumindest soviel von der Problematik zu verstehen, wie es Heiner Geißler zum Beispiel schon lange verstanden hat. Vergewaltigung hat selbstverständlich auch etwas mit der »Verdinglichung« des Menschen bzw. der Frauen zu tun, es hat vor allem aber etwas mit dem Machtverhältnis zwischen Frauen und Männern zu tun. Vergewaltigung ist das Damoklesschwert, das Tag und Nacht über jeder Frau schwebt. Vergewaltigung ist Krieg von Männern gegen Frauen, individuell wie kollektiv.

Nicht besser ist es leider mit der Prostitution. Die Siguschsche Argumentation ist hier nur folgerichtig: In seinem Gesamttext über Prostitution (geschrieben, weil Sigusch in Frankfurt nach seiner Meinung über die Sperrbezirke gefragt wurde: Soll man das Bahnhofsviertel sperren? Soll man Peep-Shows schließen oder nicht?) bezieht er fast ausschließlich die Position des möglichen Freiers.

Seine Argumentation ist, ganz kurz gesagt, sexuelle Prostitution sei nicht skandalöser als die allgemeine Prostitution im Kapitalismus. Die Freier seien in Wahrheit arme Schweine, von der freien Marktwirtschaft verführt oder, wie die Türken, bigott »zur Enthaltsamkeit gezwungen«. (»Wo geht es denn ehrlicher zu? Man löhnt ein paar Scheine und darf etwas tun, was sonst nicht möglich ist.«) Und: wo sei schon der Unterschied zwischen der Arbeit einer Prostituierten und der einer Verkäuferin oder der Situation einer Publizistin und der einer Ehefrau?

Nun, es ist wahr, daß es Feministinnen waren, die vor 15 Jahren als erste gesagt haben: auch der eheliche Beischlaf sei aufgrund des Abhängigkeitsverhältnisses der Ehefrau vom Manne oft Prostitution. Ein Satz, den wir aber gleichzeitig differenziert haben. Denn gerade im Zusammenhang mit der sexuellen Prostitution schiene mir als Feministin nichts unverantwortlicher als diese Art von Gleichsetzung. Das ist, als würde man sagen: Das Leben im Manchester-Kapitalismus sei für eine/n Arbeiter/in eigentlich das gleiche wie das im Jahr-2000-Kapitalismus.

Es ist so wahr wie banal, daß man sich als Mensch, als Frau und als Mann, auch in anderen Zusammenhängen zu prostituieren hat. Es ist selbstverständlich, daß es nicht um Verurteilung von Prostituierten gehen kann, sondern nur um Verurteilung von Prostitution, das heißt: der Verhältnisse, in denen Menschen sich über Menschen erheben, glauben, einen Menschen, seine Haut, seine Seele kaufen zu können.

Ich empfehle Sigusch und Genossen zum Beispiel die Lektüre von Kate Milletts »Das verkaufte Geschlecht«, und ich empfehle ihnen Gespräche mit Frauen, die sich prostituieren oder sich prostituiert haben. Vielleicht ahnen sie dann, in welchem Maße hier Körper und Seele angefaßt und zerstört sind. Es geht einfach nicht an, daß hier im Namen einer allzu glatten, für Männer nur allzu praktischen, schnoddrigen linken Analyse die Unerhörtheit der Prostitution einfach gleichgesetzt wird mit anderen Formen von Ausbeutungsverhältnissen (Sigusch: »In den Peep-Shows geht es unmittelbarer und sauberer zu als in den Verlagen, Kranken-, Kauf-, Funkhäusern und anderen Betrieben, die ich ein wenig kenne«).

Klar, daß er auch noch der plumpesten Männer-Mär, der von der eigentlichen Überlegenheit der Prostituierten, ihrer Mystifizierung, aufsitzt bzw. glaubt, wir würden ihr immer noch aufsitzen, nämlich der Mystifizierung der Prostitution. Sigusch: »Dabei wissen wenige Frauen so gut wie Prostituierte, am ehesten noch Psychoanalytikerinnen, wie klein und lächerlich das männliche Geschlecht ist...« – Wenige wissen auch so gut, wie mächtig und ernst zu nehmen das männliche Geschlecht ist! Reale Erfahrungen mit Freiern und Zuhältern lassen da früher oder später den so verständlichen Illusionen und dem barmherzigen Selbstbetrug keinen Raum mehr.

Ich fasse zusammen: Es geht nicht an für einen gesellschaftskritischen, aufklärerisch arbeitenden Menschen, die Hälfte der Menschheit auszublenden oder – noch schlimmer, weil schwerer durchschaubar – einfach zu subsumieren unter die Männer. Und das geht schon gar nicht in einem Bereich, in dem es fundamental in jedem Moment zum Tragen kommt, ob der Mensch ein Mann ist oder eine Frau. Wenn ein Sexualwissenschaftler das heute immer noch nicht weiß, muß er es lernen, und zwar ganz schnell. Im Bereich der Homosexualität sieht es nicht minder desolat aus.

Da scheint es einen Rückschritt in der Sexualwissenschaft zu geben. Wenn man die Texte aus den 20er Jahren liest, dann heißt es immer »homosexuelle Frauen und Männer«. Aber in der heutigen Sexualforschung sind Frauen lesbisch, und dann gibt es die Homosexualität an sich – das sind dann immer Männer. Hier wiederholt sich also das Grundmuster. Mann gleich Mensch. Und dann gibt es da noch die Variante Frau bzw. es gab sie. Jetzt taucht sie erst gar nicht mehr auf. Dabei soll hier mal kurz angemerkt werden, daß im Patriarchat – und das haben wir ja unstreitig, oder? – die männliche Homosexualität der Zusammenschluß zweier Herrschender ist (so relativ das auch manchmal sein mag) und die weibliche Homosexualität der Zusammenschluß zweier Beherrschter. Dies nur, um anzudeuten, daß es sich bei der weiblichen und der männlichen Homosexualität natürlich um etwas sehr Unterschiedliches handelt! Auch wenn es Gemeinsamkeiten gibt (vor allem im Heter[r]or) und diese nicht geleugnet, sondern selbstverständlich gemeinsam bekämpft werden sollen.

Was ich an den Sigusch-Texten über Homosexualität darüber hinaus vermisse, ist: die Kritik an der herrschenden Dominanz der Heterosexualität und die Analyse, wem diese »Normalität« nützt. Es steht nicht zufällig bei Sigusch ein Satz wie: »Homosexualität ist ohne Verfolgung nicht zu denken.« Es steht eben nicht gleichzeitig da: Homosexualität ist ohne Zwangsheterosexualität nicht zu denken! Sein Credo: »Die Diskriminierung der Homosexualität muß enden.« – Ja. Aber ist das alles? Geht es nicht auch und darüber hinaus um den Kampf gegen den Heter(r)or? Um die Analyse der *politischen* Funktion der Zwangsheterosexualität eben auch und gerade in bezug auf das Geschlechterverhältnis.

Mir scheint Siguschs Haltung gerade in der Frage der Homosexualität auffallend legitimatorisch und reformistisch. Ihm geht es letztendlich um Tolerierung von Homosexualität, mehr nicht. Ich halte es auch für keinen Zufall, daß Sigusch gerade hier so stekkenbleibt im Denken und keinen wirklich radikalen Zugriff auf die Problematik hat. Er ist eben trotz alledem ein in der Wolle gefärbter Patriarch und denkt immanent.

Ich hoffe, das war nur – wieder einmal – der Anfang einer direkten kritischen, aber vielleicht auch fruchtbaren Auseinandersetzung zwischen Feministinnen und patriarchalischer Sexualwissenschaft. Lassen Sie mich Ihnen und dem hier anwesenden Vorsitzenden der Gesellschaft, Volkmar Sigusch, zum Abschluß sagen, daß ich mich freue und dafür danke, daß die Sexualwissenschaftliche Gesellschaft mir die Gelegenheit gegeben hat, ihr mal vors Schienbein zu treten.

März 1986

III. Männerpolitik

Einer euphorischen Phase des Universalismus, der Idee von der Gleichheit aller Menschen, folgt heute die Renaissance des Differentialismus, der alten Idee vom Unterschied. Wobei der »Andere« in unserer elitebewußten Männergesellschaft allemal der/die Mindere ist. Rassismus, Antisemitismus, Sexismus – all diesen menschenverachtenden Ideologien liegt ein und das gleiche Schema zugrunde: der Eine hat die Macht, den Anderen zu definieren – als »anders«. Frauen in der Politik sind anders. Homosexuelle sind anders. Die neuen Deutschen sind anders. Menschen mit dunkler Haut sind anders. Die »Anderen«, die diese fundamentalen Machtverhältnisse nicht erkennen und benennen wollen, sondern glauben, sich lächelnd integrieren zu können, die müssen irgendwann einfach scheitern. Denn der Herrenclub gewährt bestenfalls Gastrecht – dazu gehören wir nie.

Rassismus

Sintezza Miler: »Ich will stolz sterben«

Die Sonne scheint. Wir steuern auf das Lokal zu. Unwillkürlich lege ich den rechten Arm leicht schützend um sie. Sollen wir uns nicht draußen hinsetzen? Ihr Körper spannt sich. »Nein!« Wir setzen uns drinnen in eine stille Ecke, nicht ohne verstohlene Blicke auf uns zu ziehen. Denn Kristina Miler sieht ganz anders aus als ich. Ihr tiefschwarzes, hochgestecktes Haar krönt ein kleiner Schleier, den knöchellangen Rock ziert ein Volant. Sie sieht aus wie eine »Zigeunerin«. Und sie ist auch eine. Genauer gesagt: Sie ist eine Sinti, mit deutschstämmiger Mutter und ungarischem Vater.

Warum sie nicht draußen sitzen wollte? »Aus Angst«, antwortet Kristina spontan. Zögernd und leise setzt sie hinzu: »Möcht' man mich totschlagen...« Und dieses »Möcht« prononciert sie »meecht«, so wie das »Bitte« »biietä« – ganz auf die unnachahmliche osteuropäische Art, die uns hier so lange verloren war.

Kristina Miler ist im April dieses Jahres aus Jugoslawien geflüchtet und seither in Deutschland. Aber sie kennt die Deutschen schon lange. Als wir das Lokal verlassen, müssen wir an der von zwei Männerreihen umstandenen Theke vorbei. Der Körper von Kristina Miler verhärtet sich. Sie fängt an zu zittern und flüstert: »Schande. Ich fühl so eine Schande...«

Die Schande sollten die anderen fühlen.

Kristina Miler ist eine von 3500 Roma und Sinti, die spätestens bis zum 31.12.1991 von Nordrhein-Westfalen nach Jugoslawien abgeschoben werden sollen. Manche von ihnen sprechen kein einziges Wort Jugoslawisch, sind nur zufällig, auf Wanderschaft, dort geboren. Kristina Miler spricht Serbokroatisch. Und Ungarisch. Und Deutsch. Deutsch fast fließend, aber in der ihr eigenen Satzstellung und in bilderreichen Wendungen.

Das Obdachlosenhaus, in dem Kristina ein Zimmer hat, steht in einer stillen Kölner Vorortstraße. Am Ende der Straße eine Fabrik, daneben unbebautes Land und kein Gegenüber. Auf dem Hof toben Kinder, schwätzen Frauen, glänzen Autos. Die Treppenhäuser und Gänge sind trostlos grau und abgerissen. Aber jenseits der Tür von Kristina Miler, im zweiten Stock am Ende des langen Ganges rechts, liegt ein kleines Paradies. Durch weiße Volants fällt Licht, überall Decken und Deckchen in Pastellfarben, zwischen Kissen die ersten Kuscheltiere und an der Wand die wenigen verbliebenen Familienfotos: Vater, Mutter, vier Brüder und eine Schwester – alle sind im KZ umgekommen. Nicht einer hat die Faschisten überlebt.

Kristina Miler ist die einzige Frau hier im Haus, die alleine wohnt. Und sie ist auch die älteste. Ich kenne sie seit zwei Monaten. Sie hat mir schon viel erzählt, doch sie redet erst seit kurzem darüber. Vorher hat sie geschwiegen. Aus Scham. Diesmal bin ich gekommen, um sie genauer nach ihrer Geschichte zu fragen. Davor hat sie Angst. Sie würde so gerne vergessen. »Nicht wieder von Lager reden«, sagt sie und zündet sich zitternd die dritte Zigarette an.

Nein, fangen wir mit der Kindheit an. Kristina lächelt erleichtert. »Das war schön... Wir hatten kleine Zirkus. Vater war sehr schöne Harfespieler, war Zirkusdirektor. Mama an der Kasse. Alle Kinder waren Artisten. Ich auf dem Seil. Und, wie soll ich sagen, Kompliment hab ich gemacht...«

Die 65jährige steht auf, schreitet durch den kleinen Raum, hebt die Hände wie eine Ballerina und knickst graziös. Sie ist acht Jahre alt und steht in der Arena eines kleinen Wanderzirkus in Kroatien, über sich das »schöne Chapiteau« und vor sich ein begeistertes Publikum«, das »Bakschisch« schickt und Blumen. Wenn niemand mehr kommt, zieht die Familie Miler / Herzenberger einfach weiter (Miler heißt die Mutter, Herzenberger der Vater, er ist halb Sinti, halb Jude).

1941 besetzen die Deutschen Jugoslawien. Der Zirkus geht im Bombenhagel von Belgrad in Flammen auf. Die Ustascha, kroatische Faschisten, proklamieren, mit der Unterstützung von Hitler und Mussolini, ein »unabhängiges Kroatien«. Für die Milers ist die Freiheit vorbei. Sie sind auf der Flucht, am Arm die verräterische gelbe Binde: ZIGEUNER.

Kristina Miler (Foto: Christel Becker-Rau)

Kristina ist 16. »Dann sind die Deutschen gekommen mit diese Ustascha und haben uns gegeben ein gelbes Band am Arm. Waren Buchstaben drauf, konnt ich nicht lesen. Die Juden hatten vorne Sterne und hinten Sterne. Wir Zigeuner hatten nur ein Band, gelb mit schwarze Buchstaben.« Überall tauchen Schilder auf: »Für Juden, Zigeuner und Hunde verboten«.

Die meisten Zigeuner können diese Worte nicht lesen, aber sie verstehen sie nur zu gut. Hinter ihnen liegen Jahrhunderte von Erniedrigung und Verfolgung. Denn in der Hierarchie der blonden, blauäugigen Eliten stehen sie noch eine Stufe unter den letzten. Im Mittelalter waren Zigeuner sogar nach dem Gesetz vogelfrei: Ein jeder und eine jede konnten nach Lust und Laune Zigeuner erschlagen. 1941 ist es wieder soweit.

Kristinas Familie wird zusammen mit anderen Zigeunern und Juden kaserniert. Eines Nachts werden sie abgeholt. »Haben sie uns in Viehwagen gegeben. Bis Lager waren wir zusammen. In Jasenovac dann alles extra, alles extra...«

Kristina Miler gehört zu den jungen, besonders hübschen Frauen, die für eine bestimmte Baracke selektiert werden. Sie ist noch Jungfrau. Der erste ist ein großer, blonder deutscher Offizier mit einer Nickelbrille und dem Totenkopf der Gestapo. »Bitte... Werden wir nicht sprechen von das. Bitte! Bitte!« Noch 50 Jahre danach zittert Kristina Miler, als würde es gerade passieren. Sie schlägt sich hart gegen den eigenen Körper. Das wird sie im Laufe dieses Gespräches noch öfter tun.

Nach dem großen Blonden kommen noch viele. Die schönen, langen Haare von Kristina sind abgesäbelt, ihr Körper bis auf Haut und Knochen abgemagert, ihr Unterkörper wund und geschwollen. Im Lager herrschen deutsche und jugoslawische Faschisten. Zu den fanatischsten unter ihnen gehören die Franziskaner, die führend in der vom Vatikan unterstützten Ustascha-Bewegung sind. An einen, den Lagerkommandanten Frater Filipovic, genannt »der Satan«, erinnert Kristina sich besonders gut. Filipovic' Hobby ist das Tothacken von Kindern und Kranken. Und dann ist da noch diese blonde deutsche Frau mit dem Schäferhund, Maria Hoffmann... Jasenovac ist kein deutsches, sondern ein jugoslawisches Lager, aber die Gestapo hat die »direkte Kontrolle«.

Der Errichtung eines römisch-katholischen »Reiches Gottes« in Kroatien stehen nur noch ein paar Ungläubige im Wege: 750000 orthodox-katholische Serben und 60000 Juden. Und die 26000 Zigeuner, denen es auch nicht hilft, wenn sie das »Richtige«, wenn sie römisch-katholisch glauben. Mit dem Schlachtruf »Gott mit den Kroaten« massakrieren die Gerechten zwischen 1941 und 1945 an die 800000 Menschen, davon allein in Jasenovac 200000, schätzt der jugoslawische Historiker Prof. Vladimir Dedijer. Er nennt es das »unbekannteste Massenverbrechen« des Zweiten Weltkrieges.

Jasenovac, das »jugoslawische Auschwitz«, ist kein Arbeitslager, es ist ein Vernichtungslager. Dabei geht man nicht systematisch und organisiert vor wie in Auschwitz, sondern metzelt, wie's kommt. Dedijer, einst Vorsitzender des Russell-Tribunals, listet die im KZ Jasenovac üblichen Mordmethoden auf: Die Menschen werden erschossen, erhängt, erstochen; mit Äxten, Beilen, Holzhämmern oder Eisenstangen zerstückelt oder mit Hacken zerhackt; totgetreten, totgepeitscht, lebendig in Ziegelöfen verbrannt oder in selbstgeschaufelten Erdgruben zerbombt.

Die Überlebenden und ihre Kinder und Kindeskinder leben im heutigen Jugoslawien – was eine entscheidende Information zum

Verständnis des aktuellen Konfliktes zwischen Kroaten und Serben ist. Der serbische Generalstabschef Blagoje Adzic zum Beispiel mußte als Kind zusehen, wie »zwölf seiner Familienangehörigen bestialisch ermordet wurden«, schreibt »Der Spiegel« und erinnert daran, daß die neuerdings wieder geschwungene rotweiße Kroatenfahne die Serben keineswegs an die gute alte Zeit erinnert, sondern an »den Völkermord« zwischen 1941 und 1945.

Ein Überlebender von Jasenovac: »Zuerst mußte das Mädchen ein Loch im Feld ausheben, während ihre Mutter, die im 7. Monat schwanger war, an einen Baum gefesselt zusehen mußte. Sie schlitzten der Schwangeren mit einem Messer den Bauch auf, rissen das Ungeborene heraus und warfen es in das Erdloch. Dann warfen sie die Mutter hinein und auch das kleine Mädchen, nachdem sie es erst vergewaltigt hatten. Sie lebten noch, als sie das Loch zuschaufelten.«

Das sind die Szenen, die Kristina Miler wieder und wieder durchlebt, wenn sie wachliegt. Nacht für Nacht. Die vergewaltigten Frauen, die aufgeschlitzten Bäuche, die totgehackten Kinder. Am Lager vorbei fließt der Fluß Sava. »Die Sava«, sagt Kristina »war rot. Rot von Blut.«

Nach zwei Jahren Hölle passiert ein Wunder. Zumindest für Kristina. Die kleine Seiltänzerin wird von einer Bäuerin, die täglich Abfälle für ihre Tiere im Lager abholt, erkannt und in einem halbvollen Trog rausgeschmuggelt. Bei der »Donauschwäbin« kann die halb Verhungerte sich ein paar Wochen lang verstecken, dann geht es in die Wälder.

Endlich! Endlich kommen die Russen. Kristina Miler? Germanka! Deutsche! Zwei halten sie an den Armen fest, zwei an den Beinen... Die vielfach Vergewaltigte sagt nicht, daß sie im KZ war. Aus Angst. Zusammen mit anderen Zigeunern und Juden haust sie im Keller einer Synagoge. Die Juden, mit denen sie sich anfreundet, wandern kurz darauf aus nach Palästina. Kristina ist »wieder allein«.

Der Führer des kroatischen Gottesreiches, Ante Pavelic, ist inzwischen nach Argentinien geflüchtet. Mit Hilfe des Vatikans, wie 1986 vom amerikanischen Geheimdienst freigegebene Dokumente beweisen. Kurz vor seinem Tod 1959 in Madrid (in Franco-Spanien) erhält der fromme Pavelic noch den besonderen Segen von Papst Johannes XXIII. Auf dem Totenbett hält der Diktator einen ihm von dessen Vorgänger, Papst Pius XII., persönlich geschenkten Rosenkranz in Händen. Nur eines scheint Ustaschen-Führer Pavelic auf der Flucht verloren zu haben: seine berühmte Augapfelsammlung, für die auch in Jasenovac kräftig gestochen wurde. Auch Kristina Miler ist fromm und römisch-katholisch getauft. Sie betet und hofft. Als alles vorbei ist, heiratet sie. Es wird die dritte Hölle. Für ihren Mann ist sie eine Hure, eine »deutsche Hure«, eine »russische Hure«. Er schlägt sie, weil sie keine Kinder haben kann – eine Folge der Zwangssterilisierung im Lager. »Keine glückliche Stunde hab ich nicht gehabt. Ich hab mein Blut gegessen...«

Irgendwann geht er und läßt einen Sohn aus erster Ehe zurück. Kristina und das Kind haben nichts zu essen. Der Junge weint vor Hunger. Irgendwie schlägt sie sich durch.

Hat sie jemals in ihrem Leben auch nur eine einzige schöne Stunde mit einem Mann verbracht? »Nein, niemals! Ich weiß nicht, was Liebe ist.« Weiß sie, was Lust ist? »Lust? Nein. Nur manchmal in Träumen, wann war ich noch jung...«

Angst, immer nur Angst. »Mein ganzes Blut ist Angst«, sagt Kristina Miler. Angst hat sie auch jetzt wieder. Zum Beispiel im Kölner Ausländeramt in der Herkulesstraße. Angst vor der »blonden Frau«, die, scheint ihr, genauso redet wie die blonde Frau damals. Angst vor den langen Fluren und den Menschenschlangen.

Wenn Kristina Miler zum Ausländeramt muß, das 20 Straßenbahnminuten entfernt ist, geht sie morgens um fünf los, um um neun da zu sein. Zu Fuß. Sie hat kaum Geld und kann das Straßenbahnschild nicht lesen. »Ich kenne mich nicht aus, bitte...« Sie irrt durch die Straßen, verläuft sich, und wenn sie endlich ankommt, schickt »die blonde Frau« die 65jährige mit barschen Worten wieder weg: zum Gesundheitsamt. Wieder zwei Stunden zu Fuß. Und zurück. Nein, die Bescheinigung genügt nicht! Wieder zum Gesundheitsamt. Und zurück. Jetzt ist das Amt geschlossen...

Doch wie erleichternd: Es gibt auch nette Menschen im Leben von Kristina Miler. Die beiden Holländerinnen, die sie im April dieses Jahres heimlich mit über die Grenze gebracht und beim Roten Kreuz in Köln abgesetzt haben. Frau Ziegler vom Wohnungsamt und Frau Brühl vom Sozialamt. Oder auch die Fotografin Christel Becker-Rau, die Psychologin Anne Clauberg und die Sozialarbeiterin Ursula Weyhing, die sie jetzt nicht nur zu Ämtern, Ärzten und Anwälten begleiten, sondern ihr auch mal Blumen oder ein schönes Kleid mitbringen.

Kristina lächelt. »Ich verstehe jetzt Liebe«, sagt sie. »So lieb tun sie sprechen, die Frauen. Ich verstehe jetzt ein zärtliche Leben.« Auch die Ärztin ist lieb mit ihr. Trotzdem hat Kristina Angst vor weißen Kitteln. Die Zwangssterilisation im Lager... Bei der gynäkologischen Untersuchung weint sie und legt sich ein Tuch über das Gesicht. Und mich fragt sie später: »Warum habe ich da unten so eine Schande?«

Im Juni kommt ein »Zuweisungsbescheid«, der die Asylsuchende umgehend in ein bayerisches Sammellager und von da über die jugoslawische Grenze befördern soll. Die neuen deutschen Freundinnen rotieren. Eine Psychiaterin bescheinigt Kristina Miler eine »schwere reaktive Depression«, typische »Folgeschäden nach der Konzentrationslagerhaft«. Angst. Depression. Schlaflosigkeit. Alpträume. »Foltertrauma«, nennen das die Experten oder auch »KZ-Syndrom«.

Auch der Amtsarzt bescheinigt Frau Miler eine »dauerhafte Reiseunfähigkeit«. Ihre »Duldung« wird bis zum 26. Januar 1992 verlängert. Der Arzt ist der Auffassung, daß gerade ihr ein weiteres Leben in einer Sammelunterkunft nicht zuzumuten ist. Er befürwortet für die KZ-Traumatisierte dringend eine eigene Wohnung statt Obdachlosenlager. Damit hat Kristina Miler zum erstenmal in ihrem Leben ein Recht: das Recht auf einen »Maklerschein« und Wohngeld. Fehlt nur noch die Wohnung... Und sie bekommt erst mal weiter die 450 DM Sozialhilfe im Monat. Kristina Miler hat eine kleine Chance. Allerdings – ohne ihre neuen Freundinnen wäre sie verloren.

Und Liza Jovanovic? Und die anderen 3498 von der Abschiebung bedrohten Roma und Sinti? Am 27. April 1940 ordnete Heinrich Himmler in einem geheimen Schnellbrief die Deportation von 2500 »Zigeunern« aus den nordwestlichen Grenzgebieten nach Polen an. Endstation KZ. Wollen Deutsche heute wieder die oft staatenlosen Sinti und Roma ins Ungewisse, ja vielleicht sogar in den Tod schicken? Wäre die Aufnahme dieser Menschen nicht –

nein, keine Gelegenheit zur »Wiedergutmachung«, denn die gibt es nicht, aber doch wenigstens ein ganz kleines Zeichen?

Liza Jovanovic wohnt auf demselben Gang wie Kristina Miler. Sie ist 24 Jahre alt, geschieden und hat einen fünfjährigen Sohn. Seit zehn Jahren ist sie in Deutschland, vorher war sie in Italien, in Jugoslawien ist sie nur zufällig geboren. Ihre Aufenthaltserlaubnis (»Beschränkt auf das Stadtgebiet Köln«) gilt nur noch für einen Monat. Dann soll die Staatenlose nach Jugoslawien abgeschoben werden. Liza spricht kein einziges Wort Serbokroatisch. In ihrem Paß stehen an der Stelle des Namens drei Kreuze. Liza ist krank, hilflos und verzweifelt.

Kristinas Freundinnen haben vor kurzem angefangen, ihr das Schreiben beizubringen. Stolz malt sie für mich ein K und ein M aufs Papier. »Ich will jetzt lesen und schreiben lernen!« sagt sie entschlossen. Wovon Kristina in ihren wachen Nächten träumt? »Von eine kleine Wohnung. Und eine ruhige Leben.« Sie ist erschöpft. Nein, noch nicht einmal in den sonst so geliebten Park will sie jetzt noch gehen. »Mein Herz tut mir weh«, sagt sie.

»Ich will hier sterben«, sagt Kristina Miler noch. Aber: »Ich will stolz sterben.«

September 1991

Der Golfkrieg: So geht das!

In den ersten 16 Tagen fliegen sie genau 44000 Bombereinsätze, jede Minute einen, flächendeckend, so wie damals in Vietnam, und zum Teil mit den gleichen Flugzeugtypen. Allein in der ersten Nacht fallen mehr Bomben auf Bagdad als auf Dresden im ganzen Zweiten Weltkrieg. Am 22. Tag legen sie die dritte Brücke über den Euphrat in Schutt und Asche – am hellichten Nachmittag und just in dem Moment, in dem dort die Männer auf dem Nachhauseweg sind, die Frauen einkaufen und die Kinder spielen. Allein diese Brücke begräbt Hunderte von Toten unter sich. Gegen Ende der dritten Kriegswoche sprechen Experten von mindestens 30000 Toten – die Verletzten, Hungernden und Heimatlosen, die verendeten Tiere und die zerstörte Natur nicht mitgezählt.

Und das ist erst der Anfang. »Abschneiden und vernichten«, so lautet die Parole von »Stormin Norman«, dem kriegführenden US-General Schwarzkopf. Nur drauf mit der westlichen Wunderwaffe auf den arabischen Untermenschen! Das macht Spaß. Mordsspaß.

Wie sie so war, die erste Bombennacht? »Phantastisch! Wie Weihnachten... Aber jetzt geh ich erst mal frühstücken und dann mach ich wieder meinen Job« (ein britischer Bomberpilot nach seinem ersten Einsatz über Bagdad). Was vom Feind zu halten ist? »Es ist so, wie wenn man nachts das Licht in der Küche anknipst: Die Kakerlagen fangen an zu rennen, und wir töten sie« (US-Luftwaffenkommandeur Dick White nach den ersten Luftangriffen auf die irakischen Bodentruppen). Und warum das alles? »Wir sind hier nicht nur wegen der Benzinpreise. Wir legen die Zukunft der Welt für die nächsten 100 Jahre fest« (US-Hauptfeldwebel J. Kendall).

So ist es, Colonal Kendall. Hier geht es nicht einfach um die Befreiung Kuwaits. Hier geht es um die Eroberung der Welt. Drei Lektionen sollen der Welt dabei eingebombt werden. Erstens: Die USA sind im nächsten Jahrhundert die Führungsmacht. Zweitens: Der Westen hält die Kontrolle über die arabischen Ölfelder. Drittens: Der weiße Mann bleibt der Größte.

Seit dem 17. Januar 1991 befinden wir uns im Dritten Weltkrieg. Gute Gründe dafür hat der Aggressor en masse.

Nach Auflösung der Ost-West-Blöcke, deren Satelliten die Dritte-Welt-Länder waren, gilt es, die Welt neu aufzuteilen. Der (ex)kommunistische Teufel hat seine Fratze abgelegt und versucht mitzufahren auf dem Karussell der ganz und gar freien Marktwirtschaft. Neue Feindbilder müssen her. Denn nur so kann die pathologisch patriarchalische Weltordnung weiterfunktionieren, die vom Oben und Unten, vom Wert und Unwert, vom Gut und Böse. Da bietet sich dem nordischen Herrenmenschen der südliche Bastard an: Schwarze, Asiaten und Araber. Letztere sind eh noch vom Stiefeltritt der weißen Kolonialherren gebeugt.

Und neue Märkte können auch nichts schaden. Am liebsten solche, die man erst für Milliarden aufrüstet, dann für Milliarden zerbombt und sodann für Milliarden wieder aufbaut (allein für den Wiederaufbau von Kuwait werden 90 Milliarden Dollar geschätzt – dreimal dürfen wir raten, wer daran verdienen wird...).

Der Konflikt entzündete sich nicht zufällig in einer Region der Dritten Welt, in der das meiste Öl gepumpt wird. Und er entzündete sich nicht zufällig an einer Nahtstelle: Hier prallen Norden und Süden aufeinander, Christen und Moslems, Abendland und Morgenland. Das ist in der Tat ein »Krieg der Kulturen«.

Bagdad ist eine Wiege der morgen- und der abendländischen Kultur. Hier erzählte einst Scheherazade 1001 Nacht lang dem mächtigen Harun al Raschid Geschichten, um ihren Kopf zu retten. Und hier reichte Eva Adam den Apfel. Der Irak, so will es die alttestamentarische Legende, ist das Gebiet, auf dem einst das Paradies lag.

Jetzt werden die Menschen dort ein zweites Mal vertrieben. Aber diesmal hat Gott offensichtlich nicht die Hand im Spiel. Diesmal sind es die Herren der Welt, die uns zeigen, wozu so ein echter Mann noch fähig ist. Und bevor sie in ihre mit Computern und Videokameras ausgerüsteten Cockpits steigen und aus ihren Spielchen blutiger Ernst wird, nehmen sie einen letzten Schluck Cola und machen sich im Wüstenzelt mit Porno-Videos scharf (diese Information sickerte durch, obwohl die Militärzensur sie gerne als zu »unangenehm« unterdrückt hätte).

Ansonsten hält es sich in Grenzen mit dem Sickern. Nicht nur das ZDF, dessen Chefredakteur Bresser noch am Tage vor dem Krieg live gestand, er habe »Angst«, ist längst zum Propagandasender der USA verkommen. Die Medien liefern uns seit Wochen einen sauberen Krieg. Das Fernsehen feiert Triumphe über das Kino. Kein Kriegsfilm ist so spannend, wie die Nachrichten von CNN es sind.

Alltäglich feiert der Männlichkeitswahn 24-Stunden-Orgien. Und die sich Bekriegenden stehen sich wenig nach in Sachen Selbstgerechtigkeit, Nationalismus und Blutrünstigkeit. Nur einen kleinen Unterschied gibt es da: Bush scheint stärker – darum hat auch er den Krieg gewollt. Und da Manipulation und Meinungsmache in diesem Punkt so extrem sind, lohnt es sich, kurz an die Vorgeschichte dieses Krieges zu erinnern.

Solange Saddam Hussein Krieg gegen den fundamentalistischen Iran führte (1980–1988), war er der Darling von Ost und West. Wie grausam der pseudosozialistische Militärdiktator dabei gegen seine Feinde drinnen und draußen vorging, daß er Oppositionelle folterte und Kurden wie Iraner mit Giftgas erstickte – das störte in all diesen Jahren nicht nur keinen, es galt sogar als förderungswürdig. Der Irak wurde von der Sowjetunion wie vom Westen aufgerüstet – zur viertstärksten Militärmacht der Welt! Allein in der Bundesrepublik kaufte Saddam Hussein im vergangenen Jahr Waren im Wert von über einer Milliarde DM – und die Bundesregierung übernahm dafür die Bürgschaft (was heißt, deutsche Steuerzahler sind dran).

Nach Beendigung des Iran-Krieges blieb der Irak hochverschuldet zurück. Aber die Gläubiger, darunter die Golfstaaten, drängten auf Zahlung. Am 25. Juli 1990 ließ Saddam bei der amerikanischen Botschaft in Bagdad vorfühlen, wie die USA wohl auf seinen Einmarsch in Kuwait reagieren würden. Die inzwischen vielzitierte Antwort der US-Botschafterin April Glaspie lautete: »Unsere Seite hat keine Meinung zu innerarabischen Konflikten.«

Damit war Saddam grünes Licht gegeben zur Besetzung seines Nachbarn, der ihm schon lange ein Dorn im Auge war, aus drei Gründen: weil Kuwait eigentlich, wie die Iraker meinen, zum Irak gehört (die Grenzen wurden 1921 von den Kolonialherren so gezogen, daß sie via Ölscheichs die Petrol-Kontrolle behielten). Weil Kuwait nun auch noch unter der Erde die auf irakischem Boden liegenden Ölfelder anzapfte. Und weil der Irak dick in der Kreide stand bei seinem reichen kleinen Bruder, dessen Bruttosozialprodukt das Achtfache, dessen Einwohnerzahl aber nur ein Achtel beträgt.

Am 2. August 1990 marschierte Saddam Hussein in Kuwait ein – und saß damit in der Falle. Denn ab jetzt gaben die USA ihm nicht mehr die geringste Chance zu einem Kompromiß. Sie waren, darauf deuten einfach alle Informationen, von Anfang an zum Krieg entschlossen! Daß sie so schlecht verhandelten, lag nicht etwa am Ungeschick der amerikanischen Diplomatie, sondern an der Absicht der Regierung. Die wußte nur zu gut, daß der von ihr geforderte demütigende totale Rückzug Saddams ohne jede amerikanische Konzession für den Araber einfach unmöglich war. Am 17. Januar eröffneten die Amerikaner ihren »Blitzkrieg«.

Zwölf Tage später hielt der Präsident eine denkwürdige Ansprache zur »Lage der Nation«. Bush wörtlich: »Heute abend trete ich vor dieses Haus und vor das amerikanische Volk mit einem Aufruf zur Erneuerung.« Denn »auf dem Spiel steht mehr als ein kleines Land, es ist eine große Idee, eine neue Weltordnung, in der unterschiedliche Nationen in einer gemeinsamen Sache zusammenstehen«. Unter Führung der USA, denen sich nur noch die Bush-Frage stellt: »Wer von unseren Bürgern wird uns in das nächste amerikanische Jahrhundert führen?«

Bürger Norman Schwarzkopf zum Beispiel. Er ist sozusagen schon familiär vorbelastet. Sein Vater, so berichtet »Time«, brachte als CIA-Mann den Vater des Schahs von Persien an die Macht und baute den folternden Polizeiapparat des letzten Schahs auf. Schon als zehnjähriger Militärkadett träumte Norman jr. davon, ein »zweiter Alexander der Große« zu werden und sein Vaterland in »die Schlacht aller Schlachten« zu führen. Gesagt, getan!

Ihm gegenüber steht ein Feldherr, der »die Mutter aller Schlachten« führt. Saddam Hussein nämlich war inzwischen auch nicht faul. Der einst »sozialistische« Staatschef hat sich neuerdings zu einem muslimischen Führer gemausert und offeriert sich den gedemütigten Arabern als Rächer gegen die verhaßten Imperialisten. Mit Erfolg. Die absolute Mehrheit aller Araber, Männer wie Frauen, steht heute hinter Saddam Hussein.

Dieser Mann, der für die überheblich-rassistischen Westler ein »Irrer«, ein »Satan«, ja sogar ein »zweiter Hitler« ist, ist für die verzweifelten Araber ein Held. Und das nicht nur in den Augen des verführten Volkes, sondern auch in denen der kritischen Intellektuellen.

Wenn also jetzt westliche Intellektuelle hergehen und das demagogische Bush-Wort vom »zweiten Hitler« unreflektiert übernehmen, so zeigt das nur, wie wenig auch sie gewillt sind, ihre privilegierte weiße Position zu hinterfragen und die Dinge einmal nicht nur mit eigenen Augen, sondern auch mit den Augen der anderen zu sehen. Den Medien scheint dieser Opportunismus nur willkommen, heißt es jetzt doch, sich distanzieren von der deutschen »Drückebergerei« und mitbrüllen im Chor der internationalen Kriegshetze.

Der »Spiegel« zum Beispiel war sich nicht zu blöd, einen Text von Hans Magnus Enzensberger als besonders »scharfsichtig und unbequem« zu präsentieren, in dem der Renommier-Intellektuelle das Phänomen Saddam Hussein dämonisierend »Hitlers Wiedergänger« und einen »Feind der Menschheit« nennt und in pseudopsychoanalytischen Kategorien über dessen »Todesenergie« spekuliert. Und in der »Zeit« durfte Wolf Biermann über zwei Seiten (und unter Berufung auf seinen jüdischen Vater) die Todesstrafe fordern für alle »Kriegsverbrecher« – nein, nein, nicht für Stormin' Norman, der ist ja auf der richtigen Seite, auf der Israels; nur für die anderen, versteht sich. Tod allen, die den »heiligen Krieg« führen; Heil allen, die unseren »gerechten Krieg« gewinnen.

Immerhin tröstlich, daß es außerhalb dieser Kreise mehr und mehr Deutsche gibt, die das so nicht mehr mitmachen wollen. Vor allem die Jungen (inklusive unserer so sympathisch »unmännlichen« Soldaten!) und die Frauen wollen diesen Krieg nicht! Sie erteilen der martialischen Kriegshetze der Konservativen und den intellektuellen Winkelzügen des 68er Establishments eine klare moralische Absage. Denn für sie, für uns gibt es keinen gerechten Krieg! Es gibt nur ungerechtfertigtes Leid!

Aber was ist mit Israel? Richtig, das ist ein Argument,das gerade uns Deutsche angeht. Schließlich ist die Existenz des jüdischen Staates nicht zuletzt Resultat der Ermordung sechs Millionen jüdischer Menschen, im Namen des Deutschtums. Nur dürfen wir gerade jetzt eines nicht vergessen: Wir Deutsche sind in bezug auf Israel Täter, die Araber jedoch sind Israels Opfer. Sie waren es, die einen Teil ihres Landes räumen mußten für die vor dem weltweiten Antisemitismus flüchtenden Juden.

Nicht nur darum wäre es von Anfang an klug gewesen, den Judenstaat auf die Koexistenz mit den dort lebenden Arabern aufzubauen. Viele Israelis und Juden in aller Welt haben das so gewollt (und wollen es noch). Leider aber haben die Falken auch in Israel gesiegt. Seit langem hat Israel eine Rechtsaußen-Regierung, die täglich neues Öl auf den lodernden Haß der Araber gießt. Sollte die Existenz Israels darum eines Tages wirklich gefährdet sein – was schrecklich wäre! –, so wäre das vor allem diesen Falken, den Schamirs, den Bushs und den Schwarzkopfs zu verdanken.

Und: Israel ist nicht nur Zuflucht und Heimat für Juden. Israel war und ist auch ein Vorposten des Westens in der arabischen Welt. Ist das der Grund, warum das mehrfache Angebot von Saddam Hussein im Frühling 1990 – alle nichtkonventionellen Waffen abzurüsten, wenn Israel ein gleiches tut – einfach überhört wurde? Als Vorposten wird Israel weiter unter dem Vorwand eines bigotten Prosemitismus hochgerüstet, bis zur Atombombe.

»Die Welt steht hinter uns«, verkündete Bush an dem Tag, an dem er den Krieg erklärte. Welche Welt steht hinter Bush? Die der Milliarde Moslems (ein Fünftel der Weltbevölkerung – davon allein in der Sowjetunion 50 Millionen)? Die der Milliarden Schwarzen, Asiaten und Südamerikaner? Wer ist hier »wir«? Und wer sind »die anderen«?

Einer steht zwischen allen Fronten: Das ist König Hussein von Jordanien. Im Würgegriff der Mächte richtete er am 20. Kriegstag einen dramatischen Appell an die westliche Welt: Sie könne die Schlacht zwar gewinnen, würde jedoch dafür »die ganze arabische Welt verlieren«. Der mit einer Amerikanerin verheiratete König beschwörend: »Dies ist ein Krieg gegen alle Araber und Moslems und nicht nur gegen den Irak. Die Alternative zu einem Waffenstillstand ist der Untergang der Araber und Moslems, ihre Erniedrigung, ihre Ausbeutung, das Zertreten ihrer Ehre, ihres Stolzes und ihrer legitimen Hoffnungen.« Die Antwort erfolgte noch in derselben Nacht: Tausende von Bombenangriffen, gelenkt von den USA und den alten Kolonialmächten Großbritannien und Frankreich.

In ihrem letzten Krieg gegen die Araber (1954–1962) ermordeten die französischen Kolonialherren eine Million von zehn Millionen Algeriern – die Gefolterten und Vergewaltigten nicht mitgezählt. Das ist noch nicht einmal 30 Jahre her. Minister der damaligen Regierungen war ein gewisser François Mitterrand. Just der Mitterrand, der gerade seinen Verteidigungsminister entließ, weil der gegen den Golfkrieg war (und fand, daß der Krieg auch gegen den UNO-Beschluß verstößt). Es ist also so weit nicht hergeholt, wenn Algerier jetzt wieder auf die Straße gehen mit dem Slogan: »Mitterrand – assassin!« (Mörder).

Im Golfkrieg fließen die beiden großen Ströme der Menschenverachtung zusammen: Rassismus und Sexismus. Beide haben dieselbe Quelle, beide funktionieren nach denselben Mustern: Indem ein Mensch sich über den anderen erhebt, sich zum Mittelpunkt der Welt, zum Maß aller Dinge macht – und sein Gegenüber als »das andere« definiert, als minderwertig, als Untermensch.

Die Lage der Frauen in den islamischen, zum Fundamentalismus neigenden Ländern war schon vor Beginn des Krieges dramatisch. Jetzt aber werden die gedemütigten Moslems ihren Haß noch mehr auf den eigenen Frauen abladen – und auch das ist mit die Schuld der weißen Herren.

Dem gilt es – mehr denn je – die universale Forderung entgegenzusetzen: Alle Menschen sind gleich! Schwarze wie Weiße, Juden wie Araber, Frauen wie Männer.

Aber noch sind wir ungleich. Und heute ungleicher als vor dem 17. Januar! Und darum ist auch das rasche »Wir« der weltweiten Sisterhood-Kampagne nicht immer angebracht, ja manchmal sogar verschleiernd. Denn der Kampf gegen den Sexismus muß eindeutig Hand in Hand gehen mit dem Kampf gegen den Rassismus – und umgekehrt.

12. Februar 1991

Outing ist Vergewaltigung

Vor einigen Monaten schrieb EMMA über eine deutsche Künstlerin, die als engagierte Antifaschistin und Jüdin 1939 ins Ausland emigriert und seither auch nicht zurückgekehrt war. Ich kenne sie seit langem, doch als ich sie jüngst wiedersah, war sie kühl, ja regelrecht ablehnend mit mir. Ich wunderte mich, fragte, insistierte – und dann kam es heraus: Wie ich es wagen könne, sie in EMMA als »Jüdin« zu bezeichnen! Ja, aber... Unerhört sei das, ihre Familie habe schließlich seit Generationen in Berlin gelebt! Ja, aber... Was ich eigentlich damit sagen wolle? Ob demnächst wieder der gelbe Stern in Deutschland eingeführt würde! Nein, aber...

Es fiel mir schwer, ihr klarzumachen – besser: sie zumindest ahnen zu lassen –, daß mir nichts ferner lag als ihre Denunzierung. Ich hatte lediglich etwas über ihre bitteren Erfahrungen und ihre guten Gründe mitteilen wollen, im Ausland zu bleiben. Zu spät. Ich hatte ihr damit das stigmatisierende Etikett angeheftet – so wie vorher nur ihre Feinde.

Ob ein Mensch eine Frau ist oder ein Mann, ob proletarisch oder bürgerlich, ob jüdisch oder christlich, homosexuell oder heterosexuell, unehelich oder aus »normalen« Verhältnissen – all das prägt und bestimmt sein Leben in einer Rassen-/Klassen-/Männer-Gesellschaft. Es verdient also Beachtung. Bei historischen Personen ist darum die Herausarbeitung dieser Faktoren eine Selbstverständlichkeit. Nur, wie ist das bei den Lebenden? Darf auch da alles gesagt werden? Selbst ohne Einverständnis der Betroffenen? Und wenn ja, wer entscheidet das und nach welchen Kriterien?

Outing – unter diesem Schlagwort wird neuerdings das erzwungene »Rauskommen« bisher versteckt lebender Homosexueller diskutiert. Erzwungen nicht etwa von hoffärtigen Heterosexuellen, sondern von den diskriminierten Homosexuellen selbst.

Angefangen hat es, wie so vieles, in Amerika. Da titelte die Homosexuellen-Zeitschrift »Outweek« mit dem »heimlichen schwulen Leben« des jüngst verstorbenen Verleger-Moguls Malcolm Forbes. Hier war die von den Medien breitgetretene Sedlmayr-Affäre der Auslöser. Namen wurden in Deutschland bisher noch keine genannt, aber auch schon Berufsbezeichnungen, die zum Teil so rar sind, daß den Spekulationen freier Lauf gegeben ist. In den USA sind längst auch Namen dran, und die Medien ziehen prompt lüstern nach. Wenn die Schwulen selber es tun, dann wird's ja wohl erlaubt sein...

Schon 1987 riefen Schwulengruppen in den USA auf einem »Nationalen Kriegskongreß« zur »Mobilmachung« auf. Wohl vor allem die Verzweiflung der anonym an Aids Krepierenden trug zur Radikalisierung bei. Die Wut auf die Überlebenden, die ihre Homosexualität kaschieren und damit auch noch Erfolg haben, steigt. Die sollen endlich bekennen! Und wenn sie nicht wollen, sollen ihnen Beine gemacht werden – von ihren eigenen Leuten.

Elmar Kraushaar, der im »Spiegel« über die Outing-Kampagne berichtete (»Das unwürdige Spiel mit der Lüge«), zögerte, klar Stellung zu beziehen in dieser »heiklen Angelegenheit«. Aber er schien doch geneigt, an die »ehrenwerten Motive« der Outing-Befürworter zu glauben. Vom Fehlen der »Vorbilder« für homosexuelle Jugendliche ist da die Rede und vom ermutigenden Beispiel der Martina Navratilova.

Der Tennisstar ging, als die Denunzierung begann, in die Offensive und tritt heute offen, stolz und unbehelligt mit ihrer Lebensgefährtin auf. Doch Navratilova entschied sich selbst dafür – sie wußte, daß sie die Kraft hat, es durchzustehen.

Aber können Menschen zur Einsicht gezwungen werden? Und wenn überhaupt – wer bitte hätte dann das Recht, es zu tun? Und wie edel wären die Motive dafür wirklich? Spielt im Fall des Outings gerade für Prominente nicht auch Neid eine Rolle? Und vielleicht sogar Selbsthaß, der die so lange Gedemütigten ausgerechnet gegen die eigenen Leute vorgehen läßt? Selbstgerechtigkeit ist auf jeden Fall im Spiel. Und wie unerbittlich gerade diejenigen, die für eine gerechte Sache zu handeln glauben, sein können – das wissen wir Deutschen aus unserer jüngeren und jüngsten Geschichte nur zu gut.

Darf also im Namen der »guten Sache« ein Homosexueller, der nicht will, zum Bekennen gezwungen werden? Und was soll eigentlich dabei herauskommen? Homosexuelle, die andere ermutigen? Lesben und Schwule, auf die Jugendliche, die sich nicht so recht trauen, stolz sein können? – Sicher nicht. Die so Genötigten werden eher Menschen sein, die sich kläglich winden, die Ausreden suchen, um Verzeihung bitten, jammern. Es stimmt nicht; es war doch nur ein Fehltritt, nur eine Jugendsünde...

Outing bringt also nichts, worauf wir stolz sein könnten. Im Gegenteil: Die von erzwungenen Geständnissen in die Enge getriebenen Menschen hätten in sich (noch?) gar nicht die Kraft, etwas so Herausforderndes erhobenen Hauptes zu vertreten. Sie würden um Gnade flehen und so zum Bumerang werden gegen das Recht auf Homosexualität.

Homosexualität sollte ein Menschenrecht sein. Aber es ist noch keines. Homosexuelle, die sich nicht wehren können, werden in dieser heterosexuellen Welt noch immer diffamiert und fertiggemacht. Dennoch wagen es allein in Deutschland heute Millionen Frauen und Männer, »so« zu sein. Und sie tun es auf sehr vielfältige, ihnen als Person jeweils gemäße Weise. Wohl nur einige zehntausend leben ganz offen. Die Mehrheit ist eingeschüchtert – mit Grund. Wer hat da das Recht, auch noch zuzuschlagen? Geächtete Homosexuelle wagen ihr Leben oft mit stärksten Einschränkungen. Ihr Preis ist hoch.

In der tiefsten Nacht befinden sich allemal diejenigen, die ihre homosexuellen Sehnsüchte noch nicht einmal sich selbst eingestehen: Die Folgen sind nicht selten Homophobien, der Haß also auf alle, die es dennoch wagen.

Ziemlich im Dustern hocken auch die, die es tun, aber ein Doppelleben führen: Offiziell sind sie nicht selten sogar verheiratet und haben Kinder, heimlich aber schleichen sie sich in den Sub oder in die Parks. Ein kleiner Lichtstrahl fällt in das Leben derjenigen, die es leben, aber außerhalb ihrer Intimsphäre noch nicht einmal aussprechen: Die meisten Menschen in ihrer Umgebung ahnen es, aber niemand sagt ein Wort. Und dieses Schweigen kann tödlich sein.

Und dann sind da die, die es nur ausgewählten Vertrauten gestehen: der besten Freundin, den Nachbarn – aber Muttern oder die Kollegen wissen von nichts; oder aber der neue Wohnort, zum Beispiel die Kreuzberger Szene, ist voll auf dem laufenden, aber im heimischen Schwabenland wird nur gequält gelächelt bei den obligatorischen Fragen nach dem Verlobten... Ins volle Licht stellt sich die Minderheit, die nichts versteckt und geradeaus antwortet, wenn sie gefragt wird. Sie hat den Mut und die Kraft dazu, und das ist gut so! Noch darüber hinaus gehen die offensiv Bekennenden, die ihre Existenz gegen die Norm unübersehbar demonstrieren wollen.

Vor allem die letzteren haben in den letzten 20 Jahren viel bewegt. Ohne Frauen- und Schwulenbewegung wäre so manche/r Ex-Heterosexuelle noch immer nicht darauf gekommen und hätte noch mehr homosexuelle Alpträume. Denn wir leben, trotz Liberalisierung, noch immer in einer Welt, in der Homosexualität bestenfalls gnädig gestattet wird, aber keinesfalls ein Recht ist. Die

ÖTV sah sich jüngst sogar veranlaßt, für eine gesetzliche Verankerung des Verbots der beruflichen Diskriminierung Homosexueller zu plädieren. Die meisten Ächtungen aber sind mit dem Gesetz gar nicht zu fassen. Da sind die schiefguckenden Nachbarn, die enterbenden Eltern, die schweigend auf Abstand gehenden Freunde und die pöbelnden Typen.

Auch sieht es keineswegs so aus, als wären wir am Ende dieses 20. Jahrhunderts auf dem direkten Weg zur Gesellschaftsfähigkeit der Homosexualität. Der Papst ging schon vor Jahren in die Gegenoffensive: In den Augen der Vatikan-Fundis sind längst nicht mehr nur, wie einst, homosexuelle Taten Sünde, sondern neuerdings schon homosexuelle Gedanken des Teufels.

Die Angst der Homosexuellen vor der Entdeckung hat also sehr reale Motive. Es gibt schließlich Gründe genug zur Verunsicherung. Und dann ist da auch noch die Scham, diese im tiefsten Inneren empfundene »Schande«. Ich rede von der verinnerlichten Entwertung, die sowohl in der totalen Selbstverleugnung als auch durch ein besonders laut tönendes Coming-out überdeckt werden kann.

Nur ein Mensch hat darum das Recht, eine versteckt lebende Lesbe, einen versteckt lebenden Schwulen »raus« zu zwingen – die/der Betroffene selbst. All die anderen, denen es angeblich nicht schnell genug geht, müssen zur Veränderung der Verhältnisse beitragen und damit Bedingungen schaffen, die immer mehr Homosexuellen die Ängste vor ihrer Wahrheit nehmen – und sie selbst irgendwann den Schritt tun lassen.

Vor 1945 landeten offen Homosexuelle in unserem Land im KZ – etliche davon leben noch, und in den Jüngeren existiert diese Angst weiter. Darum wurde der »rosa Winkel«, einst diskriminierendes Stigma, für die neue Schwulenbewegung zum trotzig offensiven Selbstbekennungszeichen. Je mehr ihn sich selbst anheften, um so klarer wird, wie wenig es sich hier um eine »Minderheit« handelt. Nur: Ins Unrecht setzen sich all diejenigen, die Dritten das Zeichen aufzwingen wollen.

Spätestens seit der Reform des § 175 im Jahre 1969 gehörte es zu den Spielregeln der Medien, Homosexuelle nicht öffentlich zu denunzieren. Aber jetzt hat auch hierzulande die etablierte Presse die neue Hemmungslosigkeit rasch aufgegriffen. Es blieb allerdings den alternativen Medien, à la »taz« und »Pflasterstrand«, vorbehalten, schon vor Jahren schnodderig die ersten Schritte zu tun – selbstverständlich über die Betroffenen hinweg.

Das Denunzieren homosexueller Frauen und Männer war in den letzten zehn, 15 Jahren nicht mehr ganz so gesellschaftsfähig – soll es das jetzt wieder werden? Soll ausgerechnet im Namen der von Homosexuellen erkämpften Freiheit nun das Feuer auf Homosexuelle eröffnet werden? Und wer hat dann den Finger am Abzug – die Edlen? Und wer ist dann im Visier – die Unwerten? Und das alles im Namen der guten Sache?

Nein. Sagen wir es ganz klar: Wer das Outing erzwingt, denunziert und vergewaltigt Menschen. Gegen ihren Willen. Und dazu hat niemand das Recht. Schon gar nicht im Namen der Gerechtigkeit.

November 1990

Wir – die zweite Generation der (Nicht-)Jüdinnen

Habe ich, Alice Schwarzer, geboren 1942 als Kind einer nichtjüdischen Familie, Angst vor dem Antisemitismus? Nein. Ich bin empört darüber. Ist meine jüdische Freundin empört über den Antisemitismus? Nein. Sie hat Angst davor. Ist das ein Unterschied? Ja, ein gewaltiger.

Auschwitz lebt. In uns beiden. In den überlebenden Opfern und Tätern. Und in deren Kindern und Kindeskindern. Das Verhältnis zwischen Juden und nichtjüdischen Deutschen ist darum nicht »normalisierbar«. Denn die Vergangenheit ist keine. Sie ist Gegenwart.

Nur eine Minderheit der nichtjüdischen Deutschen ist heute, 50 Jahre nach der »Kristallnacht« und 43 Jahre nach Auschwitz, wirklich frei vom Antisemitismus (und seinem Pendant: dem Prosemitismus). Und nur eine Minderheit dieser Minderheit distanziert sich offensiv davon. Antisemitismus scheint kein dringliches Thema.

Bestenfalls ist die Absage an den Antisemitismus für Nichtjuden eine Frage von Einsicht und Anstand. Für Juden aber ist sie eine Frage von Leben und Tod. Und genau das unterscheidet uns: uns deutsche Nichtjuden und uns deutsche Juden.

Reden wir nicht von dem in weiten Teilen der Welt heute wieder aggressiv aufflammenden Antisemitismus, der Juden verschiedenster Nationen und Kulturen wieder und immer noch vertreibt: Nach Israel oder sogar, makabrerweise, in die Bundesrepublik. Reden wir von uns und den Jüdinnen und Juden, die mit uns leben.

1988 sind sie keine halbe Million mehr, so wie noch 1938, es sind 50 000 bis 60 000 – darunter nur knappe 10 000 deutscher Herkunft (also nicht mehr als zwei Prozent der früheren Anzahl). Und wer sind sie? Es sind die Überlebenden aus den Konzentrationslagern, die Zurückgekehrten aus dem Exil, deren Kinder und Kindeskinder.

Die, die dem Inferno entkommen sind, sind heute etwa 60 Jahre und älter. Eine polnische Untersuchung zeigt, daß von 100 Ex-KZ-Häftlingen 97 an mindestens zwei schweren chronischen körperlichen Krankheiten leiden und invalid sind. Sie haben überlebt. Aber sie haben das Getto des Nichtvergessenkönnens nie verlassen. Für die meisten unter ihnen ist seit über 40 Jahren der Tag unwirklicher Traum und die Nacht Realität. Nacht für Nacht kehren sie ins Lager zurück. In Todesschrecken wachen sie auf an der Tür zur Gaskammer – und liegen wach, aus Angst, wieder einzuschlafen.

Nur ganz wenige dieser Überlebenden sind nach Deutschland zurückgekommen. Viele gingen nach Israel oder blieben im Exil. Diese wenigen leben heute in jüdischen Altersheimen in Frankfurt oder Düsseldorf zum Beispiel, oder in der Wohnung nebenan.

Die Mehrheit der Jüdinnen und Juden in der Bundesrepublik sind heute Angehörige der sogenannten zweiten Generation. Das heißt der Generation, die in den Jahren nach der Ermordung der sechs Millionen Juden von den Überlebenden geboren wurden.

Sie haben Mütter, denen über Jahre jegliche Menschlichkeit abgesprochen wurde, die seelisch und körperlich zerstört sind. Sie haben Mütter, die ihre ganze Kraft aufbringen mußten, um überhaupt den Mut zum Weiterleben zu finden. Sie haben Mütter und Väter, die ihre ganze Hoffnung auf das Leben ihrer Kinder setzten. Mütter und Väter, die schweigen. – Wie auch hätten sie das Unsagbare sagen sollen?

Wir wissen heute, was wir uns auch ohne die Untersuchungen der Psychologen und Mediziner hätten denken können: Diese Kinder der Überlebenden sind selbst zutiefst geprägt vom Trauma ihrer Eltern. Da reden wir in diesen psychologiebewußten Zeiten permanent darüber, wie wir von Mutter oder Vater geprägt sind – nur in bezug auf die Kinder der Juden stellt sich niemand die Frage nach der seelischen Hypothek...

Auschwitz lebt. Nicht nur in den Seelen und Körpern der Überlebenden. Auch im Bewußtsein ihrer Kinder und Kindeskinder, geboren auf verbrannter Erde. Die seelische Zerstörung durch die Faschisten setzt sich in den Kindern der Opfer fort.

Der Krakauer Psychiater Zdzisław Ryn berichtet von Untersuchungen, die beweisen, daß Kinder ehemaliger KZ-Häftlinge besonders häufig an schweren Persönlichkeitsstörungen und starken Selbstzweifeln leiden, daß sie häufig sozial und beruflich unintegrierbar sind und zu Selbstmord neigen. Allerjüngste polnische Untersuchungen (nicht deutsche!) brachten selbst für Experten eine Überraschung: Die Töchter der Überlebenden sind signifikant häufiger steril – körperliche Ursachen dafür konnten bisher nicht gefunden werden.

Auch ohne Wort teilte sich die Verzweiflung jüdischer Mütter und Väter mit, nur mühsam übertüncht von der Sehnsucht, endlich zu leben. Dieses Schweigen, drinnen wie draußen – ab und zu unterbrochen vom subtilen oder, neuerdings wieder, kruden Antisemitismus – das ist vielleicht das Schlimmste. Wir alle haben zu lange geschwiegen.

Die »Herrenrasse« hat ganze Arbeit geleistet. Die wenigen, die überlebten, hatten Glück. Die meisten ihrer Folterer und Mörder auch. Sie machten sich an den Wiederaufbau. Und die mit »der Gnade der späten Geburt«? Haben sie mit all dem nichts mehr zu tun?

Ich persönlich habe das Glück (nicht das Verdienst), aus einer antifaschistischen Familie zu kommen. Sehr selbstverständlich wurde von Anfang an über alles geredet: über die Verblendung und die Verbrechen der Nazis, über die Verfolgung von Juden und Andersdenkenden.

Ich komme nicht aus einer Familie, die politisch organisierten Widerstand geleistet hat. Eher war es private Renitenz. Aber ich erinnere mich gut, daß ich schon als Kind stolz darauf war, daß meine 1,50 Meter kleine Großmutter vorbeiging an den Schildern »Kauf nicht bei Juden«, rein in ihre Stammläden, jetzt extra!, und sich dafür von den Nazis ohrfeigen ließ; daß sie, die später nur ungern vor neun Uhr aufstand, jahrelang jeden Morgen um sechs den einige Straßen weiter vorbeiziehenden Zwangsarbeitern Brötchen zuwarf; daß sie nicht einmal in ihrem Leben »Heil Hitler« gesagt hatte (und statt dessen bei jeder Begrüßung »Hustenanfälle« bekam).

Meine Familie hörte jahrelang den verbotenen englischen »Feindsender« und fieberte dem Tag der »Befreiung« entgegen. Ich wurde als Kind gründlich aufgeklärt über das, was in den KZs geschehen war – aber auch bei uns zu Hause fragte sich niemand: Wo sind sie denn heute, die Juden? Dennoch: Die »bleierne Zeit« war der Auslöser der Politisierung meiner Generation, die Zelle unserer ersten Empörung: Das also konnte passieren, wenn Menschen sich über Menschen erheben – und auch noch die Macht auf ihrer Seite haben.

Die »Judenfrage« war mir früher bewußt als die »Frauenfrage«. Mit zunehmender Politisierung begriff ich die internationalen Dimensionen des Faschismus, der, leider, kein deutsches Patent ist. Mit zunehmendem Feminismus erkannte ich die Parallelen zwischen Antisemitismus und Sexismus. Nicht zuletzt, weil ich zu der Zeit in Frankreich lebte, wo Jüdinnen in der neuen Frauenbewegung von Anfang an eine wichtige Rolle spielten und auch selbst auf diese ihre doppelte Betroffenheit hinwiesen.

Erst der Sexismus macht die Frau zur Frau. Und erst der Antisemitismus macht den Juden zum Juden (»Jude ist, wen Hitler dazu erklärt hat«). Ohne den Sexismus würde es für ein Leben keine entscheidende Rolle spielen, ob ein Mensch weiblich ist oder männlich. Und ohne den Antisemitismus wären Juden ganz einfach die Nachbarn von nebenan... Nur gläubige Juden würden sich noch leicht unterscheiden – ohne aber deswegen der »andere«, der »Fremde«, der »Mindere«, kurzum: der Jude zu sein.

In der zweiten Hälfte des 19. Jahrhunderts und im beginnenden 20. Jahrhundert glaubten sie sich schon so weit, die »emanzipierten« Juden. Sie zogen raus aus den Gettos und kämpften im Ersten Weltkrieg Seite an Seite mit den »Goij« für das gemeinsame Vaterland. Sie verstanden sich nicht länger als Juden, sie waren Deutsche.

Der Antisemitismus der Mehrheit holte diese zu früh emanzipierte Minderheit grausam wieder ein. Nach Shoah ist Jüdischsein nun auf Generationen wieder »Schicksal«. Und es sind nicht die Verfolgungen der Vergangenheit, es ist auch die antisemitische Gegenwart. Bleiern liegt sie auf dem Leben von Kindern und Kindeskindern.

Lange hat es gedauert, sehr lange, bis die zweite Generation zu reden begann. In einem Land, in dem schon das Wort »Jude« tabu ist (und wo selbst Juden, die in ihrem Leben Israel noch nicht gesehen haben, »Israelis« genannt werden), ist es auch heute nicht leicht zu sagen: Ich bin Jude. Ich bin Jüdin.

Wie beschämend für uns, für die Kinder der Täter, daß sie es sind, die Kinder der Opfer, die anfangen zu reden.

»Das Schweigen über Krieg und Konzentrationslager, gerade das Schweigen auf deutscher Seite, war kein leeres Schweigen«, tröstete der Pole Zdzislaw Ryn, selbst Kind Überlebender, jüngst seine deutschen ZuhörerInnen auf einer Hamburger Veranstaltung. »Es war eine Phase des Heranreifens zum Sprechen, zur Suche nach Wahrheit und zum Aussprechen dieser Wahrheit – wie das Schweigen in der Psychotherapie, das notwendig und folgenschwanger ist.«

Bleibt nur die Hoffnung, daß er recht hat.

November 1988

Frauen & Parteien

Der Fall Schwaetzer – ein Lehrstück

Sie lächelt wieder. Sie hat's, so die Sieger jovial, »toll weggesteckt« und macht »einen gefaßten Eindruck«. Es bleibt ihr ja auch nichts anderes übrig – zumindest, solange sie in dem Lande weitermacht. Eines allerdings fällt auf: Sie hat sich die Haare abschneiden lassen. Und die Brille gewechselt. Möchte sie eine andere sein? Ist die alte Irmgard Schwaetzer zu erniedrigt, um sich noch vor die Türe zu wagen? Will es jetzt eine neue noch einmal versuchen?

Mit dem Fall Schwaetzer hat nun auch die dritte große Partei ihre Spitzenfrau in Bonn öffentlich hingerichtet (von Grünen gar nicht zu reden – das »Feminat« ist längst Legende und Vergangenheit, das Sagen haben die Männer).

Der Fall Schwaetzer ist ein Lehrstück für alle Frauen – und genauso ist er von den Herren auch gemeint. Christdemokratin Süssmuth, beliebter als ihr Kanzler, wurde in Scheiben abgetragen: statt zu regieren darf die CDU-Emanze heute nur noch lächeln. Sozialdemokratin Däubler-Gmelin, tüchtiger als Pfeife Klose, wurde aus dem Hinterhalt gefällt: Jetzt wartet die Disziplinierte mit zusammengebissenen Zähnen auf Kloses Versagen, um dann den Parteivorsitz übernehmen zu dürfen.

Beiden wurde übel mitgespielt, aber keine so vorgeführt wie die Liberale Schwaetzer. Zwei Tage lang spielten die Herren Katz und Maus mit ihr – bis Irmgard Schwaetzer in Tränen zurückblieb. Mit Grund. Noch nie ist eine Spitzenpolitikerin in Bonn öffentlich so gedemütigt worden wie sie.

Warum? Die so unverhüllt Selbstbewußte – Nesthäkchen nach vier Brüdern – ließ sich auch in zwölf Jahren Bonn von den Männerbanden nicht Kopf und Herz auseinanderreißen. Genau das machte sie zu einer besonders starken Frau in den Chefetagen der Parteien – und damit auch zur härtesten Konkurrenz für die Männer.

Bis zum 27. April. Der Tag, an dem die Wohnungsbauministerin vom Präsidium ihrer Partei als neue Außenministerin ausgerufen wird. Im Präsidium allen voran Parteivorsitzender Lambsdorff und Noch-Außenminister Genscher. Mit von der Partie Kinkel und Möllemann. Kohl nickt dazu. Minuten später geht die Meldung weltweit über die Ticker: Deutschland hat die erste Außenministerin der Welt.

Zu früh gefreut, Frauen. 24 Stunden später teilen sich Kinkel, der Schwabe aus der Retorte, und Möllemann, der Halbseidene aus Westfalen, die FDP-Spitzenpfründe: das Außenministerium und den Parteivorsitz. Was dem Volk als demokratische Basis-Revolte verkauft wird, ist in Wahrheit ein Machtkampf zwischen Paten und Söhnen.

Sicher, auch Männer schonen sich wenig. Aber die gehen anschließend zusammen einen trinken und schieben sich die Pöstchen zu. Frauen haben in dieser Männerwirtschaft nichts zu suchen. Sie werden verheizt, so wie Frau Schwaetzer.

Dabei konnte die Partei sich immer auf die resolute Ex-Pharmazeutin und strahlend Neuverliebte verlassen: Bei der Wende 1982 blieb sie als einzige Spitzenfrau der Genscher-Partei treu. Und beim § 218 war sie zwar spürbar engagiert, aber auch taktisch berechnend: Auch da ging ihr die Partei über alles. Seit Jahren rangiert sie darum ganz oben – und mußte genau darum jetzt ganz runter.

Es ist bitter, aber leider wahr: Seit dem 28. April 1992 ist Irmgard Schwaetzer erledigt. Jemand, der so erniedrigt wurde, hat keinen Glanz mehr. Auch sie wird sich ab jetzt mit dem zweiten Rang begnügen müssen und 1993 vermutlich vergebens nach der Lambsdorff-Nachfolge im Parteivorsitz streben. Eine Niederlage für alle Frauen!

Und wenn Irmgard Schwaetzer gegangen wäre? Mit erhobenem Haupte! Hätte sie mit einem konsequenten Rücktritt nicht allen Frauen Mut gemacht? Mut, sich nicht alles gefallen zu lassen! Und würden nicht auch die Politiker sich dann in Zukunft genauer überlegen, ob sie es sich erlauben können, ihre wenigen Frauen auch noch kaputt zu machen (schließlich wollen sie ja von Frauen noch gewählt werden)? Ich meine, die Politikerinnen sollten mehr auf ihre Lobby setzen: nämlich die Wählerinnen!

Früher hieß es gerne: Frauen interessieren sich nicht für Politik.

Seit Beginn der neuen Frauenbewegung, seit Anfang der 70er also, interessieren immer mehr Frauen sich für Politik. Sogar für Partei-Politik. Nie traten so viele Frauen in die Parteien ein wie in den letzten zehn, 20 Jahren. Und auch Irmgard Schwaetzer ist wohl nicht zufällig 1975 (im Jahr der Frau!) FDP-Mitglied geworden.

Seither haben die Frauen in den Parteien hart geackert. Und gehofft. Und geglaubt. An das Gerede von den Quoten und Partnerschaft. – Ist das die Antwort?

Eines ist klar: Solange Frauen so etwas hinnehmen, solange sie lächeln, wenn sie geohrfeigt werden – so lange lachen sich die Jungs weiter ins Fäustchen. Denn die können sich offensichtlich noch immer alles erlauben mit den Frauen. Zumindest in Bonn.

Juni 1992

Politikerinnen: Immer nur lächeln

Sie behandeln die Frauen in Bonn wie ihre Frauen zu Hause. Die Männer. Sie kommandieren sie ran und schicken sie weg, ganz wie es beliebt. Und die Frauen? Die benehmen sich auch wie zu Hause. Sie beraten hinter verschlossener Tür, zerdrücken daselbst ein Tränchen und ballen auch mal die Faust. Draußen aber lächeln sie. Sie lächeln, lächeln, lächeln. Und wenn es hoch kommt, deuten sie an, es sei ihnen »schwergefallen«, sie seien »etwas bitter«, ja, »Unmut« komme auf. Und dann lächeln sie wieder.

Die Lieblingskarikatur über die CDU/CSU-Frauen in der Presse war in diesen Wochen die Frau mit der Nudelrolle. Durchaus treffend. Scharfschießende Heckenschützen gegen Frauen mit der Nudelrolle – das kann ja nur blutig ausgehen.

Dabei hatten die 19 Christdemokratinnen im Bonner Parlament sich diesmal, für ihre Verhältnisse, sogar reichlich forsch verhalten. Zum erstenmal hatten sie es gewagt, ihrem allmächtigen Kanzler eine eigene Kandidatin für die Süssmuth-Nachfolge vorzuschlagen. Allerdings: Was für eine... Übereifrig kompromißbereit, präsentierten sie die 61jährige, als »sehr konservativ« bekannte Roswitha Verhülsdonk. Ein blasser, halbherziger Vorschlag, der es dem Kanzler vermutlich nur leichter gemacht hat, nach eigenem Gutdünken zu verfahren.

Dies tat er denn auch, der Kanzler, und das, wie zunehmend gewohnt, à la Sonnenkönig. Nicht genug damit, daß er die Anregung der Frauen völlig ignorierte. Auch nicht genug damit, daß er die dringliche Bitte, diesmal doch eine Frau aus der eigenen Fraktion zu nehmen und nicht schon wieder eine Seiteneinsteigerin, kommentarlos vom Tisch wischte: Er setzte noch einen drauf: Die Wahl der Süssmuth-Nachfolgerin, Prof. Ursula Lehr aus Heidelberg, entnahmem die Christdemokratinnen nicht etwa dem Munde ihres Kanzlers, sondern – der Presse.

Klar wird: Hier geht es nicht nur um die uneingeschränkte Machtpolitik der Herren. Hier geht es auch um die ungehemmte Demütigung der Damen. Auf dem sogenannten »Frauen-Parteitag« der CDU 1985 wurde der Slogan »Partnerschaft 2000« lanciert. Die CDU-Regierung 1988 gibt die Antwort, und die lautet: Verachtung, nichts als Verachtung.

Denn auch das ist im Leben nicht anders als im Parlament: Die eigenen Frauen findet diese Art von Männern allemal nicht der Rede wert. Wenn schon, dann bandeln sie lieber mit einer Neuen an. Und so wenig gegen die Neue als Mensch zu sprechen scheint, so wenig spricht für die Psychologie-Professorin als Politikerin oder gar Ministerin. Sie hat null Erfahrung in der aktiven Politik, und das Leiten eines Ministeriums lernt man wohl auch nicht gerade auf einem Lehrstuhl für Gerontologie (Altersforschung – das Spezialgebiet der neuen Familienministerin).

Außerdem war es gerade das, was die Männermafia der Medien und der Politik Rita Süssmuth zunehmend vorgeworfen hatte (zunehmend mit ihrer zunehmenden Beliebtheit): Sie sei eben doch in erster Linie Wissenschaftlerin und keine Politikerin. Sie mache sich ja ganz gut im Fernsehen, aber in ihrem Ministerium herrsche das nackte »Chaos« (»Spiegel«).

Apropos »Spiegel«: Der hat natürlich mal wieder am niedrigsten gezielt beim Abschießen von Süssmuth. Der spektakuläre Abgang der so populären Ministerin war ihm drei Tage danach im

Heft noch nicht einmal mehr eine Extra-Story wert (würde z. B. einem Norbert Blüm so mitgespielt – und ließe der sich so mitspielen –, so wäre das selbstverständlich eine eigene Titelgeschichte).

Die Ex-Ministerin aber kam in der »Spiegel«-Ausgabe vom 28. November nur noch ganz en passant vor: ein Abschnitt innerhalb einer längeren Geschichte über Kohl und Konsorten im Wichtelmänner-, pardon, Wichtigmänner-Ressort »Deutschland I«. Süssmuths Kummer über den Abgang, hieß es da, habe sich »in Grenzen gehalten«. Die so knapp Abgehalfterte protestierte in der Ausgabe darauf in einem Leserinnenbrief: »Die Wahrheit ist, daß mir der Schritt nicht leichtgefallen ist und es eine sehr schwierige Entscheidung war. Nur weil es in seine Verurteilungen oder Vorurteile paßt, muß der Spiegel keine Falschmeldung in die Welt setzen.«

Oje, das hätte sie nicht tun sollen. »Deutschland I« schlug zurück. Unter dem Titel »Verpennte Tage« schrieb der »Spiegel« nun ein paar offene Takte über das angeblich so »ehrenvolle Amt« des Bundestagspräsidenten, das niemand gewollt hatte und Süssmuth sich hatte aufdrängen lassen. Mit einem Haufen von abgeschobenen Nullen habe sie in diesem Amt zu tun, und zu sagen hätte sie auch nichts. Wer einmal da gelandet sei, »verpennt seine Tage«.

Da wurde der längst Abgeschossenen also noch eine Ladung Schrot aus Hamburg hinterhergeschickt.

Sicher, es ist richtig: Rita Süssmuth hat die Machthebel im Ministerium mit der Redeglocke im Parlament vertauscht. Auf ihrem neuen Posten kann sie bestenfalls gute Miene zum üblichen Spiel machen, zu sagen hat sie nichts. Nur läßt sich das für die ins »zweithöchste Amt im Staat« weggelobte Person auch weniger höhnisch und kränkend und analytischer sagen, wie es zum Beispiel die »Zeit« tat. Die dachte anläßlich des Süssmuth-Falls über den »kompensatorischen Charakter der politischen Rhetorik« nach und fragte sich: Kommt »nach den Jahren der modernen Macher also die postmoderne Epoche der Redner? Kluge Reden zum Ausgleich kruder Politik? Sinnstiftung als Politik-Ersatz«.

Und, so fragt sich EMMA darüber hinaus: Kommen bei dieser Theater-Vorführung vor den Bonner Kulissen vor allem Frauen in die Rolle der Darstellerinnen des Schönen, Guten, Wahren – während Männer das Unschöne, Ungute, Unwahrhaftige hinter den Kulissen schieben?

Der ganze Spektakel erinnert mich fatal an den Abgang einer Ministerin vor zehn Jahren. Auch damals traf es eine der raren weiblichen Persönlichkeiten in Bonn, allerdings eine aus der SPD-Riege: die Entwicklungsministerin Marie Schlei. Nach einer monatelangen beispiellosen Demontage ihrer Person in der Presse (der »Spiegel« allen voran) gegen diese Frau in einem Amt, das bis dahin und seither Männerdomäne war, entnahm die SPD-Ministerin ihre Entlassung durch Kanzler Schmidt morgens der Tagespresse. (Wir sehen, ein Fortschritt – Süssmuth erfuhr es immerhin schon vom Kanzler selbst.) Der »Kriegsschauplatz« (Süssmuth) Bonn ist hart für alle. Vor allem der als »guter Mensch aus Oggersheim« belächelte und so verharmloste Kanzler Kohl scheint längst vergessen zu haben, daß er demokratisch gewählt wurde. Er verfährt eitel-rabiat, mit Frauen wie Männern nach Gutdünken. (»Ich bin bekannt für meine überraschenden Personalentscheidungen.«)

Frauen aber sind in Bonn ganz zum Abschuß freigegeben. Für sie gelten überhaupt keine Spielregeln mehr. Und je mehr sie klein beigeben, um so mehr provozieren sie die Paschas auf der Regierungsbank. Inzwischen werden die CDU/CSU-Frauen von ihrem eigenen Kanzler so verachtet, daß er sich auf den Ministerinnen-Sessel lieber eine Altersforscherin aus Heidelberg holt als eine Abgeordnete aus Bonn (von denen immerhin schon vier Regierungserfahrung haben, zwei als Ministerin, zwei als Staatssekretärin).

Das ist die Lektion, die die Christdemokratinnen, und andere, aus den jüngsten Bonner Ereignissen lernen müßten: Kuschen und Anbiedern bringt nichts! Im Gegenteil. Das steigert nur die Verachtung und den Allmachtswahn der Männer.

Schon Süssmuth war 1985 von draußen in die Regierung geholt worden. Entsprechend unbefangen trat sie damals an, mit großen Worten. Die Taten aber wurden immer kleiner, ja richteten sich zuletzt sogar *gegen* die Frauen (so das von ihr mitvertretene sogenannte Beratungsgesetz zum § 218). »Lovely Rita« hat in ihren drei Jahren Amtszeit in Wahrheit nicht viel für uns Frauen getan. Aber selbst das wenige war den Herren offensichtlich schon zuviel.

Es war ihnen zuviel, daß man ihr das Selbstbewußtsein auch noch ansah! Es war ihnen zuviel, daß sie augenzwinkernd die Quotenregelung der SPD begrüßte! Es war ihnen zuviel, daß sie, die Katholikin, mit einem Kondom überm Kopf gegen Aids warb! Es war ihnen zuviel, daß sie sich für die Bestrafung der Vergewaltigung in der Ehe einsetzte! Es reichte ihnen endgültig, als sie den Hexenprozeß in Memmingen öffentlich, immerhin, »empörend« nannte!

Doch jemand wie Rita Süssmuth ist nicht nur an der unterschütterten Männermafia in Bonn (und Hamburg) gescheitert. Sie ist auch an sich selbst gescheitert. Denn niemand kann es allen recht machen. Niemand kann gleichzeitig eine Anhängerin vom Papst und von Simone de Beauvoir sein (wie sie es angeblich war). Rita Süssmuth, die Neue, hat ganz wie die Alten zuviel taktiert, sich zuviel angebiedert, zuviel aufgegeben. Zuletzt sich selbst.

Als ich 1985 mit der frischernannten Ministerin für EMMA ihr erstes großes Interview machte, antwortete sie auf meine Frage, ob sie zurücktreten würde, wenn sie in Bonn zu viele ihrer Hoffnungen aufgeben müßte, noch sehr sicher: »Ja! Ich muß an diesem Amt nicht festhalten. Ich habe eine Alternative, eine Professur.«

Und jetzt? Jetzt hält sie fest. Um jeden Preis. Auf die Frage, was ihr größter Mißerfolg als Ministerin gewesen sei, anwortete sie dem WDR nach ihrem »Rücktritt« ganz offen: »Daß ich meine Arbeit nicht weitermachen kann.«

Wer oder was also hat Rita Süssmuth zwingen können, ihr Ministeramt so demütigend und so demütig zugleich aufzugeben? Warum hat sie nicht darum gekämpft?! Und wenn sie verloren hat – warum ist sie dann nicht klar zurückgetreten? Dazugehören, berühmt sein, viel Geld verdienen – das alles kann es doch nicht sein, oder...?

Mit einem begründeten, offensiven Rücktritt hätte Rita Süssmuth Geschichte machen können – aufklärende, emanzipierte, demokratische Geschichte. Alle hätten davon profitiert: sie selbst, weil sie ihre politische Ehre nicht verloren hätte und auch nicht die realistische Möglichkeit, etwas wirklich Sinnvolles zu tun (als Wissenschaftlerin und Autorin – mit *der* Erfahrung). Die vielzitierte Demokratie, weil sie einmal ernst genommen worden wäre.

Und wir Frauen, weil damit endlich auch einmal in Bonn gezeigt worden wäre, daß man mit uns nicht alles machen kann!

Rita Süssmuth ist nicht zurückgetreten. Sie spielt das Spiel weiter mit und wird dabei sich selbst und uns alle mehr und mehr belügen müssen. Gleich am ersten Tag in ihrem neuen Amt nahm sie ohnmächtig hin, wie ihre Anregung, auch eine Grüne zur stellvertretenden Bundestagspräsidentin zu machen, von der eigenen Partei abgeschmettert wurde. Rita Süssmuth lächelte dazu.

Die schönen Worte ersetzen in Bonn heute nicht nur die Taten – schlimmer noch: Sie verdecken sie.

Ursula Lehr, die Neue, gilt nicht als sehr konservativ, aber sie gilt auch nicht als »so fortschrittlich« wie Süssmuth. Sie wird wohl beim Kanzler weniger häufig »Mißfallen« erregen. Und ihr Spezialfach Gerontologie läßt ja auch keinen Zweifel über die Umorientierung des ehemaligen (Schein-)Frauenministeriums. Denn das ist auch ein Problem, das Alter, aber eben ein anderes.

Eine Niederlage ist der unchristliche Frauenspektakel auch für die Reformerriege in der CDU, die »Viererbande« Geißler, Blüm, Fink und Süssmuth. Süssmuth war 1985 immerhin noch die Wahl des profunde emanzipationskundigen Generalsekretärs gewesen. Lehr guckte sich der frauenignorante Kanzler ganz allein aus.

Werden sie ihre Lektion lernen, die Christdemokratinnen (und die anderen)? Bis jetzt sieht es nicht so aus. Die »kalte Wut«, von der am Anfang die Rede war, scheint schon verraucht. Und das Zittern in der Stimme, das ich bei meinen Telefonaten in den Tagen danach mit ihnen gehört habe, scheint schon wieder beherrscht.

Im Januar feiert die Frauenunion der CDU ihren 40. Geburtstag. Wäre das nicht eine gute Gelegenheit? Aus der Geburtstagstorte könnte statt des Pin-up-girls oder Hausmuttchens doch diesmal der Tiger steigen. Denn ohne Kampf geht es nun mal nicht, meine Damen. Das Ganze ist nichts als eine Machtfrage. Die Männer wissen das. Nur – wissen es auch die Frauen?

Innerhalb ihrer Partei sind die Christdemokratinnen (wie alle anderen auch) machtlos. Ihre einzige Chance liegt draußen, bei den Frauen, den Wählerinnen. Mit ihnen und ihren Hoffnungen und Erwartungen müßten sich die Parteifrauen kurzschließen. Mit ihnen müßten sie ein Bündnis eingehen gegen die Herren in Bonn. Denn die nächsten Wahlen kommen bestimmt. Und so ganz ohne

Wählerinnen geht auch in Bonn die Chose nicht. Stimmt, dazu müßten sie etwas riskieren, die Frauen in Bonn. Sie müßten aufhören, alles mitzumachen. Sie müßten aufhören, sich alles gefallen zu lassen. Kurzum: Sie müßten aufhören zu lächeln.

Januar 1989

Darum verliert die SPD die Wahlen

Die Frauen verlassen die SPD. Noch vor zehn Jahren haben zwei von drei EMMA-Leserinnen SPD gewählt. Heute wählen mehr als zwei von drei EMMA-Leserinnen die Grünen. Nur noch jede siebte macht ihr Kreuz für die SPD! Verdoppelt hat sich in den letzten vier Jahren die grundsätzliche Ablehnung *aller* Parteien: Jede 15. EMMA-Leserin wird am 25. Januar aus Protest zu Hause bleiben.

Diese wahrhaft sensationelle Entwicklung beweisen zwei EMMA-Umfragen: Die eine wurde Anfang 1980 von Infratest durchgeführt, die zweite im November 1986. Beide Umfragen basieren auf der Stichauswertung von rund 2000 beantworteten Fragebögen (sie haben also etwa die gleiche Anzahl wie zum Beispiel die »Spiegel«-Wahlumfragen).

Nun sind EMMA-Leserinnen nicht irgendwelche Frauen. Sie sind die Spitze einer Entwicklung, die seit Beginn der 70er Jahre Millionen Frauen nicht nur in unserem Lande erfaßt hat: des Trends zu mehr Emanzipation. Diese Entwicklung drückt sich aus in zunehmender weiblicher Berufstätigkeit (trotz Krise), in steigenden Scheidungszahlen, in vermehrten Parteiaustritten von Frauen und – in einem sich rasant verändernden Wahlverhalten.

Alle, die sich von Berufs wegen mit Wahl beschäftigen – also Demoskopen, Journalisten und Politiker –, wissen das. Sie wissen seit langem, daß es vor allem die sogenannten progressiven Frauen waren und sind, die seit Beginn der 70er Jahre die Parteilandschaft umkrempeln. Aber sie schweigen dazu. Hartnäckig.

Es muß schon sehr genau gesucht werden in den Männermedien, um winzige Hinweise für die Hauptursache des Aufstiegs der Grünen und des Abstiegs der SPD zu finden. Das heißt: Zunächst verhalfen die sich emanzipierenden Frauen der SPD zum Wahlsieg. Als dann die SPD 1972 an die Macht kam, meldete das Statistische Bundesamt trocken: »Frauen entschieden die Wahl.« – Und das waren nicht irgendwelche Frauen. Es waren genau die, die seit dem Ende der 60er Jahre und Anfang der 70er Jahre mal wieder aufgewacht waren, das waren die »progressiven Frauen«. Sie setzten ihre Hoffnung auf die SPD. Vergebens.

Doch Frauen sind treu. Es dauert, bis sie gehen. »Genossin Trend bleibt den Sozialdemokraten treu«, meldete Mitte der 70er der »Spiegel«. Und in der Tat: 1976 schaffte die SPD noch einmal den Sprung an die Macht, die »progressiven Frauen» hielten ihr dabei die Steigbügel (68,6 % aller EMMA-Leserinnen hatten 1976 die SPD gewählt). Und das, obwohl es wahrlich kaum Anlaß dazu gab: Nach der im Jahre 1975, dem sogenannten »Jahr der Frau«, gescheiterten § 218-Reform waren Frauen längst kein Thema mehr. Für keine der großen Parteien. Schon gar nicht für die SPD.

Als 1980 die Bundestagswahlen anstanden, wiegte sich die Regierungspartei SPD in Sicherheit. Kanzler Helmut Schmidt hatte im Wahljahr sogar die Dreistigkeit, ausgerechnet auf dem Bundestreffen der AsF (Arbeitsgemeinschaft sozialdemokratischer Frauen) den verlogenen Ex-CDU-Slogan von der »Wahlfreiheit für Frauen« (zwischen Beruf und Familie) zu propagieren. Und SPD-Generalsekretär Egon Bahr erklärte in einer speziellen EMMA-Wahlanzeige (»Liebe EMMA-Leserinnen«) feierlich: »Eines ist wichtiger als das Bemühen, der Gleichberechtigung der Frauen näherzukommen, das ist die Erhaltung des Friedens.« Vor allem dafür sollten »Frauen ihre Stimme erheben«. Der so propagierte Frieden stank nach Befriedung. Vor allem aus dem Munde einer Partei, die gerade die Nachrüstung durchgedrückt hatte. Die SPD bekam ihren Denkzettel.

1980 wählte fast jede zweite EMMA-Leserin die Grünen. Verdient? Frauenpolitisch ganz sicherlich nicht. Denn auch in der jungen Partei waren, neben Friedensengel Petra Kelly, die Frauen als Kandidaten und auf Posten quasi abwesend. Ideologisch standen die Alternativen auf recht wackeligen Beinen. Viel Natur. Viel

Mystik. Die Forderung nach Lohn für Hausarbeit. Kurzum, es überwog das Motto: Mein Bauch *genügt* mir.

Zu danken hatten die Grünen diesen Erfolg bei den Frauen sicherlich vor allem ihrer offensiven Friedenspolitik, an der Frauen an der arbeitsreichen Basis maßgeblich beteiligt waren. Alte SPD/FDP-Wählerinnen schwenkten über zu den Grünen, Jungwählerinnen landeten direkt bei ihnen.

Nun wäre anzunehmen, daß die etablierten Parteien nach dem Schock von 1980 – SPD und FDP verloren je ein Drittel ihrer emanzipierten Wählerinnen, die CDU gar über die Hälfte – dazugelernt hätten. Mitnichten. Die Zahl der weiblichen Abgeordneten, die 1983 für die Altparteien in die Parlamente zogen, lag nicht höher als nach dem Krieg.

Die FDP hatte sich allgemeinpolitisch durch den Putsch mit der CDU bis auf die Knochen diskreditiert und dabei, ganz en passant, auch frauenpolitisch die wenigen glaubwürdigen Frauen, die sie hatte, verloren. Die SPD hatte zwar ein wenig Rouge aufgelegt, um den Frauen besser zu gefallen, ihr blasses Bild darunter aber war gar zu durchscheinend: noch immer die reaktionäre Parole von der »Wahlfreiheit« und kein Wort mehr über die doch einst immerhin mitverabschiedete »Fristenlösung«, dafür das Arrangement mit der Indikationsregelung.

Doch immerhin: Der SPD-Kanzler-Kandidat präsentierte sich nun auf Wahlplakaten väterlich lässig mit den »neuen« Frauen, und im SPD-Wahlprogramm hieß es wörtlich: »Wir wenden uns in diesem Wahlkampf ausdrücklich an die Frauen.« – Beim Wenden blieb es, zu sagen hatte die SPD den Frauen kaum etwas. »Die können sich das erlauben, so zu handeln, weil es keine Gegenreaktion gibt«, wetterte schon 1980 eine Genossin. »Denn im Grunde kann man das eigentlich unter rationalen Aspekten nicht verstehen. Es ist dermaßen ungeschickt von den SPD-Männern, so offen frauenfeindlich zu sein.« In der Tat, es ist ungeschickt. Sehr ungeschickt. Lieber scheint die SPD die Wahlen zu verlieren, ja die Macht überhaupt, ehe sie Frauen in ihrem verräucherten Alten-Genossen-Stall mehr Platz einräumt und feministischen Inhalten sensibler begegnet. Oder zumindest so tut...

Wie das geht, macht ihnen einer von der anderen Seite vor: Heiner Geißler. Der zelebrierte ab 1985 die »Partnerschaft 2000« auf allen Kanälen und bescherte Bonn die erste und bisher einzige Emanze vom Dienst, die Familienministerin Süssmuth, dann sogar avanciert zur sogenannten Frauenministerin. Damit konnte der CDU-Stratege zwar auch die Emanzen nicht halten (er verlor unter den EMMA-Leserinnen in zehn Jahren am meisten: nämlich drei von vier CDU-Wählerinnen) – aber die sind ja auch nicht unbedingt die Zielgruppe einer konservativen Partei. Ihre konservative Stammwählerinnenschaft aber scheint die CDU beruhigt zu haben, ganz sicherlich nicht zuletzt dank ihrer zwar windigen, aber doch sehr demonstrativen Frauenpolitik.

Und die Parteien, die auf die »Genossin Trend« wohl oder übel angewiesen sind? Die SPD und die Grünen also? Die grünen Männer hatten Glück im Unglück: Die rebellischen Frauen in ihren eignen Reihen entrissen ihnen gleich nach den 83er Wahlen mit einem spektakulären Coup für ein Jahr den Bonner Parteivorstand. Seither haben die Grünen landauf, landab einen emanzipierten Ruf, der durch die Verankerung der 50/50-Quote (bei Kandidaturen und auf Pöstchen so viele Frauen wie Männer) noch bestärkt wurde.

Heute, so zeigen die Umfragen, werden die Grünen aus zwei Gründen gewählt: Erstens, weil man hofft, daß sie etwas für Frieden und Umwelt tun; zweitens, weil mann und frau überzeugt ist, daß sie sich »mehr als alle anderen Parteien« für die Emanzipation der Frauen einsetzen. Das bestätigte auch jetzt der Sieg der grünen Frauenliste der GAL, bei dem der zusätzliche Frauenbonus auf zwei bis vier Prozent geschätzt wird.

Und die SPD, die schon allein bei den EMMA-Leserinnen zwischen 1967 und 1980 ein Drittel und dann 1983 die Hälfte des verbleibenden Restes verloren hatte, die von 68,6 % bei den EMMA-Leserinnen hart auf 14,8 % fiel? Für sie waren in den letzten Jahren Frauen weniger denn je ein Thema. Sie machte den blasenblubbernden Landesvater von NRW zum Kanzlerkandidaten. Und kürte die deklarierte Antifeministin Herta Däubler-Gmelin zur Frau vom Dienst. Die bescherte ihrer Partei dann auch prompt den üblen Faux pas mit der Vierfarbjubelbroschüre zum § 218 (»Die heutige Gesamtreform ist unser Verdienst!«). Eine Broschüre, zu der die offizielle Frauenorganisation der Sozialdemokraten, die AsF, noch nicht einmal befragt wurde... So schwach ist die

AsF. Und so sicher glauben sich die Genossen samt ihren Kumpelinnen.

Sie werden es teuer bezahlen. Noch einmal verliert die SPD unter den EMMA-Leserinnen (und nicht nur unter ihnen) Prozente, sackt auf erbärmliche 14,8 % und hat damit fast den Stand der FDP vor zehn Jahren erreicht. Das hat gesamtpolitisch vielfältige Gründe. Der Hauptfaktor aber ist nach unseren Analysen – ob die SPD das nun glauben mag oder nicht – eindeutig die Tatsache, daß ihr die »progressiven Frauen« weglaufen. Und diese »progressiven Frauen« werden dank des Feminismus (und auch dank EMMA) immer mehr.

Die Grünen hingegen scheinen wieder zuzulegen, ihnen prophezeit die EMMA-Wahlumfrage 70,4 %. Das heißt, knapp drei von vier EMMA-Leserinnen werden am 25. Januar 1987 die Grünen wählen. – So viele wie einst die SPD.

Werden die grünen Frauen innerhalb ihrer Partei und die grünen Wählerinnen außerhalb dies in Zukunft auch zur Durchsetzung ihrer Fraueninteressen zu nutzen wissen? Und wird die SPD, werden all diese Männerparteien sich noch mal darauf besinnen, daß jeder zweite Wähler eine Wählerin ist? Und vor allem: Werden wir potentiellen Wählerinnen es in Zukunft verstehen, mit diesem Argument noch viel stärkeren Druck auszuüben?

Januar 1987

Lovely Rita

Das Gespräch findet morgens um acht in ihrem Neußer Bungalow statt. Sie ist vor wenigen Tagen überraschend zur Ministerin ernannt worden. Den Kaffee serviert ihr recht aufgeräumt und interessiert wirkender Ehemann (»Im Haus macht er mehr als ich!«) Er ist Geschichtsprofessor und Dekan an der Düsseldorfer Universität. Die beiden kennen sich seit seinem Abitursball im Alter von 17 (sie) und 19 (er), sie waren immer nicht nur Lebens-, sondern auch Arbeitsgemeinschaft. Bis zu ihrer überraschenden Ernennung zur Ministerin hat Rita Süssmuth, 48, als Wissenschaftlerin gearbeitet.

In die CDU trat die bis dahin parteilose, als fortschrittlich geltende Professorin für Erziehungswissenschaften (»Frauen werden nicht als Mütter geboren«) erst 1981 ein – zu diesem Zeitpunkt war sie Mitglied im Gründungskomitee des Hannoveraner CDU-Instituts für »Frau und Gesellschaft«, dessen erste Direktorin sie kurz darauf wurde. In Bonn verkehrte sie bisher nur als Expertin in Sachen Frauenfragen (in Ausschüssen und bei Hearings). Seit einigen Jahren allerdings ist die gläubige Katholikin Vizepräsidentin des »Familienbundes der Deutschen Katholiken« und Vorsitzende der Kommission »Ehe und Familie« beim Zentralkomitee der Deutschen Katholiken (deshalb erhofft sich die Kohl-Regierung eine kirchentreue Position der neuen Ministerin beim § 218).

Eines der Zentralanliegen von Rita Süssmuth ist die »Vereinbarkeit von Beruf und Familie für Frauen« – wobei sie, bisher, prinzipiell die Position vertrat, daß Männer und Frauen sich Rechte und Pflichten in Beruf und Familie gleichermaßen zu teilen hätten. Sie selbst hat, trotz heute 18jähriger Tochter, nie mit dem Beruf ausgesetzt. »Der 14-Stunden-Tag ist nicht neu für mich«, sagt die gebürtige Wuppertalerin: »Eine Leidenschaft für meinen Beruf und viel Arbeit hatte ich schon immer.« Und sie hatte einen Vater, der ihr riet, »nie zu heiraten!«, und statt dessen lieber etwas zu lernen. Letzteres tat sie, ohne ersteres zu lassen. Sie studierte Geschichte, Pädagogik und Französisch, auch in Paris. Sie hat entscheidend an dem programmatischen Frauenprogramm der CDU mitgearbeitet. Sie ist Geißlers Kandidatin. Bundeskanzler Kohl lernte sie persönlich erst beim Einstellungsgespräch für den Ministerposten im Juli kennen. Ihr großes Vorbild ist, gestand sie der »Zeit«: Simone de Beauvoir. Ob wohl Beauvoir immer mit allem einverstanden wäre, was die neue christdemokratische Ministerin in den kommenden anderthalb Jahren (bis zu den Bundestagswahlen im Januar 87) tut – und läßt?

Schwarzer: Frau Süssmuth, Sie sind frauenpolitisch sehr bewußt, wie man Ihren bisherigen Veröffentlichungen entnehmen kann. Sie plädieren gegen die Festlegung der Frauen auf eine bestimmte Rolle, sind für ihre weitgehende Integration im Beruf. Sie

»Immer nur lächeln« – Rita Süssmuth und Ursula Lehr
(Foto: J. H. Darchinger)

sind der/die erste Familienminister/in, für die Familie nicht gleich Frau ist: Sie nennen Ihr Ressort »Ministerium für Frauen, Familie, Jugend und Gesundheit«. Glauben Sie, daß Sie in diesem Geiste, in dem Sie bisher Wissenschaftlerin waren, in Zukunft auch Politikerin sein können? Oder machen Sie sich schon jetzt auf Grenzen und Konzessionen gefaßt?

Süssmuth: Es ist nur konsequent, in der Politik den Weg einzuschlagen, den ich auch in der Wissenschaft verfolgt habe. Die Umsetzung von Wissenschaft und Politik ist ein ganz harter Kampf. Nicht umsonst gehen die Fortschritte in der Frauenpolitik im Schneckentempo. Anlaß zur Hoffnung geben die Frauen selbst, denn die zeigen durch ihre eigenen Verhaltensweisen, daß sie sich nicht mehr länger zurückhalten lassen.

Schwarzer: Darum macht man jetzt auch die Konzession einer fortschrittlichen Familienministerin.

Süssmuth: Das haben Sie gesagt.

Schwarzer: Sie kennen die Frauenpolitik, aber Sie kennen nicht oder kaum die Parteipolitik und den Parteiapparat. Sie haben kein Mandat, Sie haben keine Lobby. Sie laufen Gefahr, nach außen ein frauenfreundliches Aushängeschild zu sein und nach innen eine ohnmächtige Frau.

Süssmuth: Ich lasse mich gar nicht erst ein auf die Vorstellung einer ohnmächtigen Frau, weil schon das zur Ohnmacht verurteilt.

Schwarzer: Aber wie wollen Sie diese Mängel...?

Süssmuth: Diese Mängel sind wettzumachen! Ich bin davon überzeugt, daß ich nicht ein Einzelgänger bin, sondern daß ich auf Personen und Gruppierungen stoße, die gleich oder ähnlich denken wie ich.

Schwarzer: Eine dieser Gruppierungen wäre die Frauenvereinigung der CDU/CSU. Sie wissen selbst, wie Ihre Ernennung gelaufen ist, daß man die Frauen nicht nur nicht konsultiert hat, sondern es noch nicht einmal für nötig gehalten hat, sie zu informieren.

Süssmuth: Sie teilen jetzt Dinge mit, von denen ich teilweise auch nur aus der Presse weiß.

Schwarzer: Wie ist das überhaupt gelaufen?

Süssmuth: Das erste Gespräch im Bundeskanzleramt hat im Juli stattgefunden und dann noch ein weiteres Anfang August. Nur mit Kohl. Und es ist zunächst auch gar nicht um die Frage zum Besetzen des Ministeramtes gegangen, sondern das erste Gespräch war überwiegend ein Kontakt- und Informationsgespräch. Ganz zum Schluß erst kam dann das Angebot. – Aber um auf die Frage zurückzukommen: Welchen Stellenwert haben denn die Frauen wirklich in der Politik, wenn es zutreffen sollte, daß sie nicht informiert werden? Und wie mache ich das wett, oder wie baue ich darauf eine gute Zusammenarbeit auf? Im Prinzip will ich mit den Frauen zusammenarbeiten. Und ich glaube auch nach den ersten Reaktionen am vergangenen Dienstag, daß es da keine Widerstände gibt. Sie haben gesagt, in der Sache wollen sie mich voll unterstützen. Auch, was noch die fehlende parlamentarische Einbindung, die fehlende Fraktionseinbindung betrifft. Aber ich verstehe, daß sie sehr verstimmt sind über das Verfahren.

Schwarzer: In einem Text, den Sie als Wissenschaftlerin vor den Wahlen 1982 geschrieben haben, sagen Sie selbst, daß die Frauen die »vertröstenden Versprechen leid sind« – und daß – so man wirklich etwas ändern will – sich das niederschlagen müsse in anderen Konsequenzen im Handeln. Werden Sie handeln?

Süssmuth: Für mich ist ein ganz wichtiger Punkt die Frage des politischen Stils und der politischen Kultur, die ich bei uns für sehr verwildert halte. Ich denke, wenn wir Frauen den Anspruch erheben, bestimmte Dinge anders zu machen, dann muß das an Personen sichtbar werden. Im Umgang, in der Art und Weise, wie wir Politik dann auch ein Stück weit leben; das heißt für mich, wie wir mit Menschen umgehen und mit Inhalten. Erst wenn ich den anders Denkenden genauso ernst nehme wie mich selbst, lebe ich auch ein Stück von dem, was mir in der politischen Kultur wichtig ist. Das Parlament ist heute eher ein Kriegsschauplatz, wo es ständig nur um die Frage von Vernichtung geht.

Schwarzer: Damit sind Sie natürlich in einem Bereich, für den Frauen immer zuständig sind: für das nette Klima, wenn ich das mal so ironisch sagen darf. Wie aber steht es mit den konkreten Sachfragen?

Süssmuth: Wenn sich etwas verändern soll, müssen Zeichen gesetzt werden, da genügen keine Absichtserklärungen. Ein ganz wichtiges Feld, in dem ich tätig werden möchte, ist der Abbau der Diskriminierung und die Frauenförderung. Und darüber hinaus erwäge ich, ob man nicht neue Modellversuche starten kann.

Schwarzer: Wie stehen Sie zum Anti-Diskriminierungs-Gesetz? Es gibt ja einige sehr konkrete Vorschläge dafür, die seit zwei Jahren in der Schublade vergammeln. Das Gesetz wurde schon von der SPD eigentlich nur so sehr zäh und unwillig diskutiert, aber die CDU hat es nun ganz verschwinden lassen. Was haben wir da von der neuen Ministerin zu erwarten?

Süssmuth: Sie werden verstehen, daß ich die Lage erst mal genau prüfen muß. Aber die Diskussion muß wieder auf den Tisch. Das denke ich um so mehr, als es viele verdeckte Formen der Diskriminierung gibt. Zum Beispiel – wie es in einigen Arbeitsämtern, auch in Nordrhein-Westfalen, praktiziert wird –, daß es eine versteckte Liste gibt, welche Berufe von vornherein als Berufe für Männer und für Frauen angeboten werden. Ich stelle mir auch vor, daß ich mich eventuell orientiere am schwedischen System der Frauenförderungspläne.

Schwarzer: Auch in Frankreich und in Österreich gibt es da Vorbilder. Zum Beispiel das österreichische Gleichbehandlungsgesetz im Beruf, wo durch gezielte Subventionen an Unternehmer

Druck ausgeübt werden kann. – Wie stehen Sie eigentlich zur Quotendebatte?

Süssmuth: Dazu habe ich eine Entwicklung durchgemacht. Von der Position, das schafft nur Verhärtung, das bringt es nicht, bis hin zu der: Wir kommen in bestimmten Bereichen gar nicht aus, ohne über Quotenregelungen nachzudenken. Die Repräsentation von Frauen in Machtpositionen nur dem freien Spiel der Kräfte zu überlassen, halte ich heute für naiv.

Schwarzer: Und in Ihrer eigenen Partei...?

Süssmuth: Ich bin da ganz realistisch. Ich habe ja die Diskussionen um die Quotenfrage im Rahmen der Essener Leitsätze mitbekommen, als Expertin: Es war ja fast so, als gäbe es keinen wichtigeren Punkt als die Frage der Quoten.

Schwarzer: Da haben Frauen ja auch konkret was zu gewinnen und Männer konkret was zu verlieren...

Süssmuth: Ich gehe nicht davon aus, daß wir für die vor uns liegende Zeit schon die Quoten durchsetzen.

Schwarzer: Was wäre denn Ihre Wunschvorstellung?

Süssmuth: Also, daß man wenigstens mal auf einen Anteil von einem Drittel Frauen käme.

Schwarzer:...ein Drittel Frauen auf den Wahllisten an aussichtsreicher Stelle, in den Gremien, in den Machtpositionen?

Süssmuth: Ja, darum muß es gehen.

Schwarzer: Und ein Frauenministerium auf Bundesebene? Oder eine Staatssekretärin für Frauenfragen? Oder eine Bundesbehörde für Gleichberechtigung? Ab 1987, als Forderung für den bevorstehenden Wahlkampf?

Süssmuth: Ich denke, daß ich das als erstes in Angriff nehme, prüfen lasse, welche Organisationsform die geeignetste ist zur stärkeren Durchsetzung politischer Interessen von Frauen. Man muß das auch noch mal unterschiedlich sehen auf kommunaler Ebene und auf Bundesebene. Welche Interessen sind durch welche Organisationsform am besten kommunal zu sichern und welche auf Bundesebene? Für mich ist immer noch das beispielhafteste der Stadtstaat Hamburg. Wobei hier viel an der Frau hängt, die das vorangetrieben hat. Aber so weit, wie ich Frau Rühmkorf kenne, hat sie eben auch über die formale Organisationsstruktur hinaus Verfahren entwickelt, um in die verschiedensten Bereiche aktiv hineinzuwirken. Das am weitesten fortgeschrittene Frauenministerium ist im Augenblick in Frankreich. Und ich werde auch so schnell wie möglich ein Treffen mit der Frauenministerin Yvette Roudy auf deutschem Boden organisieren.

Schwarzer: Was sind in den kommenden Monaten Ihre konkreten Absichten? Sie haben in Ihren wissenschaftlichen Schriften zum Beispiel von der Notwendigkeit von »Sonderförderungsmaßnahmen für Mädchen« gesprochen.

Süssmuth: Ich denke, daß Sonderförderungsmaßnahmen für Mädchen in zwei Bereichen laufen müssen. Einmal im Bereich der technischen Berufe. Nicht nur Ausbildung, sondern auch Konsequenzen ziehen für die Berufswahlmöglichkeiten und Berufschancen der Mädchen. Auch dürfen wir nicht nur im technisch-gewerblichen Bereich Modellversuche fortführen, hier verlassen die Männer diese alten Berufe, sondern wir müssen die Frauen vor allem auf die neuen technologischen Berufe hinführen. In diesen Bereichen sind die neuen Sachbearbeiter verstärkt Männer, das zeigen schon die ersten Zahlen in der Arbeitsmarktstatistik, und die Frauen werden auf die einfachen, um nicht zu sagen ungelernten Tätigkeiten abgedrängt. Als drittes muß die traditionelle weibliche Erwerbsarbeit neu definiert werden. In diesen »Frauenberufen« werden die von Frauen eingebrachten Qualifikationen zwar hoch bewertet, aber nicht bezahlt. Nehmen Sie zum Beispiel die von einer Verkäuferin erwartete Freundlichkeit, das Sich-Einlassen auf den Kunden...

Schwarzer: Könnten Sie sich vorstellen, daß Sie versuchen, ein Budget bereitzustellen zur offensiven Aufklärung von Männern und Frauen, was die Geschlechtsrollen angeht?

Süssmuth: Für diese Aufklärungsoffensive stehe ich als Person. Ich habe viel gelernt aus der Zusammenarbeit mit den autonomen Frauen im Hannoveraner Forschungsinstitut. Das andere aber, was ich für genauso wichtig halte, ist, zu prüfen, ob ich nicht Initiative von Frauen verstärkt mit Subventionen fördern kann.

Schwarzer: Selbsthilfeinitiativen?

Süssmuth: Ja. Damit die Frauen nicht nur mit ihren beschränkten Mitteln eine Frauenöffentlichkeit herstellen müssen, sondern unterstützt werden. Und noch mal zu den Mädchen: Die jetzt laufenden Maßnahmen, bei denen viele Mädchen häufig von einer

Schulungsmaßnahme in die andere geschickt werden, halte ich für sehr problematisch. Sie gehen so von einer Bildungsmaßnahme des Arbeitsamtes in die nächste, verlieren aber allmählich den Mut und brechen ab, weil das nie einmündet in einen Zugang zum Arbeitsmarkt. Das muß sich ändern!

Schwarzer: Wie stehen Sie zum Drei-Phasen-Modell, das ja jetzt von CDU-Frauen wieder als Lösung präsentiert worden ist? Rein in den Beruf, raus aus dem Beruf, rein in den Beruf.

Süssmuth: Das Drei-Phasen-Modell alter Art ist durch das Verhalten der Frauen selbst überholt. Es sah, wenn man noch mal an die Myrdal-Studie erinnert, ja eine Phase der Unterbrechung von acht bis zwölf Jahren vor. Alle neueren Frauenforschungen besagen folgendes: daß die Frauen mehrheitlich eine Erwerbsunterbrechung wollen, aber nur eine kurze. Wobei noch mal zu unterscheiden ist: Je jünger die Frauen, desto länger stellen sie sich die Erwerbsunterbrechung vor. Wenn Sie die 18-, 19jährigen ohne Familie fragen, dann stellen die sich vor, drei Jahre aussetzen zu können. Wenn Sie die Mütter fragen, die kleine Kinder haben, dann bewegt sich dieser Zeitraum zwischen einem und anderthalb Jahren. Also müssen wir nach Lösungen suchen, in denen tatsächlich eine Vereinbarkeit auch lebbar wird. Da haben wir noch eine Bärenarbeit zu leisten.

Schwarzer: Sie befinden sich in einem Kabinett, in dem sämtliche Kollegen mit einer Hausfrau verheiratet sind...

Süssmuth: Dieses Leitbild hat bei vielen Männern nach wie vor einen hohen Stellenwert. Aber es trifft nicht zu, daß die Welt wieder in Ordnung wäre, wenn die Frauen zu ihrer alten Rolle zurückkehren könnten. Es wird immer gesagt, es sei die öffentliche Meinung, die sie daran hindert: noch so zu leben wie früher. Das ist aber gar nicht der Fall. Die Frauen selbst wollen so nicht weiterleben! Wir brauchen also zur besseren Vereinbarkeit von Familie und Beruf in bestimmten Lebensphasen kürzere Arbeitszeiten, um in darauf folgenden wieder längere zu haben.

Schwarzer: Für Frauen *und* Männer?

Süssmuth: Selbstverständlich!

Schwarzer: Wenn Ihre heute 18jährige Tochter es sich aussuchen könnte, was würden Sie ihr raten? Vorausgesetzt, sie will überhaupt heiraten (oder mit einem Mann zusammenleben) und ein Kind haben.

Süssmuth: Ich würde mir wünschen, daß sie die beiden Bereiche miteinander vereinbaren kann, und zwar dank einer Berufstätigkeit, die ihr größtmöglichen Handlungsspielraum läßt. Ich persönlich bin der Meinung, das geht prinzipiell nur über kürzere Arbeitszeiten. Für beide. Der 6-Stunden-Tag mag kommen, aber solange wir den nicht haben, brauchen wir Zwischenlösungen. Und da gibt es mehrere, die auch schon in der Diskussion sind. Das eine ist eine andere Verteilung der Lebensarbeitszeit. In der aktiven Familienphase müßte es für Mann und Frau möglich sein, weniger zu arbeiten, um hinterher die Arbeitszeit wieder aufstokken zu können.

Schwarzer: Sie haben vor einigen Jahren sehr dezidiert das kommende Erziehungsgeld kritisiert. Sie haben darauf aufmerksam gemacht, daß das in der Form keine soziale und ökonomische Eigenständigkeit der Frau sichern würde – das tut es jetzt ja auch nicht! –, sondern lediglich die Funktion einer Familienhilfe habe, damit die Familie nicht unter das Sozialhilfeniveau sinke. Genauso ist es jetzt gekommen. Sie haben das als Wissenschaftlerin erkannt. Was sagen Sie jetzt als Politikerin?

Süssmuth: Ich sehe nach wie vor das Erziehungsgeld als einen Teil des Familienlastenausgleichs und nicht als ein frauenpolitisches Gesetz. Der Anteil, der frauenpolitisch darin zum Tragen kommt, ist die Arbeitsplatzgarantie...

Schwarzer:... und die ist reichlich unterminiert und ein Bumerang für Frauen.

Süssmuth: Ja, aber zunächst ist sie mal drin, das muß man ganz deutlich sehen, und das war ein harter Kampf. Ich erinnere mich an Debatten, als der Mutterschaftsurlaub von einem halben Jahr kam. Da fiel auch die Welt zusammen. Also das beruhigt sich auch wieder. Noch ist es Gott sei Dank so, daß wir auf Frauen als Arbeitskräfte gar nicht verzichten können. Sie haben mich eben nach meiner Tochter gefragt. Also da denke ich wie Barbelies Wiegmann in ihrem Buch »Das Ende der Hausfrauenehe«. Kein Mädchen kann und sollte sich heute auf eine Versorgungsehe verlassen. Und deswegen braucht sie nicht nur die Berufsausbildung, sondern auch Kontinuität im Beruf.

Schwarzer: Es heißt oft, es sei kein Geld da. Aber für manche Dinge ist ja sehr viel Geld da, zum Beispiel für das Steuersplitting, das uns ja jedes Jahr 30 bis 35 Milliarden kostet. Das Steuersplitting – bei dem das Einkommen des Ehemannes einer Hausfrau in zwei Hälften versteuert wird, also zu einem bedeutend niedrigeren Satz – ist ja sozusagen eine Subventionierung der Hausfrauenehe. Und das lassen sich die Männer, die davon profitieren, etwas kosten. Dieses Steuersplitting wird jetzt auch noch erhöht: Bisher konnte man da nur maximal 15000 Mark sparen, jetzt sind es 18000 im Jahr. Wie ist das, dürfen wir von der neuen Familienministerin auch mal eine etwas rigorosere Debatte über Geld erwarten? Eine, die sich nicht immer bescheidet im immanenten Denken, sondern sagt, wo wieviel Geld ist und wofür es eigentlich verwandt wird?

Süssmuth: Ich denke, daß diese Debatte geführt werden muß. Wir haben ja auch den Vorgang, daß allein im Haushalt des Familienlastenausgleichs durch den Rückgang der Geburten in jedem Jahr große Summen eingespart werden. Das Haushaltsgesetz sieht jedoch vor, daß diese Einsparungen nicht beim Ressort bleiben, sondern in den Gesamthaushalt zurückfließen.

Schwarzer: Sie waren selbst in der Frauenforschung. Darf die von Ihnen so genannte »kritische Frauenforschung« erhoffen, daß sie nun stärkere Beachtung findet...?

Süssmuth: Also ich denke, daß zwei Dinge notwendig sind. Das eine ist die Anerkennung der Frauenforschung. Sie ist bisher noch keinesfalls anerkannt, trotz guter Leistungen. Ich habe das sehr oft selbst erfahren: Wenn ich es anders als Forschungsschwerpunkt angegeben hätte, hätte ich gleich mit einem höheren Prestige rechnen können. Und das zweite ist die Frage der Förderung in diesem Bereich. Aus der bisherigen Wissenschaftsförderung, auch der 70er Jahre, ist ja immer die Gefahr am Horizont, daß wir einen Forschungsbereich aufbauen und ihn wie eine heiße Kartoffel wieder fallenlassen. Wir haben ganz wenig Kontinuität in bestimmten Forschungsbereichen. Diese Gefahr besteht zwar nicht in gleicher Weise für die Frauenforschung, weil die Thematik anders liegt, aber doch auch. Sie muß deshalb abgesichert, sie muß ausgebaut werden. Auch, damit sie aus der Gettoisierung herauskommt. Also ich vermute, daß viele auch heute noch Frauenforschung nur für eine modische Zeitgeisterscheinung halten.

Schwarzer: Stichwort § 218.

Süssmuth: Das ist eines der schwierigsten Probleme. Was ich dazu denke, haben Sie schon gelesen. Ich kann es auch wiederholen.

Schwarzer: Dann wiederholen Sie es mal.

Süssmuth: Also, das eine ist die Frage der Tötung menschlichen Lebens. Der klassische Grundkonflikt, ob ich ihn nun in die Antike hinein verlagere oder in die Moderne. Das andere ist die Frage der Menschen im Umgang mit diesem Konflikt.

Schwarzer: Darf ich Ihnen zum einen eine Frage stellen?

Süssmuth: Ja.

Schwarzer: Würden Sie den Abbruch einer Schwangerschaft absolut gleichsetzen mit der Tötung eines Menschen?

Süssmuth: Ja, also, da mache ich keine qualitativen Unterschiede. Ich bin da sehr rigoros.

Schwarzer: Also eine Frau, die abgetrieben hat, ist für Sie moralisch genauso zu bewerten wie eine Mörderin?

Süssmuth: Das ist für diesen Konfliktfall eine unangemessene Bezeichnung. Aber es ändert nichts an der Tatsache, daß es sich um unsichtbares Leben handelt. Jede Frau wird das wissen, die in diesem Konflikt gestanden hat.

Schwarzer: Waren Sie selbst schon in dem Konflikt? Haben Sie abgetrieben?

Süssmuth: Ich habe nicht abgetrieben, aber ich bin so hautnah in meiner Umwelt mit diesem Konflikt konfrontiert worden, daß ich weiß, was in dem Menschen vorgeht in diesem Augenblick. Und ich habe gerade in diesen Konflikten gelernt, wie schwierig es ist, dazu Stellung zu nehmen. Von daher ist für mich eigentlich das leitende Prinzip, Menschen zu helfen. Ob sie sich nun in die eine oder in die andere Richtung entscheiden.

Schwarzer: Wenn Ihre Tochter ungewollt schwanger wäre und sich nach reiflicher Überlegung entschließen würde, abzutreiben. Und nun zu Ihnen käme, nicht um sich Rat zu holen, sondern Hilfe. Was würden Sie tun?

Süssmuth: Ich muß den Entschluß meiner Tochter respektieren. Ich kann sagen, was ich dazu denke, aber ich würde sie natürlich nicht fallenlassen – das kommt für mich nicht in Frage. Für mich ist Elternschaft Beistandschaft.

Schwarzer: Nun sind Sie jetzt Ministerin. Frauen, die abtreiben (das muß ich Ihnen nicht sagen, es ist wirklich angenehm, mal mit einem Politiker zu tun zu haben, der sich in der Materie auskennt), die tun das nicht, weil sie es gerne tun. Frauen, die abtreiben, tun dies, weil sie keinen anderen Ausweg sehen. Weil sie sich, warum auch immer, nicht in der Lage sehen, für die nächsten 20 Jahre Mutter zu werden. Das hat nicht immer finanzielle Gründe. Nur um diese Fälle geht es. Es geht ja nicht um eine Propagierung der Abtreibung, sondern es geht um die Frage: Gestehen wir diesen Frauen das Recht zu, selbst zu entscheiden? Mit Ihrer Haltung, die Sie gerade am Beispiel Ihrer Tochter klarmachten, müßten Sie (so wie zum Beispiel Dorothee Sölle, die ja auch sagt, sie ist gegen Abtreibung und darum gegen die Strafandrohung) eigentlich für die Fristenlösung sein!

Süssmuth: Bin ich nicht. Also, ich kann Ihnen zustimmen in der Position, die Frauen müßten das selbst entscheiden. Aber ich denke, wir haben bisher nicht von der Gruppe von Frauen gesprochen, die nicht eine Abtreibung, sondern auch vier bis fünf durchmachen, wo die Abtreibung an die Stelle der Verhütung getreten ist. Und hier liegt genau für mich der Problempunkt: daß die Erfahrung mich lehrt, daß manche Menschen angewiesen sind auf beratende Hilfe.

Schwarzer: Wie Sie eben in bezug auf Ihre Tochter sagten – Elternschaft ist Beistand –, würden Sie sich nicht erlauben, in die Entscheidung Ihrer Tochter einzugreifen, ihr die Pistole auf die Brust zu setzen. Aber fremden Frauen wollen Sie – unter Strafandrohung – vorschreiben, was sie zu tun haben?

Süssmuth: Sie haben jetzt ganz konsequent Ihren Standpunkt deutlich gemacht. Sie gehen davon aus, daß der einzelne in jeder Konfliktsituation genau weiß, was er zu tun hat. Der andere Standpunkt ist der: Ein Teil der Menschen weiß es nicht. Er sucht Beratung und Hilfe.

Schwarzer: Liebe Frau Süssmuth; wir sind ja in der makabren Situation, daß heute ein weiblicher Arzt entscheiden kann, ob eine fremde Frau abtreiben darf oder nicht. Wenn aber dieser weibliche Arzt selbst schwanger ist, dann darf er das nicht für sich entscheiden, sondern hat einen anderen Menschen zu fragen.

Süssmuth: Das ungelöste Problem beim § 218 hat ja für mich zwei Kardinalpunkte. Das eine ist der Gedanke der Strafe beziehungsweise der Straffreiheit. Ich denke, daß wir hier mit Strafe überhaupt nicht weiterkommen.

Schwarzer: Die haben wir aber.

Süssmuth: Die haben wir.

Schwarzer: Dann müßten Sie logischerweise gegen die augenblickliche Indikationslösung und für die Fristenlösung sein – plus Beratungsangebot.

Süssmuth: Der zweite Punkt im Rahmen der Diskussion um den § 218 ist ein ganz zentraler. Das ist die Frage: Mit welchem Bewußtsein leben Menschen? Ich denke, da haben wir bisher zu wenig getan. Wir haben auf der einen Seite die Forderung nach mehr Mündigkeit, Entscheidungsverantwortung des Menschen und und und, und auf der anderen Seite ein Fortleben in alten Strukturen, ich nenne das immer das Stellvertreterprinzip. Jemand anders handelt für das Individuum. Es sollte aber darum gehen, den einzelnen entscheidungsfähiger zu machen.

Schwarzer: Genau. Sie sind wie ich eine Frau. Wir alle – oder fast alle, das heißt all diejenigen, die mit Männern leben oder mal mit Männern gelebt haben – kennen das Problem der ungewollten Schwangerschaft oder zumindest die Angst davor. Und wir alle haben entweder abgetrieben oder in Gedanken überlegt: Tue ich das jetzt, wenn ich wirklich schwanger bin? Da ist doch letztendlich niemand kompetenter als wir Frauen. Wir haben ja auch die Verantwortung für das Kind. Es liegt nicht in der Macht des Gesetzgebers, Frauen zu sagen, ihr treibt ab oder ihr treibt nicht ab. Und der Gesetzgeber hat ja makabrerweise auch lange vor 1971 das Gesetz überhaupt nicht mehr angewandt. Diese Strafandrohung ist ein reines Einschüchterungsmanöver. Und die jetzigen Kampagnen, die ja auch von der katholischen Kirche her laufen, in der Sie engagiert sind, sind weniger Kampagnen in Richtung Mündigkeit und Selbstverantwortung und eher welche in Richtung Einschüchterung und: Frauen wieder ein Schuldbewußtsein einreden.

Süssmuth: In dem, was Sie ausgeführt haben, liegt vieles, was mich gedanklich genauso bewegt wie Sie. Und ich teile auch mit Ihnen die Auffassung, daß die Strafandrohung keine Frau davon abhalten wird, das zu tun, was sie in ihrer Konfliktlage für richtig hält. Die andere Frage ist die der objektiven Norm. Was müssen wir tun, um qua Gesetzgeber den Schutz des Lebens unbedingt abzusichern? Offen ist, wie wir einen Weg finden, endlich aufzuhören mit der anhaltenden Debatte darum, wie das Gesetz denn nun verschärft werden könnte, damit die Zahl der Abbrüche sich verringert. Diese Debatte ist für niemanden dienlich.

Schwarzer: Das ist eh klar. Die halte ich wirklich, unter uns gesagt, für ein Scheinmanöver. Es geht in Wahrheit nicht um die Verschärfung des Gesetzes, sondern um eine Verschärfung des Klimas!

Süssmuth: Ich persönlich bin der Meinung, daß wir mit Strafe, mit Beibehaltung des Strafgedankens – und das ist für mich Gesetzesdenken im Sinne des Alten Testaments – nicht weiterkommen.

Schwarzer: Belassen wir es zunächst dabei. – Frau Süssmuth, Sie haben ja nicht nur die Frauen, sondern auch noch ein bißchen was anderes in dem Ministerium. Auch die Gesundheit fällt in Ihr Fach. Da gibt es das hochaktuelle Thema Aids. Wie stehen Sie zu den Absichten eventueller Registrierung Aids-Kranker?

Süssmuth: Bei Registrierung, denke ich, schaffen wir wieder eine Sondergruppe von Menschen. Wir haben auch andere Krankheiten höchst ansteckender Art, wo wir nicht registrieren. Wir haben in der Bundesrepublik so gut wie keine Forschungen in diesem Bereich. Es stellt sich die Frage, ob eine Stiftung gegründet werden kann, um, ähnlich wie bei der Krebsforschung, verstärkt vorzugehen. Das zweite ist, das ist auch schon in Arbeit, wie über Breiteninformation auch Schutz und Hilfe für die Betroffenen und für die noch nicht Betroffenen gegeben werden kann.

Schwarzer: Wie stellen Sie sich jetzt ein auf den Rummel und die Arbeit und die Belastung?

Süssmuth: Ich habe immer große Befriedigung im Beruf gefunden. Meine Befürchtungen liegen eigentlich nicht so sehr auf dem Sektor der Arbeitsbelastung, sondern im Augenblick ganz woanders. Kann ich eigentlich die bleiben, die ich bin? Und: Wieviel kann ich letztendlich von mir durchsetzen? Finde ich die richtigen Strategien? Habe ich die Gruppen, die mich abstützen? Und mit welchen Frauen kann ich mich schnell rückkoppeln? Also ich denke, die Idee ist das eine, ihre Durchsetzung ein anderes. Und: Wie werde ich mit all den zu erwartenden Angriffen fertig?

Schwarzer: Wann und warum sind Sie ausgerechnet in die CDU eingetreten? Es gibt ja mehrere Parteien.

Süssmuth: 1981 bin ich eingetreten. Das hängt damit zusammen, daß eine ganz bestimmte Prägung aus der Zugehörigkeit zur Kirche gegeben war, durch mein Elternhaus.

Schwarzer: Was ist das für ein Elternhaus?

Süssmuth: Mein Vater war Schulrat, war sehr religiös, und zwar nicht im Sinne von Kirchenzugehörigkeit, sondern in seiner persönlichen Lebensführung. Und da mein Vater für mich auch heute noch sehr stark Vorbild ist – er mich vielleicht auch am stärksten in die Emanzipation gedrängt hat. Die größte Angst, die er hatte, war immer, daß ich heiraten würde und meinen Beruf aufgeben oder relativieren würde... Dann hat es auch pragmatische Gründe gehabt. Ich bin von der CDU häufig als Expertin benannt worden. Die SPD hat mich nie gefragt. Ich habe auch nicht immer die CDU gewählt.

Schwarzer: Was wählt Ihre Tochter?

Süssmuth: Ich nehme nicht an, daß sie die CDU wählt...

Schwarzer:... das glaube ich auch nicht.

Süssmuth: Ich muß Ihnen sagen, daß sie in einer für mich aus ihrer Sicht sehr verständlichen Weise gesagt hat: Eigentlich könnte ich gar keine Partei wählen.

Schwarzer: Können Sie als Ministerin sich vorstellen, daß Sie, wenn Sie zuviel von dem, was Ihnen wichtig ist, aufgeben müssen, sagen: Hier halt! Daß Sie gehen?

Süssmuth: Ja, das kann ich mir durchaus vorstellen. Ich muß an diesem Amt nicht festhalten. Ich habe eine Alternative, habe meine Professur.

Oktober 1985

Deutschland

Neue Frauen?

Ich schreibe diesen Kommentar am 11. Dezember 1990. In elf Tagen wird die EMMA am Kiosk liegen – bis dahin kann schon wieder viel passiert sein im anderen Deutschland. Denn in diesen Tagen kann selbst die »Bild«-Zeitung nicht so schnell drucken (in Schwarz-Rot-Gold, versteht sich), wie sich die deutsch-deutschen Verhältnisse ändern.

In demselben Tempo handeln jetzt auch die Frauen! Noch vor wenigen Wochen sah es so aus, als würden sie den Anschluß verpassen, als würde die neue Politik wirklich nur von den »neuen Männern« gemacht. Nicht ein einziges öffentliches Wort über die Frauen in diesen ersten Wochen des Aufbruchs; auch nicht auf der Kundgebung vom 4. November, nicht aus dem Munde einer der wenigen Rednerinnen, ja noch nicht einmal aus dem von Christa Wolf…

Doch schon wenige Tage später fangen sie an, sich zu regen. Ein Treffen hier, ein Transparent da. Die ersten überregionalen Begegnungen mit hitzigen Diskussionen, das erste Frauenfest. Und schon wenig später, am 3. Dezember, wird der autonome feministische »Dachverband« ins Leben gerufen, von dessen Planung auf den folgenden Seiten die Rede ist.

Über 1000 Frauen waren dabei. »Wir bestehen darauf, daß Frauenfragen keine gesellschaftlichen Randprobleme sind, sondern existentielle Grundfragen«, erklärte programmatisch eine der beiden neu gewählten Sprecherinnen, die Kunstwissenschaftlerin Ina Merkel, in ihrem »Manifest für eine autonome Frauenbewegung«. Die Sorge so mancher Westlerinnen war also verfrüht: Die Frauen in der DDR mischen sich ein. Und das mit Macht! Was lehrreich werden kann, auch für uns im Westen. Denn wir BRD-Frauen sind zwar die gestandeneren Feministinnen, aber die DDR-

Frauen sind die gestandeneren Bürgerinnen: Sie sind berufstätig, sie sind qualifizierter, und sie sind politisierter – zumindest, was die allgemeine Gesellschaftspolitik angeht. Und in Sachen Frauenspolitik scheinen sie justament die Siebenmeilenstiefel angezogen zu haben.

Noch Anfang November konnte die FAZ süffisant über »typische Heiratsannoncen« in der DDR berichten, in denen 30jährige, meist schon einmal geschiedene Frauen einen »lieben Partner, bei dem ich mich anlehnen kann« suchen. »Selbständig und anpassungsbereit«, laute die mausgraue Devise, so spottete die Berichterstatterin aus dem goldenen Westen.

Und sie hatte gar nicht einmal so unrecht damit. Denn genau das war in der Tat bisher das Dilemma der Frauen in der DDR: In Beruf und Gesellschaft standen sie ihren Mann, zumindest auf den unteren Sprossen der Karriereleiter. In der Familie und mit den Kindern aber blieben sie ganz Frau: DDR-Frauen sind quasi allein zuständig für Hege und Pflege, sie schieben nach der ersten (bezahlten) die zweite und dritte (unbezahlte) Schicht.

Doch diese Doppelbelastung war bisher in der DDR sowenig Thema wie die ganze strukturelle Benachteiligung der Frauen (auch) in den Ostblock-Ländern. Schlimmer noch: Die »Mutti-Politik« wurde in den letzten Jahren in der DDR auch noch gesetzlich festgeschrieben durch »Babyjahr« und »Haushaltstag«. Haus- und Kinderarbeit sollte auch in Zukunft im »real existierenden Sozialismus« keine Menschenarbeit sein, sie sollte Frauenarbeit bleiben. In der Tat: Die Ideologie wog schwerer als die Realität. Müde Mütter an harten Arbeitsplätzen und in langen Schlangen.

Resultat: der »Störfall Frau« im Beruf und eine eigenartige Schizophrenität im Kopf: Die Frauen in der DDR waren selbstbewußt, aber unbewußt. Ihr Protest artikulierte sich nicht politisch, sondern privat. Immer mehr Scheidungen, immer weniger Kinder.

Die DDR-Frauen waren in der Sackgasse gelandet. Vor ihnen türmte sich unüberwindlich die diktatorisch-staatliche Behauptung, die Gleichberechtigung der Frauen sei ein längst erfülltes Soll in der DDR. Unter diesen Umständen war die Entwicklung eines Problembewußtseins, gar eines Wir-Gefühls von Frauen anscheinend kaum möglich.

In den Jahren des weltweiten westlichen Aufstands der Frauen herrschte tiefes Schweigen in der DDR. Nur eine Stimme erhob sich: die der Schriftstellerinnen. Wohl nicht zufällig sind die DDR-Autorinnen seit Jahren die interessantesten unter den deutschsprachigen. Formal wie inhaltlich. Sie hatten und haben etwas zu sagen. Im Rückblick allerdings scheint es, als hätten sie, die Schriftstellerinnen, den Rahm von einer Milch geschöpft, die jetzt überkocht.

Jetzt reden die Frauen in der DDR! Und sie reden selbstbewußt. Und bewußt. Und fordernd. »Ohne Frauen ist kein Staat zu machen!«, verkündeten über 1000 am 3. Dezember in der Ostberliner Volksbühne. Und sie scheinen genau zu wissen, was sie wollen. Auf keinen Fall die Herrschaft der »mittelmäßigen Männer«. In Ost sowenig wie in West.

Das erste Elf-Punkte-»Sofortprogramm« der neuen Frauen hat Hand und Fuß. Sie fordern den Zugang zu allen Informationen und Konzepten der Regierung, die Frauen betreffen. Sie fordern die Einrichtung eines »Frauenförderfonds« beim Ministerrat und von »Frauenausschüssen« in den Volkskammern. Sie fordern eine frauenfreundliche Preispolitik und Quoten in allen Bereichen. (Was nun, Jungs? Es gibt sie nämlich in der DDR, die qualifizierten Frauen in allen Bereichen!)

Ja, sie fordern »autonome Publikationsmöglichkeiten« und »regelmäßige Sendezeiten in Fernsehen und Rundfunk«. Sie wollen »Frauenberatungsstellen und Frauenzentren«, in den und mit den »bereits vorhandenen räumlichen und finanziellen Möglichkeiten« (für den parteihörigen Mutti-Verband DFD heißt das: Leine ziehen). Und sie streben ein konkretes »Gleichstellungsgesetz« an, also ein Anti-Diskriminierungs-Gesetz.

Diese neuen Frauen lassen sich auch von den alten Herren in der BRD nichts vormachen: »Wiedervereinigung hieße in der Frauenfrage drei Schritte zurück«, erklärte selbstbewußt Sprecherin Ina Merkel. »Es hieße: wieder kämpfen um das Recht auf Arbeit, kämpfen um einen Platz für den Kindergarten, um die Schulspeisung. Es hieße, vieles mühsam Errungene aufzugeben, statt es auf eine neue qualitative Stufe zu heben.«

Der in diesen Wochen wiedererwachten, bierseligen Nationalstaatlichkeit des deutsch-deutschen Einig-Volk-von-Brüdern setzen die neuen Frauen in der DDR einen stolzen Satz entgegen. Er lautet: »Wir Frauen haben kein Vaterland zu verlieren, sondern eine Welt zu gewinnen.«

Dezember 1990

Heulende Wölfe

Das Heulen mit den Wölfen ist ein überflüssiges Unterfangen. Die machen schon genug Lärm. Es ist also nicht der Moment für Kritik an der DDR. Auch nicht für eine Feministin, deren zentrales Anliegen – die Aufhebung der Machtverhältnisse zwischen den Geschlechtern – in den Ländern mit sozialistischem Anspruch schon immer ganz einfach mit der dreisten Lüge vom Tisch gewischt wurde, dieses Problem sei keines mehr, sei längst gelöst. Auch das rächt sich jetzt. Denn wie sollen Machtverhältnisse erschüttert werden, wenn das Allgegenwärtige, das Fundamentale – das Patriarchat – noch nicht einmal als solches benannt und bekämpft wird?!

Aber, wie gesagt, es ist nicht der Moment, mit den Wölfen zu heulen. Und meine Generation hat auch noch nur zu gut das Geheule der 50er Jahre, den demagogischen Antikommunismus der kalten Krieger im Ohr. Hätte mir in den 60ern und 70ern jemand prophezeit, daß wir in den 80ern eine Neuauflage davon erleben würden – ich hätte ungläubig gelacht. Aber jetzt ist es soweit: Vor unseren Augen rollt eine von den westlichen Medien souverän zelebrierte moderne Variante des kalten Krieges ab.

Es ist also eher der Moment, diesen heulenden Wölfen auf die Schnauze zu schlagen. Ich meine die Medien-Wölfe, die uns da einen wahrlich bigotten Spektakel vorführen.

»Sie küssen die Freiheit!« – »Die Erlösung« – »Es ist wie im

Traum« – »Wir sind dem Gefängnis entkommen« – »Die DDR ist ein KZ-Staat« – »Freudentränen nach der Flucht« – »Staunend blicken die Kinder auf die vielen Schokoladentafeln« – So und ähnlich lauteten die Schlagzeilen. Dazu jeden Abend im TV die rituellen Bilder tränenüberströmter, »endlich geretteter« DDR-BürgerInnen, empfangen von jubelnden, mildtätigen BRD-BürgerInnen.

Als wären die von Ost nach West Gezogenen aus asiatischen Hungergebieten gekommen, einem südamerikanischen Folterstaat entronnen oder hätten die südafrikanische Apartheid überlebt! Als wären wir hier das Land, wo Milch und Honig für alle fließt und Gerechtigkeit und Frieden allerorten waltet!

Den Höhepunkt ihrer Selbstgerechtigkeit und Häme erreichten die wahrhaft entfesselten Westmedien – in deren Geheul sich beschämend wenige differenzierte Stimmen mischten – am 40. Jahrestag der DDR. Was dieselben Medien hierzulande verurteilen, nämlich einen massenhaften Jugendprotest auf der Straße, bejubelten sie drüben. Sie hagelten nur so, die gönnerhaften Ratschläge an die am Boden liegende DDR-Regierung für den Umgang mit »der Reform«, »der Jugend« und »dem Volk«.

Das ist also »das Ende des Sozialismus«. Allerdings waren die sogenannt sozialistischen Länder ja noch nie wirklich welche. Bei ihnen war zur guten alten (und weltweit verbreiteten) Männerherrschaft an die Stelle der Herrschaft des Kapitals mit den Gesetzen des Dschungels nur eben die Herrschaft der Bürokraten und Militärs mit den Gesetzen des Mittelmaßes getreten.

Und das ist jetzt die Lage: die UdSSR auf einem schwankenden Boot, von dem wir noch nicht wissen, in welche Richtung es fährt oder ob es untergeht; Polen auf dem Weg in die Vatikanherrschaft; die DDR runtergewirtschaftet in jeder Beziehung, und auch der Rest bröckelt.

Das alles genügt dem triumphierenden Westen noch nicht. Er muß noch mal draufhauen, und noch mal und noch mal. Eine Erniedrigung, die an Leichenfledderei grenzt. Dazu der Hohn, in dem wir hier auch noch die letzte Gegenwehr ertränken.

Natürlich hat die DDR recht, wenn sie darauf hinweist, daß der erste und alles auslösende Massen-Exodus am 19. August über die ungarisch-österreichische Grenze vom Westen, von CSU und

Konsorten initiiert war. Das war ja auch in den Westmedien nachzulesen, daß die DDR-UrlauberInnen mit Flugblättern in ganz Ungarn informiert und so über die Grenze geholt worden waren – allerdings stand das hier nur zwischen den Zeilen und blieb unkommentiert! Auch die menschenverachtenden nächtlichen Schüsse über die DDR-Grenze waren in diesem Klima keineswegs ein Zufall, sondern die Folge der Hetze.

Dieser erste Massen-Exodus wurde dann vom Westfernsehen, das Abend für Abend in fast jedes DDR-Wohnzimmer schwappt, und von den Printmedien so suggestiv inszeniert, daß alle, die danach kamen, das bekannte Stück nachspielten: Tränen und Erleichterung. Endlich im Land der Levis und Marlboro. Go West!

Und wer kommt da zu uns? Die meisten sind unter dreißig. Sie sind politisch naiv bis verdummt, aber beruflich gut ausgebildet und unternehmungslustig. 100 Prozent haben »die Schnauze voll«. 92% erhoffen sich wirtschaftliche Vorteile (laut Infratest). Die konservativen Parteien und die Wirtschaft empfangen ihre potentiellen Wähler und Facharbeiter mit offenen Armen.

So war es auch damals, Ende der 50er Jahre, als noch alle, vom Bonner Kanzler Adenauer bis zum Berliner Bürgermeister Brandt, mit Hetztiraden wetteiferten. Damals hieß die DDR noch »Zone«, waren die BürgerInnen des Landes unsere »armen Schwestern und Brüder drüben« und stellten wir zur Weihnachtszeit Lichtlein zur Rettung ihrer Seelen ins Fenster...

1961 wußten sich die DDR-Machthaber dann gegen die gezielte Ausblutung ihres Staates nicht anders zu helfen als mit dem Mauerbau. Sicher keine gute Lösung auf Dauer. Jetzt, 28 Jahre danach, zahlen sie die Rechnung. Man kann vielleicht ein Land zumauern, aber nicht die Köpfe der Menschen – und schon gar nicht Köpfe, die Tag für Tag dem Propagandabeschuß des Klassenfeindes ausgeliefert sind (plus der Willkür der Genossen).

Die DDR scheint jetzt nur noch zwei Möglichkeiten zu haben: innere Öffnung und radikale Reformen (aber woher soll sie dazu die Mittel und Leute nehmen?). Oder aber langsames Ausbluten in der saugenden Umarmung des Westens.

Wir leben in Zeiten des weltweiten Sieges des Kapitalismus

(vom Patriarchat, das in allen Regimen noch gut im Sattel sitzt, will ich gar nicht erst reden). Für alle, die der Unersättlichkeit und den Launen des Kapitalismus ausgeliefert sind, ist das kein Grund zur Freude.

November 1989

Zum Tod von Irmtraud Morgner

(Irmtraud Morgner wurde am 11. Mai 1990 um 15 Uhr auf dem Zentralfriedhof von Ostberlin beerdigt. Auf ihren Wunsch sprachen zwei RednerInnen: Gerhard Wolf, Literaturwissenschaftler, und Alice Schwarzer. Dies ist der Nachdruck ihrer Rede.)

Im 26. Kapitel ihres Hexenromans *Amanda* beschreibt Irmtraud Morgner die Folterung und Hinrichtung des Attentäters Damiens, der Ludwig XV. allerdings kaum wirklich verletzt, sondern nur leicht mit dem Messer geritzt hatte. Das geschah zu einer Zeit, in der der Haß des Volkes auf den König so groß war, daß das Gerücht ging, der König bade in Kinderblut... Dennoch wurde der Attentäter unter dem Gejohle der Massen stundenlang aufs grausamste gefoltert und zuletzt gevierteilt. Die Pferde schafften es jedoch nicht, den Körper zu zerreißen. Der Henker Samson mußte nachhelfen und die Gelenke einschneiden.

Irmtrauds Henker heißt Krebs. Er half nach. Das lange Leiden der Dichterin wurde zwar nicht vom Gejohle der Massen begleitet, aber von ihrem schweigenden Desinteresse. Auch das kann weh tun.

Irmtraud hätte länger leben können. Sie ging zu spät zum Arzt. Zu spät, weil sie die inzwischen längst auch körperlichen Schmerzen für nur seelische hielt: für Leiden an den Verhältnissen, gegen die sie bis zuletzt gekämpft hat.

Morgners Vergehen war schwerer als das von Damien. Sie stiftete an zum Aufruhr – und sie tut es noch. Sie ist eine Aufwieglerin, eine Hexe.

Irmtraud Morgner (Foto: Bettina Flitner)

Ihr lebenslanger Kampf war der gegen die Teilung der Welt und die des Menschen. Dieser Kampf geht weiter in ihrem Werk. »Mein Antrieb wäre es nicht, Kunst zu machen«, hat sie einmal gesagt. »Mein Antrieb wäre es, Welt zu machen – natürlich mit der größtmöglichen Wucht an Worten.« Die Wucht ihrer Worte hat Irmtraud Morgner vor allem gegen die Teilung der Frauen eingesetzt. Eine Teilung, die sie selbst überwunden hat – aber um welchen Preis...

Es hätte diese Dichterin deutscher Sprache vielleicht nicht gegeben ohne den Versuch des Sozialismus in dem einen Teil Deutschlands. In Morgners Elternhaus gab es kein einziges Buch. Und in der häuslichen Enge ihrer Kindheit hagelte es vor allem Entmutigungen und Demütigungen.

Daß eine Irmtraud Morgner dennoch wachsen konnte, das verdankt sie vor allem den Lehrern, die nach 1945 aus dem Exil zurückkamen. Doch so groß damals die Hoffnungen und ihr Glaube waren, so groß wurde später ihre Verzweiflung. Mit zunehmender Wucht schrieb sie dagegen an. Mit Geschichten von gewaltigster Art – und gewaltigster Komik.

»Mein zentrales Thema ist der Eintritt der Frauen in die Historie«, hat sie, diese Neuschöpferin unserer Geschichte, einmal gesagt. Den Weg versperrte ihr die Teilung. Die Teilung ihrer Stadt durch die Mauer. Die Teilung der Gesellschaft in Befehlende und Gehorchende. Die Teilung der Geschlechter in Männer und Frauen. Und die Teilung der Frauen selbst; in dumm, devot und begehrenswert – oder klug, aufsässig und häßlich. Sie wußte: »Die Frauen leben nicht nur im Patriarchat – es lebt auch in ihnen.«

Irmtraud Morgner geht in einer Zeit des Aufbruchs. Es gibt nicht viele, die gerade jetzt so lebenswichtig für ihr Land wären wie diese Dichterin und Philosophin, und wir Frauen verlieren mit Morgner nicht nur ein weibliches Genie, sondern auch eine feministische Visionärin. Morgner dachte »das Mögliche von übermorgen« – ohne das Unmögliche von heute zu übersehen. Morgners Preis: eine, wie sie selbst sagte, »gnadenlose Einsamkeit«. Ein paar Menschen allerdings gab es schon, die bis zuletzt für sie da waren...

Ich persönlich verliere mit Irmtraud Morgner eine wirkliche Freundin. Sie hat mich in den letzten 15 Jahren immer wieder zum Weiterdenken ermutigt und dabei begleitet. Sie hatte, trotz allem, einen unbändigen Spaß am Leben. Sie konnte so umwerfend komisch sein! Ich glaube, die meiste gemeinsame Zeit haben wir, auch in dunklen Momenten, voller Lebenslust verbracht.

In den Monaten vor ihrem Tod habe ich ein Gespräch für EMMA mit ihr gemacht. Zur Veröffentlichung schrieb sie einen Brief an die EMMA-Leserinnen, der mit den Worten schloß: »Falls dies mein letztes Interview sein sollte, nehmt es nicht als mein letztes Wort: Das steht vielleicht irgendwo in meinen Büchern.«

Die wirkliche Entdeckung der Bücher von Irmtraud Morgner steht uns noch bevor. – Darauf dürfen wir uns freuen.

Juni 1990

IV. Feminismus

Der folgende Text ist das Vorwort zu dem EMMA-Sonderband »Schwesternfrust – 20 Jahre Frauenbewegung«. Die Bilanz ist lehrreich. Sie zeigt unter anderem, daß, wer heute noch von »der Frauenbewegung» spricht, naiv ist oder demagogisch. Denn zwei Jahrzehnte nach seinem Aufbruch ist der Feminismus keine Bewegung mehr, sondern ein Zustand. Und er ist eine politische Theorie, die sich ständig weiterentwickelt. Dazu gehört die Analyse des Diät-Terrors (Dünne machen!) ebenso wie die der großen exemplarischen politischen Prozesse gegen Frauen.

Die Frauenbewegung ist tot – es lebe der Feminismus!

Die Frauenbewegung ist tot, es lebe der Feminismus. Alle, die in den letzten zehn Jahren im Namen *der* Frauenbewegung gesprochen haben, wußten es entweder nicht besser oder bedienten sich einer Chimäre. Denn eine »Frauenbewegung« im politischen Sinne – also eine Bewegung mit organisatorischem Zusammenhalt und gemeinsamen Grundpositionen und Zielen –, die gibt es schon seit Ende der 70er Jahre nicht mehr. Die Analysen und Forderungen der Frauenbewegung aber existieren weiter. Sie sind längst öffentlicher Zustand und weit über die feministischen Gruppen hinaus eingedrungen in die Gesellschaft und die Köpfe der einzelnen Menschen.

Was nicht heißt, daß die Frauenbewegung alles erreicht hat. Im Gegenteil: Ihren Zielen drohen nun Gefahren, von außen wie innen, von Männern wie Frauen. Sogar der Feminismus selbst befindet sich nicht selten auf Irrwegen, die bis hin zum Antifeminismus führen können.

Nichts wird uns geschenkt, alles Erreichte haben wir täglich wieder zu verteidigen oder noch immer zu erkämpfen (Beispiel § 218), und veränderten Verhältnissen mit neuen Chancen und Gefahren haben wir uns offen zu stellen (Beispiel Pornographie). Denn ein paar tausend Jahre Macht haben die Männer so sicher und so geschickt gemacht, daß sie die Angriffe auf ihre Privilegien nicht selten in der Luft umdrehen und zum Bumerang machen (Beispiel Quoten). Mit der Männergesellschaft ist es wie in der Geschichte vom Hasen und vom Igel: Die Jungs sind immer schon da (und die Frauen haben das Nachsehen). Wir fordern die Vermenschlichung der Geschlechter? Sie nehmen sich die angenehmen Seiten der Weiblichkeit (Männer sind ja so verletzlich), lassen uns die Arbeit und versperren weiter den Zugang zur Macht. Wir fordern die Hälfte der Welt? Sie gewähren uns eine Quote, auf die sie Frauen ihrer Gnade setzen und nach ihrer Pfeife tanzen lassen. Wir sprechen von Lust? Sie vermarkten mehr denn je unsere Körper und Seelen und fügen den zwei Schichten der Doppelbelastung (Beruf und Haushalt) die dritte Schicht hinzu: den Sex-Service nach Porno-Vorbild, jetzt auch noch gratis und zu Hause! – Moderne Zeiten.

Sicher, wir haben viel erreicht in diesen 20 Jahren. Wir Feministinnen haben eine Kulturrevolution gemacht! Die einzig wahre seit 1945. Aber die Konterrevolte hat nicht auf sich warten lassen. Von außen ruht auch auf der selbstbewußtesten Frau der zunehmend pornographisierte Blick (vor allem des jungen, indoktrinierten Mannes): In seinen Augen ist sie nicht Handelnde, sondern sein Objekt. Und von innen? Da richtet sich der Würgeengel »Weiblichkeit«, auch »Andersartigkeit« genannt, wieder auf. Er würgt die Frau, reißt sie runter und verstellt ihr den Griff nach der Männlichkeit, das heißt nach der von Männern okkupierten Welt.

Für die frauenbewegte Praxis von Millionen spielt diese Weiblichkeits-Renaissance bisher noch keine große Rolle. Für die feministische Theorie aber wirkt sie schon jetzt verheerend. Die Grunderkenntnis des Feminismus ist bedroht. Und die lautet: Der Mensch ist frei geboren. Er wird zum »Mann« oder zur »Frau« (oder zum Schwarzen, Weißen, Juden, Araber, Polen usw.) überhaupt erst gemacht (durch die Verhältnisse und Prägungen). Heraus kommen zwei verstümmelte Hälften. Nicht zufällig hat sich dabei die männliche Hälfte die Eigenschaften und Rechte vorbehalten, die Herrschaft sichern (Besitz, Gewalt, Wissen, Zusammenhalt), und die weibliche Hälfte die Eigenschaften, die Ohnmacht und Ausbeutung zementieren (Besitzlosigkeit, Friedfertigkeit, soziale Verantwortung, Isolation).

Milliarden von Frauen leisten weltweit mindestens zwei Drittel aller Arbeit, bekommen dafür zehn Prozent des Lohns und haben ein Prozent des Besitzes. Das sind keine feministischen Statistiken, sondern UNO-Zahlen. Und die sprechen Bände. Frauen wie Männer sind Produkte dieser Machtverhältnisse. Männer sind nicht von Natur aus böse und Frauen nicht von Natur aus gut. Es sind Macht und Ohnmacht, die die Geschlechter korrumpieren oder lähmen.

Genau das machte die Frauenbewegung Anfang der 70er Jahre (wieder) öffentlich. Von New York bis Berlin gingen die Frauen zu Tausenden auf die Straße und nannten den Ehekrieg beim Namen. Ihre Forderungen: das Recht auf erotische, berufliche und gesellschaftliche Teilhabe, auf Gleichheit und Selbstbestimmung! Die Herren der Schöpfung waren zunächst überrascht. Peinlichkeiten, die bis dahin unter einem Mantel des Schweigens verdeckt waren, wurden nun öffentlich bloßgestellt, von Inzest und Vergewaltigung bis zur unbezahlten Haus- und Seelenarbeit.

Wir revoltierenden Frauen standen nicht länger zur Verfügung. Wir sagten nein, wenn wir keine Lust hatten. Wir lächelten nicht, wenn es ernst wurde. Wir bedienten nicht, um geliebt zu werden. Wir spielten nicht die Dummen, wenn wir klug waren. Wir baten nicht länger um Gnade, sondern forderten unsere Rechte.

Kurzum: Wir verzichteten auf die sogenannten weiblichen Waffen (die Waffen von Sklaven) und intrigierten, schmeichelten und manipulierten nicht länger, sondern wagten die offene Konfrontation.

Dabei taten wir uns nicht immer leicht. Denn in uns trugen und tragen wir das Erbe weiblicher Verunsicherung, Demütigung und Zerstörung. Und um uns formierte sich der männliche Widerstand. Wir frühen Feministinnen wurden öffentlich so verhöhnt und durch den Dreck gezogen, daß es ein Wunder war, wenn wir überlebten. Viele Frauen begriffen die Lektion: Sie nahmen sich in acht. So fanden Ängste und Zweifel auch in uns selbst bald wieder Nahrung.

Schon wenige Jahre nach dem feministischen Aufbruch schlug das Pendel zurück. Auch innerhalb der eigenen Reihen. Nicht nur Männer schlagen zurück, auch Frauen üben sich wieder in den Ritualen der Unterwerfung und Rivalität und zelebrieren erneut den Kult der »Weiblichkeit« – jetzt unter modischen Etiketten (wie »neue Weiblichkeit«, »neue Mütterlichkeit« oder »neue Lust«). Diese Frauen nehmen das Kreuz der »Weiblichkeit« freiwillig wieder auf sich in der Hoffnung, den Männern zu gefallen, nicht selten sogar ausgerechnet im Namen des Feminismus!

Hauptfeind dieser »neuen Frauen« und alten Weibchen sind die Radikalfeministinnen, die weiterhin uneingeschränkte Gleichheit für Frauen und Männer fordern und den Geschlechterkonflikt offen benennen. Vor allem in Deutschland grassiert die pseudofeministische Ideologie von der natürlichen »Andersartigkeit« des Weibes. Kein Wunder, schließlich ist die Zeit der Ks (Kinder, Küche, Kirche) und ihrer Variante Kinder, Küche, Führer noch gar nicht so lange her. Wie schon in der historischen Frauenbewegung – in der die Radikalen ins Exil flüchteten und die Reformistinnen vom Führer vereinnahmt wurden –, driften auch jetzt wieder die Erbinnen der Frauenbewegung in zwei Flügel auseinander. Die Reformistinnen werden mit offenen Armen von der Männergesellschaft aufgenommen und die Radikalen zunehmend abgedrängt und totgeschwiegen. So ist es auch nicht weiter verwunderlich, wenn diese neuen Propagandistinnen der Weiblichkeit bei der Männergesellschaft auch heute wieder offene Türen einrennen. Und zwar in allen Lagern, von rechts bis links.

So behauptet zum Beispiel das 1988 u. a. von Rita Süssmuth herausgegebene »Frauenlexikon«, es gäbe drei feministische Varianten: die »sozialistischen Feministinnen«, die auch den Klassengegensätzen Rechnung tragen, die »Kulturfeministinnen«, die auf »weibliche Lebenszusammenhänge« vertrauen und an eine »bessere, andere Kultur der Frauen« glauben, sowie die »ökologischen Feministinnen«, die auf die »Aussöhnung von Kultur und Natur« setzen und dabei der Frau eine besondere Rolle zuweisen. – Und wo sind wir, die radikalen Feministinnen? Die, die alles in Gang gesetzt haben? Die, die die Ideologie von einer »Natur der Frau« (und des Menschen überhaupt) konsequent ablehnen, konsequent die Machtfrage stellen und selbstverständlich auch anderen gesellschaftlichen Widersprüchen (wie Klassen etc.) Rechnung tragen?

Ähnlich wie das konservative »Frauenlexikon« verfahren die fortschrittlichen »Feministischen Studien«, die von der Frankfurter Frauenforschungsszene herausgegeben werden. Sie sprechen vom »politisch-sozialistischen Feminismus« einerseits und vom »kulturkritischen Feminismus« andererseits, der »unter Weiblichkeit etwas Besonderes« versteht, das »historisch oder/und biologisch begründet wird«. Besonders aufschlußreich: Hier werden die historisch gewachsene und eine biologisch angeborene »Weiblichkeit« nicht mehr unterschieden – dabei ist genau diese Unterscheidung der Knackpunkt des Feminismus! Entsprechend verschweigen diese dem Differentialismus zuzurechnenden

Frauenforscherinnen auch den radikalen Feminismus, für den immerhin historisch wie aktuell die größten Feministinnen stehen, von Hedwig Dohm über Simone de Beauvoir bis Kate Millett.

Die Abschaffung von Macht- und Abhängigkeitsverhältnissen und die Vermenschlichung der Geschlechter müssen das Ziel des Feminismus bleiben. Wir wollen keine »weibliche Zukunft« – sowenig wie eine männliche Gegenwart. Wir wollen eine menschliche Zukunft – ohne Rollenzwänge, ohne Macht- und Gewaltverhältnisse, ohne Weiblichkeitswahn und Männerbündelei. Von derlei paradiesischen Verhältnissen sind wir allerdings noch weit entfernt. Und es sieht in diesen Zeiten der steigenden sexistischen Aggressionen und rassistischen Kriege nicht so aus, als würde uns der Fortschritt geschenkt.

September 1991

Die 68er: Granit

Ich erinnere mich noch genau an diesen sonnigen Tag im Mai 1968. Ich drückte meine schwarze Baskenmütze (à la Bonnie and Clyde) fest entschlossen auf die halblangen blonden Haare und griff, zum erstenmal in meinem Leben, nach dem Megaphon (was mir den Zuruf eintrug: Bravo, Marlene!). Ich war, nach vollbrachter Anti-Notstands-Demo, der Auffassung, wir müßten nun sofort vors französische Konsulat ziehen, um unsere Solidarität mit dem Pariser Mai 68 zu demonstrieren. Ein paar Dutzend zogen mit. Ich volontierte damals bei einer Düsseldorfer Tageszeitung, die sich über meinen öffentlichen Auftritt nicht gerade freute. Ich war also in der Protest-Provinz festgenagelt. Mein Herz allerdings schlug in den Metropolen, schlug mit Paris und Berlin, wo gerade die Revolution auszubrechen schien.

Hätte mir damals jemand gesagt, du demonstrierst vielleicht Seite an Seite mit einem Vergewaltiger, hätte ich verständnislos geschaut. Vergewaltiger waren damals kein Thema. »Die Phantasie an die Macht!« oder auch »Unter dem Pflaster liegt der Strand« – so lauteten die Losungen, sie machten keinen Unterschied zwischen Frauen und Männern. Mein Engagement galt der gemeinsamen Sache, gegen die verknöcherten Strukturen, gegen die Spießer, gegen die Herrschenden. Schließlich bezogen wir auch die Prügel von der bürgerkriegsbereit ausgerüsteten Polizei ohne Unterschied nach Geschlechtern.

Daß die neuen Helden ausschließlich Männer waren, das fiel mir zunächst nicht auf. Daß sich diese linken Helden in den Clubs Voltaire und wie sie alle hießen mit Vorliebe in Che-Guevara-Attitüde und mit einer, noch besser: mehreren, attraktiven Blonden (oder auch Dunklen) im Schlepptau zeigten, begann allerdings, mich zu befremden. Als dann im Herbst 1968, genau: am 13. September, die inzwischen legendäre Tomate mitten in das Gesicht des SDS-Genossen Krahl klatschte, geworfen von einer kleinen Truppe saurer Frauen, die ihre eigene Sprachlosigkeit und das Geschwafel ihrer Genossen leid waren, da war mir klar: Das ist meine Sache!

In der Euphorie des Aufbruchs hatten die Männer (und deren Frauen) mal wieder die Frauen vergessen. Die kochten, tippten, trösteten wie eh und je, bereichert durch neue Pflichten: Die »Bräute der Revolution« (»konkret«) wurden nun brüderlich unter den Genossen geteilt. Auch im Bett.

»Befreit die sozialistischen Eminenzen von ihren bürgerlichen Schwänzen!« forderten »Bräute« und Kommilitoninnen prompt auf einem satirischen Flugblatt während einer SDS-Delegiertenkonferenz im Herbst 1968 in Hannover. Und im Frühling 1970 skandierten Französinnen auf einem Protest-Go-in in der linken Pariser Fakultät Vincennes frei nach Mao: »Die Macht liegt im Laufe des Phallus.«

Unser Protest richtete sich gegen die linken Männer, gegen wen sonst. Von den konservativen und rechten Männern war eh nichts zu erwarten. Die linken Weltverbesserer aber taten so, als sei an ihnen selbst nichts zu kritisieren. Auf der anderen Seite unserer Barrikade standen damals viele Genossen – und einige Genossinnen, Frauen, die sich laut und vernehmlich von der Frauenbewegung distanzierten. Im Laufe der folgenden Jahre kamen, mit dem

Aufbruch der neuen Frauenbewegung, die neuen, alten Themen auf den Tisch: Ausbeutung durch Haus- und Kinderarbeit, Einschüchterung durch Gewalt und Demütigung durch Sexualität, Feministinnen analysierten die herrschende Sexualität als patriarchales Machtinstrument, den Phallus als symbolischen und konkreten Ausdruck der sexuellen Herrschaft, des sexuellen Terrors von Männern.

Ich selbst habe 1975 wohl nicht zufällig ein noch immer heftig debattiertes Buch zu genau diesem Thema geschrieben: »Der kleine Unterschied und seine großen Folgen«. Meine Argumentation: Die heute herrschende Sexualität ist der »Angelpunkt der Frauenfrage«, der »kleine Unterschied« Vorwand für den großen Unterschied zwischen den Geschlechtern. Befreit die Eminenzen von ihren kleinbürgerlichen und ihren alternativen Schwänzen! – Die müssen nur mal richtig durchgebumst werden, antworteten die Machos aller ökonomischen Klassen und politischen Farben folgerichtig.

Der Feminismus der frühen 70er Jahre war nicht zuletzt deshalb ein solcher Stein des Anstoßes, weil er die Sexualpolitik gründlich analysierte, die der Beischläfer wie die der Vergewaltiger. Und die der Pornographen. Denn die waren mächtig im Kommen.

Seither hat sich zwar in den Köpfen eine Menge getan, in der Realität aber ist, neben dem kleinen Fortschritt, der große Rückschlag angesagt. Und der hat viele Gesichter. In der Sache wie in der Strategie. Einer der raffiniertesten Schachzüge ist die Vereinnahmung und Verwässerung, ja Verdrehung des Feminismus. Auf der anderen Seite der Barrikade stehen nun alte wie »neue« Männer (das mit den Genossen ist ja nicht mehr so angesagt) und Frauen. Aber diesmal Frauen, die nicht aufhören zu erklären, sie seien Feministinnen.

Die entwaffnendste Waffe im Arsenal des Mannes war im Geschlechterkampf immer die Frau. Die Waffe des modernen Mannes ist die »Feministin«. Klar. Man muß den Feind mit seinen eigenen Waffen schlagen, alte Bauernregel. Und diese »Feministin« nennt sich so, egal, was auch immer sie vertritt, Geschlecht genügt.

So bedauert unter dem Titel »Der neue Exorzismus» Elisabeth Kiderlen im Frankfurter »Pflasterstrand«, dem Blatt der zähen 68er Platzhirsche, daß sie sich mit der Anti-Porno-Kampagne beschäftigen muß, statt sich endlich den »großen Lebensentwürfen zuwenden« zu können (so was hieß früher Haupt- und Nebenwiderspruch). Kiderlen wörtlich: »Eine moralische Kampagne wie PorNO ist nur ein folgenloser Grabenkrieg, ein symptomatisches Ablenkungsmanöver, um der längst ohne große frauenpolitische Beigaben laufenden Diskussion um die Zukunftsgestaltung dieser hochindustrialisierten Gesellschaft auszuweichen. Gold, Liebe, Abenteuer – Beruf, Kinder, Obsessionen – wie soll eine Gesellschaft aussehen, die das Frauen und Männern ermöglicht?« Ja, wie? Vor allem aufs demokratisierte Gold und auf die befreite Besessenheit der Yuppie-Linken darf frau gespannt sein... Und während wenigstens ein Teil der Linken sich – endlich! – ernsthaft mit Pornographie auseinandersetzt, darf in einem anderen rot-grünen Blatt, der »Frankfurter Rundschau«, die Filmkritikerin Gertrud Koch, nicht ganz so heißaheißa und etwas kopflastiger, ganzseitig über »Die neue Sittlichkeit« der leidigen EMMA klagen. Alles ist recht. Verdrehungen, Unterstellungen, bis hin zu Unwahrheiten. Wer sich durch die mit Versatzstücken der hohlen Soziologismen und selbstgestrickten Fremdwörtern überladene Seite nicht abschrecken läßt, kann im Bimbam der Wörter Sätze finden wie diesen: »Mit dergleichen Enthüllungen eröffnet Dworkin ihr Buch über die Pornographie: Die Männer haben eine imperiale und terroristische Herrschaft über die Frauen angetreten, ihre Waffen sind Penis und dessen symbolische Repräsentante, die Pornographie.«

Enthüllungen. Frau möge sich dieses Wort auf der Zunge zergehen lassen: Enthüllungen. Das schreibt nicht etwa eine Zwanzigjährige, die gerade anfängt zu denken – das wäre zu verzeihen –, sondern eine gut Vierzigjährige, die eigentlich ihre Geschichte und ihre Klassikerinnen kennen sollte.

Eine solche Klassikerin ist allerdings nicht die von Koch zustimmend zitierte Betty Friedan, die der autonomen Frauenbewegung mit ihrem reaktionären Reformismus schon genug auf die Nerven geht. Eine solche Klassikerin wäre zum Beispiel, so's denn sein darf für die frankophilen Existentialistinnen, gerne Simone de Beauvoir. Und die würde vermutlich, auch wenn's die Frauenecke der Linken gar nicht so gern hört, in etwa folgendes sagen:

Der Feminismus ist eine politische Theorie, ganz wie der Sozialismus. Er hat seine Geschichte und seine Grunderkenntnisse. Sowenig, wie der Sozialismus die »Gleichstellung von Besitzenden und Abhängigen« fordert, sondern ihre Abschaffung (also die Abschaffung der Machtverhältnisse), so wenig fordert der Feminismus die »Gleichstellung von Verschiedenen« (Koch), sondern im Gegenteil die Abschaffung dieses »Andersseins«. Der Feminismus kämpft für die Aufhebung des im Namen des kleinen Unterschiedes postulierten und täglich neu erpreßten großen Unterschieds zwischen den Geschlechtern. Der Feminismus will, in aller Bescheidenheit, die Gleichheit der Geschlechter (ihre »Gleichstellung«, also die ideologische Aufwertung des Weiblichen ohne Veränderung der Realitäten, fordert Blüm, nicht Beauvoir).

Dabei geht der Feminismus selbstverständlich grundsätzlich davon aus, daß nicht die Natur den Mann zum Mann macht (und die Frau zur Frau), sondern die Machtverhältnisse das tun. Männer sind also nicht aufgrund ihres »Wesens« Pornographen, sondern dank ihrer Macht. Über Details und Strategien können, versteht sich, auch Feministinnen streiten, über eines jedoch nicht: Die antibiologistische Sichtweise, also die Ablehnung eines jeglichen Glaubens an die Natur des Menschen (der Frauen, der Männer, der Schwarzen, der Juden etc.) steht im Zentrum der feministischen Theorie. Ausgerechnet uns eine »metaphysische Überhöhung der Männer zur satanischen Weltverschwörung« (Koch) zu unterstellen, ist also dumm oder dummdreist.

Trotz dieser 20jährigen Geschichte des neuen Feminismus und der 150jährigen Geschichte des historischen Feminismus weiß die linksalternative »taz« 1988 nicht, was »sexistisch« ist und was »pornographisch« sein könnte. Sonst wäre die Forderung nach einem »ersten Kriterienkatalog« für den »alltäglichen Sexismus in der taz« nicht erst Resultat des zweiten Frauenstreiks in der vor neun Jahren gegründeten Zeitung. Auch tut die Frauenempörung in der »taz« jetzt blauäugig so, als seien es nicht in den letzten Monaten und Jahren gerade auch Frauen gewesen, die den schnoddrig pornographischen Ton ihrer Zeitung möglich gemacht haben; als stammten die dümmlichsten und zynischsten Pro-Porno-Beiträge in der »taz« der letzten Zeit nicht aus Frauenfedern... Schließlich hat der moderne Mann gelernt: Er läßt sich die Kohlen von Frauen aus dem Feuer holen. Am liebsten von »Feministinnen« – aber davon war ja schon die Rede.

Von der »taz« befragt, ob sie sich so was wie »linke« Pornographie vorstellen könne (Warum nicht, ey, schließlich gibt's doch auch linken Kapitalismus, oder?), antwortete die Schriftstellerin Elfriede Jelinek: »Ich merke an meiner eigenen Arbeit, daß die Darstellung des Obszönen von Männern so ursurpiert ist, daß Frauen dafür keinen Ort haben und scheitern müssen.« Und befragt, was für sie denn Pornographie sei, spricht Jelinek ein klares Wort: »Eine Reaktion total verunsicherter und aggressiver Männer auf die Frauenbewegung, die sie nicht anders totkriegen können. Das Imperium schlägt zurück.«

Die bisher als »pornographisch« mißverstandene Jelinek darf das anscheinend sagen in gewissen Kreisen. Noch darf sie. Deklarierte Feministinnen dürfen schon lange nicht mehr. Sie dürfen in der halblinken Presse die halbgare, halbintellektuelle und ganz reaktionäre Pro-Porno-Propaganda der Nutznießer und ihrer Komplizinnen ertragen. Halbherziger Komplizinnen. Denn mit ganzem Herzen können noch nicht einmal mehr sie die Pornographie propagieren. Die Selbstverleugnung auch des weiblichen Menschen hat Grenzen.

In seinen kumpelseligen Erinnerungen (»Wir haben sie so geliebt, die Revolution«) behauptet der immer-modische Ex-68er und heutige Realo Daniel Cohn-Bendit, um die Frauenbewegung sei es still geworden: »Weil sie gesiegt hat. Ihre zentralen Forderungen sind in die allgemeinen Sitten eingegangen.« In einer Publikation aus demselben modisch-linken Szenetopf (aus dem Frankfurter Verlag »Roter Stern« des Ex-SDSlers KD Wolff) forderten jüngst Frauen – in Namen des Feminismus! – grünes Licht für den »Sex am Arbeitsplatz« (darunter die Autorin Gertrud Koch), weil sie den so befreiend und erotisch finden... Die neue Welt scheint also schon ausgebrochen zu sein im intellektuellen Mittelstand der Bankenmetropole.

Es möge der alten Welt dennoch gestattet sein, ganz unmodisch auf folgendes hinzuweisen: Die Verhältnisse, die sind noch nicht so. Die seit Jahrtausenden währende Unterdrückung von Frauen und die neu formulierten Antworten von Feministinnen bleiben noch für ein paar Jährchen aktuell.

Denn: Unter dem Pflaster liegt für uns Frauen noch lange nicht der Strand. Unter unserem Pflaster liegt, unter anderem, die Pornographie.

Mai 1988

Diät-Terror: Dünne machen

Es schien so glatt zu funktionieren. Dem Gebot der Schlankheit beugten sich in den letzten zwei Jahrzehnten zunehmend mehr Frauen. Sie schaffen es oder schaffen es nicht, es beschäftigt sie auf jeden Fall. Manchmal rund um die Uhr. Sie haben Komplexe, lassen sich den Appetit verderben, zählen Kalorien, haben zu tun. Hausfrauen, Studentinnen, Sekretärinnen, Karrierefrauen – keine scheint gefeit. Während Männer nach Profil streben, streben Frauen nach Linie. Während Männer Raum einnehmen, machen Frauen sich dünne. Wie günstig.

Seit neuestem aber ist Sand im Getriebe. Das Gift des Diätwahns scheint in Überdosis verabreicht worden zu sein. Die bisher diskret hungernden (und heimlich fressenden) Frauen flippen aus. Zunehmend. Ärzte schlagen Alarm. Eine neue Frauenkrankheit breitet sich aus: die Bulimie, profaner auch Freß- und Kotzsucht genannt. An ihr leiden Frauen, die zwischen Hungerkuren und Freßtouren schwanken, in diesen Phasen ungeheure Mengen verschlingen und durch künstliches Erbrechen und Abführmittel gleich wieder ausscheiden. Allein in der Bundesrepublik schätzen Ärzte die Zahl der freßsüchtigen Frauen auf mindestens 300 000 bis 400 000. Für sie ist die alltägliche Diät zur unentrinnbaren Sucht geworden, Sucht, die ihr Denken und Fühlen beherrscht und ihr Leben bestimmt.

Frauen treiben den Diätwahn auf die Spitze, werden krank und verrückt, funktionieren nicht mehr. Die Zahl der Frauen, für die das Essen so zur Sucht geworden ist (oft in Kombination mit Medikamenten, den Abführmitteln) wie für andere der Alkohol, steigt. Sie steigt so beunruhigend, daß selbst die, die es bisher am tollsten getrieben haben, die Bremse ziehen. Zumindest leicht. So heben »Brigitte« und »Bild« plötzlich warnend den Finger: Die Frauen sollten es nicht gar zu toll treiben mit der Diät, »lieber mollig und glücklich als schlank und unglücklich« (und veröffentlichen gleich ein paar Seiten weiter die allerneueste Blitz-Diät).

Täglich bis zu 1500 Briefe erhält nach eigenen Angaben die Frauenzeitschrift »Brigitte« zur Diät. 1500 Briefe. Man stelle sich vor, Frauen schrieben täglich 1500 Briefe, um gegen den Abbau der 218-Reform zu protestieren. Zum Beispiel. Oder um mehr Rechte für Frauen zu fordern. Oder um gegen den Rüstungswahnsinn zu protestieren...

Doch man muß diese Zahlen nicht kennen, man muß sich nur im eigenen Leben umschauen, um zu begreifen, in welchem Maße die Idee »Ich bin zu dick« Frauen okkupiert. Egal, wie alt sie sind. Egal, wie bewußt sie sind. Egal auch, wie schlank oder dick sie wirklich sind. Die Zauberformel »Diät« scheint Erlösung von allem Leiden zu versprechen. So kommt es, daß die »Traumfigur« inzwischen in den Träumen vieler Frauen noch vor dem »Traumprinzen« und der »Traumrobe« rangiert (dafür sprechen auch die Schlagzeilen der auflagenstarken Frauenzeitschriften, deren Verkaufsargument Nummer eins die jeweils neueste Diät ist). Besonders beunruhigend dabei ist, daß der alltägliche Diätwahn so selbstverständlich geworden ist, daß wir ihn noch nicht einmal mehr als solchen wahrnehmen. Da lacht kaum eine schallend über die zwei Messerspitzen Petersilie, die wir, um die Völlerei auf die Spitze zu treiben, zum Abendessen laut »Brigitte« noch über das geraspelte Radieschen streuen dürfen. Da schüttelt kaum eine den Kopf über die neue Mode, die, diesmal, »breite Gürtel« um die Hüften vorschlägt und dazu Mannequins defilieren läßt, deren Hüftumfang in Zentimetern das mißt, was bei einem einigermaßen gesunden Körper eigentlich Taillenumfang sein müßte. Da ist Protest auch kaum hörbar, wenn einem die liebste Freundin, der eh schon die Knochen vorstehen, sagt: Ach, ich muß unbedingt abnehmen, ich bin nämlich schon wieder dikker geworden.

Die Perversion ist eine doppelte: Man muß schon in einer Überflußgesellschaft leben, um Essen so zum Spielball der Ideologien machen zu können. Und man muß schon im Patriarchat leben, um als Frau in einer Überflußgesellschaft so zu hungern.

Etwa Mitte der 70er Jahre haben wir Feministinnen begonnen, laut über die Ursachen und Folgen des Schlankheitsdiktats nachzudenken. Wir haben schon einiges dazu gesagt, aber noch längst nicht alles. Es scheint so zu sein, daß ausgerechnet in den Zeiten, in denen wir Frauen es geschafft haben, äußere Fesseln zu lockern oder gar zu sprengen, sich neue, innere Fesseln um uns gelegt haben. Und, daß eine der schlimmsten inneren Fesseln eben dieser Schlankheitswahn ist, der sehr viel mehr Folgen hat, als wir zu ahnen wagen.

Es beginnt mit einem tief gestörten Verhältnis zum Essen. Millionen Frauen essen entweder nicht. Oder sie essen zuwenig. Oder sie essen und haben dabei ein schlechtes Gewissen. Oder aber, neuere Entwicklung, sie schlingen das Essen hinunter. Aus Hunger. Hunger nach dem Leben. Und sie kotzen es wieder aus. Weil das Leben zum Kotzen ist. – Einer der elementaren sinnlichen Genüsse, Essen, ist all diesen Frauen nicht mehr möglich.

Das Hungern und das Schwanken zwischen Hungern und Fressen schwächt den Körper, ja macht ihn regelrecht kaputt. Hinzu kommen die zerstörerischen Auswirkungen der Appetithemmer und Abführmittel. Die heute modische »Idealfigur« entspricht, rein medizinisch gesehen, einer Unterernährung, doch längst ist sich die seriöse Medizin darüber einig, daß ein paar Kilo mehr gesünder sind als ein paar Kilo zuwenig. Denn dem unterernährten Körper fehlen Abwehrkräfte und Kräfte. Man stelle sich nur eines dieser schlanken Wesen in der körperlichen Auseinandersetzung mit einem ordentlich ernährten Mann vor – hoffnungslos.

Hinzu kommt die seelische Zerrissenheit, der permanente Double-bind. Denn die »Idealfigur« ist für keine jemals erreichbar (ich jedenfalls habe noch nie eine Zufriedene getroffen). Auch die Schlankste fühlt sich noch »zu dick« – und ist das in Relation zu den Kleiderständern der Modeseiten ja auch tatsächlich. Und noch bei der Dürrsten stimmt etwas nicht mit den Pfunden: Da ist der Hintern zu dick für Jeans, der Busen zu groß, die Waden sind zu stramm... Und wenn frau endlich so rank ist wie Jane Fonda oder Lady Di, wispert es in ihr: Jetzt bist du vielleicht schön schlank, aber begehrt bist du nicht, denn eigentlich, eigentlich mögen die Männer etwas ganz anderes...

So kann der eigene Körper zum narzißtisch-autistischen Gegenstand allen Sehnens und Handelns, kann er zur Ersatzwelt werden. Vor allem natürlich für die Frauen, die sonst schon nicht viel Platz in der Welt haben (aber auch Frauen mit Engagement und Beruf räumen der Beschäftigung mit der Linie oft einen Platz ein, der für einen Mann undenkbar wäre). Alle Sehnsüchte, alle Revolten, alle Kämpfe gelten dem eigenen Körper, er soll nach fremden, feindlichen Gesetzen funktionieren. Nicht die Lebensumstände und die Welt sollen sich ändern – der Körper soll es. Und wenn er erst anders, wenn er erst perfekt wäre, dann würden auch das Leben und die Welt wunderbar.

Einst fragte die Königin: »Spieglein, Spieglein an der Wand, wer ist die Schönste im ganzen Land...« Heute fragen die Frauen: »... wer ist die Schlankste im ganzen Land?« Die Schlankheitskarriere scheint die begehrteste zu sein, der Wettbewerb um die Pfunde der weitverbreitetste Konkurrenzkampf unter Frauen. Du bist viel schlanker als ich – Ich habe jetzt endlich abgenommen – Kompliment, du bist ja wunderbar schlank geworden. Während Männer Karriere machen, machen Frauen Diäten.

»Ich wußte nicht, daß ich so stark sein kann«, titelte »Brigitte« in ihrem Septemberheft 1984 den »Brigitte-Diät-Club«. Der stolze Spruch kam aus dem Mund von Petra Hunger, 21, aus Goslar. Petra hatte zwischen Januar und April 1984 genau 24 Kilo abgenommen. Und darauf ist Petra stolz. Verständlicherweise. Denn ansonsten gibt es zur Zeit wenig, worauf sie stolz sein könnte. Wie einigen wenigen Nebensätzen in »Brigitte« zu entnehmen war, hatte Petra mit 17 geheiratet und dann prompt angefangen, »mehr und öfter zu essen«. Als sie ihre Lehre beendet hatte, keine Stelle fand und zu Hause blieb, aß sie noch mehr. Jetzt sitzt sie noch immer berufslos in ihren vier Wänden, aber sie hat etwas zu tun: Sie kämpft um die Linie. Und sie hat sich bewiesen, daß sie Energie und Selbstdisziplin hat, daß sie »stark« ist. – Jubelt »Brigitte«: »Petra hat wieder Konfektionsgröße 38.« Wie schön.

An Brigittes Petra wird karikaturhaft eines klar: der Ablenkungs- und Ersatzcharakter der Welt der Diäten. Ablenkung vom Hausfrauenleben, bei dem eine lebendige junge Frau ja aus der

Haut fahren (aus dem Leim gehen) muß, Ersatz für die fehlende Welt. Da wird die Kalorientabelle zum Gradmesser für Tüchtigkeit, die erreichte »Traumfigur« zum Ziel aller Träume. Zentrum weiblicher Existenz ist hier nicht das Selbstexistieren, sondern das Anderengefallen. Und der Horizont weiblichen Strebens ist nicht vom Universum begrenzt, sondern – von der eigenen Haut.

Es wird kein Zufall sein, daß ausgerechnet mit erstarkender Emanzipation die Frauen immer dünner werden sollen. Daran haben auch Aerobic und Bodybuilding wenig geändert. Im Gegenteil: Diese Moden haben einerseits das Streben von Frauen nach mehr Bewegung und Stärke aufgenommen, es aber andererseits im Handumdrehen wieder pervertiert: Schlank sein und dekorativ, das bleibt das Gesetz.

Ja warum machen die dämlichen Frauen denn all das mit, wird da so manch eine/r fragen. Ja, warum? Weil Ideologien zäher sein können als Realitäten. Weil frau ökonomisch schon unabhängig sein kann, aber seelisch noch gefangen – das sind langwierige Prozesse. Und, weil die Frauen selbst, als Schwächere, die nach dem Gesetz des Starken streben, Trägerinnen und Mitverbreiterinnen dieser Ideologien sind. Doch: Bestimmt werden Ideologien von den Herrschenden. Und sie sind es auch, die letztendlich davon profitieren. Auch vom Schlankheitswahn. Diese Männergesellschaft will, daß wir Frauen uns dünne machen. In jeder Beziehung.

Daß wir selbst dabei mitmachen, gestehen wir uns nicht gerne ein. Verständlich. Wir suchen Ausflüchte. Wir sagen nicht gern: Wir wollen schlank sein. Wir sagen lieber: Es ist gut für die Gesundheit – Ich fühle mich ganz einfach besser so – Ich mache Heilfasten – und was der hübschen Bemäntelungen mehr sind. Manchmal ist ja vielleicht sogar etwas dran. Aber: Wir sollten mißtrauisch sein mit uns selbst in diesem Punkt. So manche einleuchtende Erklärung fürs Diäten ist nicht mehr als eine geschickte Rationalisierung, die vor anderen und vor uns selbst verbergen soll, daß wir uns ganz profan dem Schlankheitsdiktat beugen. Egal, wie alt wir sind (ein 40jähriger Körper hat natürlich andere Formen als ein 20jähriger); egal, welche Form unser Körper individuell eigentlich hat (eher stämmig oder eher hager, eher barock oder eher schmal); egal, wie wir uns wohl fühlen (könnten) – wir beugen uns der Einheitsform, hungern nach der »Idealfigur«. Nur: Wessen Ideal ist das eigentlich?

Unsere Körper, Terrain männlicher Normen, männlicher Gewalt, männlicher Besitznahme, sind seit Jahrtausenden enteignet, kolonialisiert vom Patriarchat. Nicht zufällig lautete eine der ersten Forderungen der neuen Frauenbewegung: Mein Bauch gehört mir! Wenn wir Freiheit wollen, müssen wir zuallererst einmal uns selbst, unsere eigenen Körper befreien. Und unsere Seelen entgiften. Auch vom Gift des Diätwahns.

Das wird ein langer Weg sein. Und die ersten Schritte werden sein, das Selbstzerstörerische am Diätwahn zu erkennen. Dann der Vielfalt wieder Raum zu geben, in uns hineinzuhorchen, versuchen rauszufinden, welche Körperformen uns ganz persönlich entsprechen. Und dann? Ja, dann wird vielleicht ein Teil der Phantasie und Energie, die wir heute in dieses kleinliche und wahrhaft unwürdige Kalorienzählen investieren, wieder frei sein. Frei zum Leben, frei zum Kämpfen um etwas, das sich lohnt.

Oktober 1984

Politische Prozesse von Mutter Weimar bis Memmingen

Mit dem Recht ist das so eine Sache. Es richtet sich nicht nur nach den Buchstaben des Gesetzes, sondern auch nach dem, was den Richtenden Rechtens scheint – und dem Zeitgeist opportun. Zwei Prozesse führten das in diesen letzten Monaten besonders deutlich vor Augen: der Prozeß gegen Monika Weimar und der Prozeß in Memmingen. Dieses bayerische Verfahren gegen die 277 Frauen, die abgetrieben haben, und den helfenden Arzt nannte Hildegard Hamm-Brücher (FDP) zu Recht einen »politisch motivierten Prozeß«, denn er ist weniger eine Frage des Rechts und mehr eine Frage der Politik. Hier wird die Demütigung und Entmündigung ungewollt Schwangerer und die Einschüchterung solidarischer Ärzte öffentlich demonstriert. Zur Warnung. Ende offen.

»Durchaus offen« war bis zuletzt auch der Ausgang des Revisionsantrages in einem der »aufregendsten Indizienprozesse der Nachkriegszeit« (»Süddeutsche Zeitung«). Und ganz wie die Memminger müssen sich die Fuldaer Richter, die das Weimar-Urteil gesprochen haben, und die Karlsruher, die die Revision abgelehnt haben, die Frage gefallen lassen, ob es sich nicht auch hier um einen »politisch motivierten Prozeß« gehandelt hat.

In Memmingen steht die selbstbestimmte Mutterschaft vor Gericht. Im Prozeß gegen »Mutter Weimar« war (auch) die moderne Mutterschaft angeklagt: die, die sich nicht nur aufopfert und nicht um jeden Preis an einem eigenen Leben hindern läßt.

Ginge es nur nach den Buchstaben des Gesetzes, hätte dieselbe Monika Weimar in demselben Fall im Namen derselben Gesetze freigesprochen werden können. Doch die geschriebenen Gesetze werden nach ungeschriebenen Gesetzen angewandt. Nicht Computer spucken die Urteile aus, sondern Menschen (meist Männer) sprechen sie – nach jeweiligem Ermessen. Dieses menschliche Ermessen ist zwangsläufig ein Produkt ihrer Prägungen und Interessen, es kann also nicht frei sein von der herrschenden Moral, nicht frei vom Tenor der tonangebenden Medien, nicht frei von der sogenannten öffentlichen Meinung (die treffender die »veröffentlichte Meinung« hieße).

Justitia ist nicht blind. Im besten Falle ist sie klarsichtig. Im Klima der »Hexenjagd« des Weimar- und des Memmingen-Prozesses hätten die Richter gegensteuern müssen. Haben sie das getan? Im Weimar-Prozeß prägten nicht Feministinnen, sondern Anwalt Bossi schon im Sommer 1988 den Satz vom »Vorfreispruch des Mannes« und der »Vorverurteilung der Frau«. Im Memmingen-Prozeß ist auch Nicht-FrauenrechtlerInnen längst klar, daß hier wohl kaum um das »Recht des Ungeborenen« gestritten wird – das nur durch eines wirklich geschützt werden kann: durch eine *gewollte* Mutterschaft –, sondern daß es hier vor allem gegen das Recht der Frauen auf ebendiese selbstbestimmte Mutterschaft geht.

Ein politischer Prozeß hat immer eine doppelte Funktion: Er trifft den/die Angeklagte/n direkt und meist besonders hart, und er statuiert indirekt ein Exempel – zur Abschreckung aller (noch) nicht Angeklagten. Das herrschende Klima wirkt sich also nicht nur auf den Prozeß aus, sondern der Prozeß wirkt sich auch seinerseits auf das herrschende Klima aus. Das ist eindeutig im Fall Memmingen. Während und nach diesem § 218-Prozeß sind Frauen und Ärzte eingeschüchterter als zuvor.

Ich behaupte: Das betrifft auch den Fall Weimar! Auch er war ein solcher politischer Prozeß, auch er hatte eine abschreckende und einschüchternde Funktion für Frauen. So wie Jahre zuvor der Prozeß gegen bzw. für Bubi Scholz, eingeklagt: das Recht auf Männergewalt. Oder davor der »Fall Lundi«, eigentlich ein Fall Driest, eingeklagt: das Männerrecht auf Vergewaltigung. Oder, wieder Jahre zuvor, der Prozeß Ihns/Andersen, angeklagt: die Frauenliebe. Auch der Prozeß gegen »die Hexe« Vera Brühne in den bigotten frühen 60er Jahren gehört in diese Reihe.

Ein jeder dieser Prozesse hat in bestimmten historischen Etappen eine ganz bestimmte öffentliche Rolle gespielt. So war Gegenstand des juristischen und öffentlichen Prozesses, der Monika Weimar gemacht wurde, nicht nur der Tod der Kinder, sondern auch der Lebenswandel der Mutter: eine ganz normale Frau aus eher konservativen Verhältnissen, die nicht (mehr) funktioniert wie erwartet. Sie bricht aus einer lustlosen Ehe aus, wird wieder berufstätig, nimmt sich einen jüngeren Geliebten; sie will nicht länger nur Mutter und Ehefrau sein.

Daß die »Ami-Hure« und »ahl Hex'« schuldig ist, das wußten die Philippstaler im ganzen Land noch vor dem Richter. Und dann gab sich die berufstätige Krankenpflegerin vor Gericht auch noch »beherrscht« und »kühl«, statt Tränchen zu zerdrücken – ganz ungünstig. Besonders ungünstig in einer Zeit, in der es eine CDU-Familienministerin schon fast den Kopf kostet, wenn sie sich erlaubt, nur darauf hinzuweisen, daß das Hausfrau- und Muttersein heutzutage »keine lebenslange Beschäftigung« mehr ist...

Der Weimar-Prozeß mußte für vieles, für zu vieles herhalten. Das »Flittchen« konnte sich der Aggressionen aller »gehörnten« Ehemänner sicher sein, aber auch all derjenigen Frauen, die vom Ausbruch noch nicht einmal zu träumen wagen (dafür aber um so öfter vom Kindsmord).

Der Verlauf des Indizienprozesses gegen Monika Weimar war

quälend. Es gab mehr als eine Ungereimtheit. Der erste ermittelnde Staatsanwalt, der von der Schuld des Vaters überzeugt schien, wurde abgelöst. Die zahlreichen für die Mutter sprechenden Indizien wurden bis zuletzt links liegengelassen. Die vielfachen Quasi-Geständnisse des Vaters wurden überhört. Sein Versuch, neu auszusagen, wurde von seinem Anwalt und seiner Familie zuletzt sogar als geistige »Verwirrung« abgetan: Sie lieferten ihn zwei Monate vor der Ablehnung des Antrags auf ein neues Verfahren für Monika Weimar kurzerhand in eine geschlossene psychiatrische Abteilung ein. Am Tag der Ablehnung ihres Revisionsantrags wurde »Vater Weimar« wieder entlassen.

Psychologisch sehr aufschlußreich ist es, daß trotz dieser Umstände, die selbst die Richter zögern ließen, der in der Berichterstattung tonangebende »Spiegel«-Autor (und Hobby-Richter) Mauz kategorisch jeden Zweifel negierte und, fast beschwörend, die »schreckliche Tat« als »Verbrechen« der Monika Weimar festschrieb. – Sie *muß* es gewesen sein! Er *darf* es einfach nicht getan haben.

Doch schuldig oder unschuldig – das spielt letztendlich bei der Analyse der frauenfeindlichen Funktion dieses Prozesses keine entscheidende Rolle. Allerdings: Die symbolische Funktion des Weimar-Prozesses erhöhte die Gefahr der Einseitigkeit. Richter und Journalisten müssen sich auch in Zukunft fragen, ob hier nicht ein Fehlurteil gesprochen wurde.

Sie war »schmallippig«, »energisch«, »kalt« und »ihm überlegen«; er war »schwach«, »ein armes Schwein« und »eigentlich von ihr abhängig«. So wurde über Monika und Reinhard Weimar geschrieben. Und so wurde, wortwörtlich, auch über Bubi und Helga Scholz geurteilt. »Bild« über das Ehepaar Scholz: »So quälte Helga Bubi«. Die »FAZ« über das Ehepaar Weimar: »Er war abhängig von ihr.«

Egal, ob sie Opfer sind oder Täterinnen scheinen: Der Mann ist allemal der Bedauernswerte und die Frau allemal das Luder. Einzige Ausnahme: die Mutter, die tötet, um ihre Kinder zu schützen. Die herrschende Justiz ist eben nicht nur eine Klassenjustiz, sie ist auch eine Männerjustiz.

Die Statistik spricht dazu eine klare Sprache. Bei der »Tötung von Intimpartnern« kommt auf zehn tote Frauen nur ein toter

Mann. Wenn Frauen töten, dann tun sie das fast immer nach langen Mißhandlungen durch ihren Mann/Freund. Wie sie töten, wird ihnen meist als »Heimtücke« angelastet – ein Kriterium, das automatisch die Qualifikation der Tat als »Mord« und damit »lebenslänglich« nach sich zieht. Bei den männlichen Tätern spielt dagegen die »verletzte Männerehre« eine häufige Rolle (weil sie ihn »nicht ernst nahm«, »beschimpft hatte« oder »nicht ranließ« etc.), sie handeln »im Affekt«. – Folge: mildernde Umstände.

»Vor Gericht macht Bubi eher den Eindruck eines Opfers, denn eines Täters«, schrieb die »Saarbrücker Zeitung« 1984. Und sprach damit einer Männer-Mehrheit aus dem Herzen. Und Mauz seufzte im »Spiegel«: Seine Tat »gleicht einem Selbstmordversuch, so abhängig wie Gustav Scholz von seiner Frau war«. – Die Richter hatten ein Einsehen. Drei Jahre für Bubi, ein Jahr davon auf Bewährung. »Unser Bubi bald frei!«, jubelte »Bild«.

Zwei Jahre nach den tödlichen Schüssen auf seine Frau: Abgang im weißen Mercedes und mit hochbeiniger Blondine (von der die Boulevardpresse zu berichten wußte, daß »er sie seit fünf Jahren kennt«). Und da das Leben ungern mit Pointen geizt, kassierte Bubi Scholz zu guter Letzt auch noch die Lebensversicherung seiner Frau – 650000 Mark.

Wie das möglich ist? Ganz einfach. Die Richter stuften die Tat des »Boxers mit dem gebrochenen Herzen« nicht als »Mord«, auch nicht als »Totschlag«, sondern als »fahrlässige Tötung« ein. Das sicherte Bubi den Zugang zur Lebensversicherung der von ihm erschossenen Helga Scholz. Übrigens: Auch Vater Weimar hat die Lebensversicherung seiner Töchter längst kassiert. Alles Rechtens. Daß ausgerechnet der Scholz-Prozeß 1984 so gefeiert und so gehandelt wurde, das lag nicht nur am prominenten Täter. Es lag auch daran, daß die Bubis der Nation nichts mehr hören wollten von dem Gerede über die »Gewalt in der Ehe« etc. Überfüllte »Häuser für geschlagene Frauen« in fast allen Städten! Die Forderung nach Strafe auch für Vergewaltigung in der Ehe! Dabei »weiß doch jeder«, daß es auch »in einer Ehe nach 29 Jahren mal handgreiflich zugehen kann« (»Der Spiegel«). Na eben. Mit dem Scholz-Prozeß wurde es allen Frauen und Männern noch mal deutlich demonstriert, dieses Gewohnheitsrecht der Männergewalt in der Ehe.

Daß die Frauenliebe gar nicht erst zur Gewohnheit wird, davor warnte zehn Jahre zuvor ein mindestens ebenso spektakulärer Prozeß: der gegen Marion Ihns und Judy Andersen, die eine Liebesbeziehung gehabt hatten und 1979 in Itzehoe vor Gericht standen, weil sie einen Killer beauftragt hatten, den Ehemann Ihns zu beseitigen.

Marion Ihns war von ihrem Ehemann jahrelang mißhandelt und vergewaltigt worden. (»Bild« verständnisvoll: Ihns »mußte sich einen Rausch antrinken, um sich mit Gewalt holen zu können, was ihm von ›Rechts wegen‹ zustand.«) Die Dänin Andersen war bereits im Alter von vier Jahren vergewaltigt worden. Dennoch berücksichtigte das Gericht weder den sozialen Hintergrund noch die psychische Not der Angeklagten. Mord. Lebenslänglich für beide.

»Bild« in einer Serie zum Prozeß: »Wenn Frauen nur Frauen lieben, kommt es oft zu einem Verbrechen.« Und: »Vater des Toten verflucht lesbische Frauen«: Allgemeines Medienraster: die verführte, feminine Marion Ihns und die schuldige, maskuline Judy Andersen. »Spiegel«-Gerichtsreporter Mauz (ja, ja, immer wieder) verstieg sich damals sogar zu der These, die zarte Judy Andersen, die Frau mit dem »zwergenhaften Mopsgesicht«, sei schon von ihrer »körperlichen Konstitution her« zum Lesbischsein verurteilt gewesen.

Abstruse Stimmungsmache? Nein. Präzise ideologische Reaktion, drei Jahre nach Beginn der neuen Frauenbewegung. In einer Zeit also, in der die Männer durch eine neu aufbrechende weibliche Komplizität, ja mehr noch, durch die sogenannte neue Zärtlichkeit (zwischen Frauen) verunsichert und beunruhigt waren. Antwort: ein Prozeß gegen die Frauenliebe. Und die deutliche Erinnerung daran, daß Frauenmord ein Kavaliersdelikt ist, Männermord aber die Tat abartiger Bestien.

Ein Gutes allerdings hatte der Ihns/Andersen-Prozeß: Erstmals protestierten kritische JournalistInnen (144 Frauen und 44 Männer) beim Presserat gegen die »frauenfeindliche« Berichterstattung. Von da an sollte es eine gewisse öffentliche Sensibilität für groben Sexismus in Prozessen und der Berichterstattung über sie geben. Sie ging selbst an dem »Spiegel«-Berichterstatter nicht spurlos vorüber. So schrieb zum Beispiel der vielzitierte Mauz

1980 über den »Fall Lundi«: »Die Berichterstattung über den Prozeß gegen Burkhard Driest hat ›eine Gewalt gegen Frauen‹, eine brutale und schmierige Einstellung zu dem Thema Vergewaltigung offenbart – nach der man sich dem Satz ›Gewalt gegen Frauen ist eine Selbstverständlichkeit‹ nicht mehr entziehen kann.«

Der öffentliche Prozeß, der hier nicht etwa dem Täter, sondern dem Opfer gemacht wurde, fand übrigens in der BRD juristisch gar nicht statt: In Kalifornien hatte 1979 ein Krankenhaus Anzeige erstattet gegen Burkhard Driest, den »attraktiven Brutalinski, dem nachts im Park nur begegnen möchte, wer ernsthaft interessiert ist, vergewaltigt zu werden (»Die Zeit« 1973). Grund: Die Einlieferung der vergewaltigten, schwer verletzten Monika Lundi (Schauspielerin vom Typ nette, naive Blondine). Trotz massiver Beweise gegen Driest wurde die Klage in den USA abgeschmettert. In der BRD wurde sie erst gar nicht mehr erhoben.

Aber der öffentliche Prozeß fand statt, angeklagt war die Frau, die Sperenzchen machte. Und das nicht zufällig in einer Zeit, in der Vergewaltigung in aller Munde war: Frauen hatten genau in diesen Jahren endlich ihr schamvolles Schweigen gebrochen und forderten: Schutz und Strafe für Vergewaltiger! »Notrufe« für vergewaltigte Frauen überall! Untersuchungen über den »Vergewaltiger von nebenan«! Antwort: der Lundi-Prozeß, der eigentlich ein Driest-Prozeß hätte sein müssen. Das war 1980.

1989 war sich die Berichterstatterin der FAZ nicht zu dumm, nach Ablehnung der Weimar-Revision den Spieß umzudrehen und ausgerechnet Feministinnen für das »Lebenslänglich« für Monika Weimar verantwortlich zu machen. Weimar hätte bei einem »Geständnis« auf »Milde« hoffen können: Doch »nur mit einem unschuldigen, weiblichen Opfer«, argumentierte die FAZ, »ließ sich aus der feministischen Sicht mancher Medien gegen die ›Männerjustiz‹ agitieren«.

Nun, ob die Illustriertenschlacht und der -kitsch zwischen, zum Beispiel, »stern« (pro Mutter) und »Quick« (pro Vater) etwas mit Feminismus zu tun hat, sei dahingestellt. Mir scheint es eher unfeministisch – und unpolitisch überhaupt –, eine Schuld im juristischen Sinne als vorgebliche Unschuld zu verteidigen. Feministisch allerdings wäre es, an die psychologischen, sozialen und politischen Implikationen einer »Schuld« zu erinnern! Aus diesem Grund waren bisher auch die – juristisch schuldigen – Kindsmörderinnen eher ein feministisches Thema als die »unschuldigen Mütter« (denen es unter den gegebenen Umständen auch nicht gerade leicht gemacht wird, unschuldig zu sein – und zu bleiben).

Um die Mutterideologie – und damit den Kern der Frauenrolle – geht es auch in Memmingen. Die politische Funktion dieses Prozesses ist klar: Kirche und Konservative gehen verstärkt in die Offensive. Der § 218, der diesen Prozeß immerhin juristisch möglich macht (indem er Abtreibung bei Strafe verbietet und nur in Ausnahmefällen aus Gnade gewährt: »Indikationsregelung«), genügt ihnen noch nicht. Sie hätten gerne die guten alten Verhältnisse wieder. Sie wollen die Geschichte um 20 Jahre zurückdrehen, in die Zeit, in der ungewollt Schwangere allein, verzweifelt und verachtet waren. Die 277 Frauen, gegen die im schwarzen Memmingen ermittelt wird – und die vermutlich überwiegend Katholikinnen sind! –, stehen also, ganz wie der Arzt, für uns alle. Seht nur her, das kann euch passieren, wenn ihr glaubt, abzutreiben sei euer Recht! Denn was Rechtens ist, bestimmen wir.

Wurde Monika Weimar zu Recht verurteilt? Oder haben die (geschlechter)politischen Implikationen dieses Falles den Richtern den Blick auf die Wahrheit verstellt? Diese Frage bleibt offen. So offen, wie es (noch) der Ausgang des Prozesses in Memmingen ist, dessen Urteil nicht nur von den Buchstaben des § 218 abhängt, sondern auch vom Zeitgeist – und den herrschenden Machtverhältnissen. Wer wird siegen, 18 Jahre nach unserem öffentlichen Bekenntnis »Ich habe abgetrieben – und ich fordere das Recht dazu für jede Frau!«? Die Frauen, die sich nicht länger die Mutterschaft aufzwingen lassen wollen? Oder die Pfaffen und die Politiker, die uns wieder entmündigen und abhängig machen wollen?

April 1989

Zum Tod von Simone de Beauvoir

Für meine Generation waren sie in den 50er Jahren der einzige Lichtblick. Liebe? Ehe? Kein Nachdenken darüber war denkbar ohne das Modell des Traumpaares: Beauvoir und Sartre. Liebe ohne Ehe, ohne Abhängigkeit, ohne Ungleichheit. Das Wort Emanzipation fiel damals ganz sicherlich nicht. Es wurde noch nicht einmal gedacht. Aber gefühlt. Denn das demonstrierte dieses Paar bei jedem Schritt: daß sich hier zwei Gleiche begegnet waren. Irgendwann in den frühen 60ern habe ich dann die ersten Romane und »Das andere Geschlecht« gelesen. Es war wie ein Geheim-Code. Man las und verstand, aber man wußte sich allein damit. Ende der 60er sah ich das Buch zum erstenmal bei einer anderen Frau: In einem Frankfurter Studentenheim lag es auf dem Schreibtisch einer Aktiven des legendären Weiberrates...

Anfang der 70er begannen wir, endlich, miteinander zu reden. Wir entdeckten, daß »Das andere Geschlecht« unser aller heimliche Fibel war und Simone de Beauvoir unser aller Vorbild. Sie hatte uns, mit ihren Memoiren und Romanen, mit ihren politischen Engagements und privaten Revolten, das Bild einer Frau vermittelt, die hocherhobenen Hauptes gegen die Angepaßtheit, gegen die Feigheit und Dreistigkeit der anderen anlebte. Und die dabei nicht auf der Strecke blieb, sondern, im Gegenteil, erst wirklich anfing zu leben.

Sicher, die Frauen der westlichen Welt hätten sich, wieder einmal, auch ohne »Das andere Geschlecht« in Bewegung gesetzt. Aber sie hätten das nur zögernder und nicht mit dieser intellektuellen Klarheit tun können. »Man kommt nicht als Frau zur Welt, man wird es.« – Dem gab es nichts hinzuzufügen.

Beauvoirs umfassender Essay wurde allerdings erst eine Generation nach seinem Erscheinen zur radikalen Streitschrift gegen die Männergesellschaft, aber auch – gegen die Weiblichkeit.

Beauvoir, 1970 von den neuen Feministinnen persönlich angesprochen, gehörte selbstverständlich dazu. Sie wurde unsere Wegbegleiterin; sie stellte sich, wie sie es selbst formulierte, der Sache »zur Verfügung«, gab ihren Namen, demonstrierte mit, bezog Stellung.

Simone de Beauvoir

»Das andere Geschlecht« habe »nur« die Analyse geliefert, aber keine Strategie entwickelt, kritisierten einige. Als sei eine Strategie von einem einzelnen Menschen überhaupt denkbar (und wünschenswert) und nicht nur als Produkt eines handelnden Kollektivs wirklich politisch... In zwei Punkten allerdings, und in sehr wichtigen, konnte der neue Feminismus aufgrund der neuen historischen Gegebenheiten über die Analyse Beauvoirs hinausgehen: Die Töchter Beauvoirs erkannten das Ausmaß der Männergewalt gegen Frauen. Und sie benannten die Funktion der (Zwangs-)Heterosexualität (und damit die subersive Rolle der weiblichen Homosexualität).

Beauvoir war zu Beginn der neuen Frauenbewegung in der Tat leicht verschreckt von der militant lesbischen Amazonen-Fraktion. In ihren frühen Solidaritätsbekundungen versäumte sie selten anzumerken, daß es doch auch sympathisierende Männer gäbe, ja sogar solche, die Feministen seien. Wenige Jahre später allerdings hatten diese Ausnahmemänner zwar weiterhin den altgewohnten Platz in ihrem Herzen, vom Kopf her aber wurden sie politisch nun offen von ihr kritisiert (»Selbst Sie, Sartre, teilen nicht die Erfahrungen der Frauen! Sie wollen uns einfach nicht verstehen!«).

Ihre Beziehung zu Sartre war, das wird nach der Veröffentlichung der Briefe Sartres an Beauvoir noch klarer, sehr bald eher geschwisterlicher Natur. Zwei Menschen, die sich als Gleiche erkannt und gewählt und sich in dem halben gemeinsamen Jahrhundert so manches Mal einen durchaus hemmungslos komplizenhaften Umgang gegenüber Dritten erlaubt hatten. Um so absurder der Versuch, Beauvoir jetzt, nach ihrem Tod, wieder einmal zum Anhängsel Sartres, zur »großen Sartreuse« und »lebenslangen Gefährtin«, zum relativen Wesen, zur »Anderen« reduzieren zu wollen. Wie bezeichnend und grotesk, daß wir das selbst bei einer der bedeutendsten Frauen der Geschichte immer noch und immer wieder klarstellen müssen.

Versteht sich, daß Beauvoir selbst nie Ideal sein wollte. Sie war ein Anti-Star. Sie hat, glaube ich, bei allem stolzen bis manchmal schroffen Selbstbewußtsein selbst nie wirklich die eigene Bedeutung begriffen, sie nicht begreifen wollen. »Berühmt«, hat sie einmal zu mir gesagt, »berühmt ist man immer nur für die anderen.« (Ein Satz, der in die Poesiealben aller Tagesschau-Politiker/innen gehört.)

Auch darin war sie eine konsequente Existentialistin: Sie hat sich nie festlegen lassen, hat immer wieder neu nachgedacht, ist der Versuchung eines fixierten Bildes von sich selbst – und sei das auch noch so strahlend – nie erlegen.

Beauvoir ist bis zum Schluß bereit geblieben, sich auf Ungewohntes einzulassen, dazuzulernen. Recht unduldsam allerdings war sie immer mit der Dummheit und der Selbstgefälligkeit. Selbstbetrug konnte sie kaum ertragen (es ist darum nicht ohne Ironie, daß die bemühte »taz« ausgerechnet Luce Irigaray, die für Beauvoir eine typische Vertreterin der intellektuellen Schaumschlägerei und der neuen Weiblichkeit war, zur »Hommage« an sie aufgefordert hat).

Trotz alledem mußte der sperrige »Castor« (= Biber – ihr Spitzname) dennoch als Ideal herhalten. Wer, wenn nicht sie?! Menschen brauchen Vorbilder. Keine vernebelnden, entmündigenden Idole. Aber mitreißende Vorbilder. Solche, die vorleben, daß widerständiges, integres Denken und Leben möglich ist, mehr noch: erfüllend sein kann.

Männer haben solche Vorbilder. Sie haben davon so viele, daß sie sich in dem reichhaltigen historischen Angebot die jeweils passende Variante aussuchen können. Frauen haben sie nicht oder kaum. Frauen gehören nicht dazu. Sie sind ganz draußen, haben, bis sie überhaupt den Horizont erblicken, so viele innere und äußere Hürden zu nehmen, daß sie meist auf der Strecke bleiben oder den Weg gar nicht erst antreten (welche Gründe und Folgen das hat, hat Beauvoir in nicht zu übertreffender Klarheit im »Anderen Geschlecht« analysiert). Die wenigen, die es dennoch schaffen, sich von den Fesseln zu befreien, versucht man spätestens im nachhinein in die Niederungen des Ewig-Weiblichen hinabzuzerren.

Selbst einer Beauvoir bleibt das nicht erspart. Die Nachrufe waren mehr als bezeichnend, sie waren Strategie. Den schwarz-rot-goldenen Vogel schoß in ihrer dumpfen Uniformiertheit und sexistischen Dreistigkeit diesmal »Die Zeit« ab, subtil, aber nicht weniger dreist flankiert von der »Frankfurter Rundschau«.

Beauvoir selbst haben solche Manöver schon zu Lebzeiten kaum angefochten. So skeptisch und klarsichtig sie intellektuell war, so vital war sie emotional. Von einem nicht totzukriegenden Optimismus. Von der Art Optimismus, aus dessen Holz die Revolutionär/innen geschnitzt sind.

An diesem 14. April 1986 haben Millionen Frauen in der ganzen Welt geweint. Wenige Tage später standen Kate Millett und ich an ihrem aufgebahrten Sarg. Zu traurig, um zu reden, zu denken. Aber gefühlt haben wir, glaube ich, beide dasselbe: Das war nicht nur Abschied, es war auch Versprechen. Versprechen, weiterzukämpfen. Für die Freiheit. Für die Selbstverantwortung. Für das Glück aller Menschen. Vor allem und endlich auch für das der weiblichen Menschen.

Juni 1986

V. In eigener Sache

EMMA erscheint weiter und Feministin bin ich auch noch. Wie ich es geworden bin, das habe ich in der Einleitung meiner ersten Text-Sammlung mit Artikeln aus den Jahren 1970 bis 1982 geschildert. »Von Liebe + Haß« ist die Fortschreibung von »Mit Leidenschaft« (erschienen 1982 bei Rowohlt und zur Zeit vergriffen).

EMMA lebt – eine Bilanz der ersten zehn Jahre

Seit dem 1. September 1976 logiert der EMMA-Verlag auf zwei Etagen des Hauses Kolpingplatz Nr. 1, im Schlagschatten zweier großer Brüder: des Kölner Doms und des WDR. Platz ist genug. Am Anfang hätte es auch eine Etage getan, sogar ein Zimmer. Denn außer mir war da nur noch eine Person *full time* mit der Vorbereitung der ersten EMMA beschäftigt: Das war die Redaktionssekretärin Christiane Ensslin, bis dahin im Zuge der Sippenhaft arbeitslos.

Die Handvoll Journalistinnen, die einigermaßen Ernst machten mit ihrem im Sommer angemeldeten Interesse an der noch vor Erscheinen höhnisch totgesagten Zeitschrift, die waren und blieben festangestellt in den etablierten Medien und schauten am Feierabend oder am Wochenende mal rein. Mein etwas naiver Rundbrief, den ich im Frühling 1976 durchs Land geschickt hatte (»An alle Kolleginnen – bitte weitergeben«) hatte viele zum Mitreden angeregt, das Mitarbeiten aber ließ auf sich warten. Die Kolleginnen warteten erst einmal ab.

Bereits Monate vor Erscheinen der ersten EMMA mußte mit Druckereien und Vertrieben verhandelt werden. Zu einem Gespräch mit dem Hamburger Vertrieb IPV im Oktober 1976 nahm ich, auf den Rat seiner Tochter hin (»Mein Vater kennt sich da aus«) einen alten Hasen aus der Branche, Hans Huffsky, den Ex-Chefredakteur von »Constance«, mit. Ich hatte ihn nie zuvor gesehen und sah ihn danach nie wieder. Dennoch trug uns dieser kurze Auftritt dieses zweiten Mannes in EMMAs Vorleben ein vom Herrenmagazin »Spiegel« und von der Schwesternstreitschrift »Courage« hartnäckig verbreitetes Gerücht ein, der »eigentliche Macher« sei Herr Huffsky und das eigentliche Geld komme vom Konzern Gruner & Jahr (ausgerechnet). Cherchez l'homme.

Nur ein dritter wurde nie erwähnt. Der einzige, dem wir wirklich zu Dank verpflichtet sind für fachkundige Unterstützung beim Start. Das war der Buchhersteller Franz Greno, der einst noch beim S. Fischer Verlag den »Kleinen Unterschied« produziert hatte. Diesem Franz imponierte das dreiste Husarenstück. Er war es, der mir die erste Druckerei besorgte, mich in Papierfragen beriet und, nach einer durcharbeiteten Nacht, mit rotgeränderten Augen und unrasiert, die ersten 64 Seiten EMMA in die Frankfurter Lithographie und von da aus in die Kulmbacher Druckerei fuhr.

So war das am Anfang: Das Wissen um das *Machen* von Zeitschriften mußte ich, mußten wir uns fast ausschließlich bei den Männern holen. Frauen hatten bis dahin von so was kaum Ahnung. Denn das Zeitungsmachen ist eine ganz andere Sache als das Artikelschreiben. Und ich war und ich bin ja eigentlich Journalistin und nicht Verlegerin. Verlegerin wurde ich nur aus Verlegenheit: Damit meine und die Artikel anderer engagierter Kolleginnen, die es Mitte der 70er Jahre zunehmend schwerer hatten (»Ihr seid zu voreingenommen, weil ihr betroffen seid«), wieder erscheinen konnten.

Denn das war seit Beginn der neuen Frauenbewegung klar: Wir durften nicht abhängig bleiben von den männerbeherrschten Medien, wir mußten auch eigene Stimmen haben. Die einzige andere deutschsprachige feministische Zeitschrift am Kiosk, »Courage«, war zunächst nur als Berliner Stadtzeitung angekündigt worden und erschien, überraschenderweise, überregional erst im Ersterscheinungsmonat von EMMA, Februar 1977.

Hätte ich die EMMA auch gemacht, wenn mir damals, im Herbst 1976, jemand alle persönlichen Folgen prophezeit hätte? Vielleicht hätte ich mir das ganze noch mal gut überlegt... Schließlich konnte ich nicht ahnen, daß diese Zeitschrift die nächsten zehn Jahre meines Lebens fressen würde: Sie hat mir als Schreiberin oft nicht genug Zeit gelassen und mich zur Macherin verurteilt; sie hat mich in einem mir bis dahin unbekannten Ausmaße den weiblichen Selbstzerfleischungs- und den männlichen Spaltungsmanövern ausgeliefert; sie zwingt mich täglich neu zum Kampf um die (politische) Haltung, die (journalistische) Qualität und das (zum Existieren) notwendige Geld. Ich gebe zu, es war manchmal fast

EMMA 6 DM/Nr. 2 Febr. 87 G 4155 E
10 Jahre
EMMA

zuviel. Aber noch war die Freude ungetrübt. EMMA wurde geboren. Mit einem Budget, das knapp fünf Prozent des sonst für ein solches Unterfangen üblichen betrug, und in einer Zeit, die atemberaubend kurz war. Vier Monate nach Einzug in die Kölner Redaktionsräume stand das Konzept für die EMMA und lag die erste Nummer auf dem Tisch.

Der Name? Der war irgendwann mal aufgetaucht und gefiel uns. Nicht nur wegen der Anspielung auf die Em(m)anzipation, sondern auch, weil er das selbstironische Gegenteil vom platt Erwarteten war: Wie würde sie wohl heißen, diese Zeitschrift dieser jetzt vollends größenwahnsinnig gewordenen Schwarzer? Nora? Die Rächerin? Die Amazone? Alice la castrateuse?

Nein. EMMA. Ganz einfach EMMA. Ein Name zum Anfassen. Ein guter Name. – Schon wenige Wochen nach Erscheinen war EMMA nicht mehr der Laden von nebenan und auch nicht mehr die Möwe von Ringelnatz, die so aussah, als ob... Ab jetzt war sie Synonym für die Sache. Aufmüpfige Schulmädchen oder spüllunlustige Hausfrauen waren nun als »richtige Emma!« verschrien.

Doch bevor es soweit kam, mußte sie erst einmal erscheinen. Als ich im Dezember 1976 meine erste EMMA-Kolumne schrieb, tat ich das recht unwissend. Daß 58 Jahre zuvor die Feministinnen, Pazifistinnen und Münchner Räterepublikanerinnen, Anita Augspurg und Lida Gustava Heymann in München die Monatszeitschrift »Die Frau im Staat« mit der Absicht herausgegeben hatten, »das politische Leben vom Standpunkt der Forderungen und der Mitwirkung der Frauen zu verfolgen« – ich wußte es nicht. Daß 82 Jahre zuvor in Berlin die Feministinnen Minna Cauer und Lily von Gizycki »Die Frauenbewegung«, eine Monats-»Revue für die Interessen der Frauen« mit dem Ziel gestartet hatten, »der Vielfalt der Deutschen Frauenbewegung« eine »gemeinsame Stimme« für den »Kampf der Frauen« zu geben – ich wußte es nicht. Daß 128 Jahre zuvor die erste »Frauen-Zeitung«, initiiert von der Feministin und 48er Revolutionärin Louise Otto mit dem stolzen Motto erschienen war: »Dem Reich der Freiheit werb ich Bürgerinnen« – ich wußte es nicht.

Das ist vielleicht das Zermürbendste am Kampf der Frauen um Menschenrechte für alle, *auch* und vor allem für die Frauen: daß wir immer wieder ganz von vorn anfangen müssen. Immer wieder neu müssen wir die verschütteten Spuren unserer Geschichte mühsam freilegen. Vollends den Rest gab uns deutschen Feministinnen die 12jährige Barbarei des höchsten Männlichkeitswahns: des Faschismus. Er verwischte endgültig alle Spuren. Feministische Bücher wurden verbrannt, radikale Feministinnen wie Augspurg und Heymann starben im Exil. Und selbst die Gemäßigten, die sich mit ihrem Doch-noch-Frau-Sein lieb Kind hatten machen wollen und mit ihrer Ideologie vom natürlichen »Anderssein« des Weibes fatal zum Bild der »deutschen Frau und Mutter« beigetragen hatten – selbst sie waren, einmal benutzt, mundtot gemacht worden; ihre Zeitschriften wurden einige Jahre nach der Vertreibung der Radikalen eingestellt.

Diese seit Beginn des Jahrhunderts ebenfalls erschienenen Publikationen der Gemäßigten, wie Helene Lange oder Gertrud Bäumer, habe ich nicht etwa vergessen. Ich habe sie bewußt nicht genannt, weil sie nicht direkt *unsere* Vorläuferinnen sind. EMMA bewegt sich in der Tradition der »radikalen«, der an die Wurzel des Unrechts gehenden Feministinnen. Das heißt, wir lehnen *jeden* Glauben an eine angeborene Ungleichheit von Menschen ab – egal ob er nun im Namen des Geschlechts, der Klasse oder der Rasse propagiert wird! Wir sind dem Kampf gegen *alle* Machtverhältnisse und Ausbeutung verpflichtet, sind für uneingeschränkte Selbstbestimmung und Menschenrechte, *auch* für die immer wieder »vergessenen« Frauen.

26. Januar 1977. Die erste EMMA erscheint. Spätestens an dem Tag muß »konkret«-Herausgeber Gremliza den guten Tip bereut haben. Der Genosse nämlich ließ in seinem strammen Blatt umgehend eine gewisse Frau Rotkohl (sic!) »die schwärzeste Schwarzer« mit dem »schwärzesten Kurs«, den es je gab, rügen. Und nicht nur die Linken reagierten, wie gewohnt, auf uns Feministinnen besserwisserisch und bigott. Auch die bürgerlichen Männermedien verloren die Contenance. So hielt das ZDF in der »Drehscheibe« der Nation sämtliche (pingeligst nachgezählten) Kommatafehler von EMMA vor, »Der Spiegel« addierte die »Konterfeis von Alice«, und ein C. H. Meyer von der »Süddeutschen Zeitung« vermeldete die Sichtung von Emmas krankhaftem Feindbild: »eine Art King Kong mit einem Penis wie das Empire State Building...«

Daß die Männer so reagieren würden, damit hatten wir, ehrlich gesagt, gerechnet. Wir hatten es sogar einkalkuliert. Schließlich hatte EMMA keinen Pfennig für Werbung übrig, der von den Männermedien angezettelte Skandal war ihre beste Reklame. Daß allerdings auch einige Kolleginnen und darunter nicht die schlechtesten EMMA für einen sich bei den Kollegen anbiedernden Verriß benutzten, hat uns doch überrascht. Und manchmal auch getroffen. So wie in dem Fall einer als »links« renommierten WDR-Redakteurin, die die Gelegenheit nutzte, ihren Kollegen über den Sender zu versichern, sie sei »nicht lesbisch und sehe darin kein Manko. Geschieden bin ich auch nicht.« Wie schön. Und wie traurig. Doppelt traurig, wenn frau bedenkt, daß auch diese Kolleginnen innerhalb der Männermedien nur deshalb überleben, weil wir von außen Druck machen. Kompromißlos.

Die 200000 Exemplare der ersten EMMA waren innerhalb von drei Tagen vergriffen. Den 100000 nachgedruckten Heften ging es nicht anders. Was die Laune der etablierten Kollegen nicht gerade hob. Denn hier ging es ja nicht nur um eine feministische, sondern auch um eine journalistische Herausforderung: Eine Handvoll bis dahin lohnabhängiger und quasi mittelloser Frauen hatte eine Zeitung aus dem Nichts gestampft, hatte sich in Zeiten der Übermacht der Konzerne und der gebrochenen Rückgrate meinungsfreudig auf die eigenen Füße gestellt.

Nicht zufällig war Rudolf Augstein der erste »Pascha des Monats«. Sein Blatt beherrscht meisterhaft die hohe Schule der Pseudo-Objektivität, seine Kritik verläßt nie die Männer-Kumpanei und selten die oberste Etage (von Mann zu Mann, von Herausgeber zu Kanzler). Auch journalistisch setzt EMMA dem etwas entgegen: Wir haben Schluß gemacht mit der Verschleierung der Zusammenhänge und der Lüge von der angeblichen »Objektivität«. Wir sind eingestanden engagiert. Denn nur durch dieses Eingeständnis unserer Haltung, von der aus wir unseren Blick auf die Welt richten, sind die so gesammelten Informationen und gemachten Analysen für Leserinnen wie Leser nachvollziehbar – und damit erst wirklich objektivierbar.

Daß wir all das nicht nur taten, sondern auch noch selbstbewußt und offensiv vertraten, verletzte vollends die Spielregeln. Vor allem ich, die Initiatorin und Verkörperung der Zeitschrift, stand und stehe im Visier.

Doch angegriffen wurden nicht etwa die von mir vertretenen Inhalte, angegriffen wurde meine Person. So was hat Tradition in Deutschland. – Die frustrierte Schwarzer, die keinen mitgekriegt hat. Die bürgerliche Schwarzer, die jetzt einen kapitalistischen Verlag gegründet hat. Die autoritäre Schwarzer, die nun auch noch schlimmer ist als jeder männliche Chef. – Kein Klischee war zu plump. Und natürlich blieb immer etwas hängen. Manchmal etwas zuviel für einen Menschen.

Daß ich, daß wir – das knappe Dutzend Frauen, das EMMA seit Jahren mitverantwortlich trägt – es dennoch durchgehalten haben, ist ein kleines Wunder. Einfach war es nicht immer, das sind Wunder nie, aber gelohnt hat es sich. Denn EMMA ist so viel mehr als eine Zeitschrift: EMMA ist eine Institution. Für viele isolierte Frauen ist sie einzige Ansprechpartnerin, oft sogar »beste Freundin«. Für so manche, die sich ins Frauenzentrum nicht trauen, ist sie Anlaufstelle für alle Arten von Fragen und Problemen. Für Medien und Institutionen ist sie zentrales Auskunftsbüro. Für die Vielfalt von Frauen in Bewegung ist sie heute die einzige überregionale Stimme, die die Öffentlichkeit erreicht. Und vor allem: EMMA ist die Garantie dafür, daß der Widerstand von Frauen nicht mehr so einfach verdreht oder totgeschwiegen werden kann!

Themen, die sich erst heute in »Brigitte« oder »stern« spiegeln, haben vor zehn Jahren in EMMA gestanden. Schon 1977 forderte EMMA mehr Häuser für geschlagene Frauen, brach EMMA das Schweigen über den Inzest und berichtete EMMA über den weltweiten Anti-Pornographie-Kampf von Frauen.

Dem schleichenden Zersetzungsprozeß von innen, der sich als Auch-Feminismus präsentierte und auch weite Teile der Frauenbewegung erfaßte, hat EMMA früh kritisch gegenübergestanden: Uns war die Falle der »neuen« (alten) Weiblichkeit (»Frauen sind die besseren Menschen«) und des Rückzugs ins Irrationale immer klar.

Den weltweit ersten Sexismusprozeß gegen die Männermedien initiierte EMMA. Diesen Prozeß gegen die erniedrigenden, pornographischen Titelblätter des »stern« hätten wir bei dem anfänglichen allgemeinen Hohngelächter wohl nie durchgestanden ohne die Möglichkeit der differenzierten und kraftvollen Argumentation im eigenen Blatt.

Und auch die neue Friedenspolitik wäre ohne eine Stimme wie EMMA vielleicht abgeglitten in eine Befriedungspolitik der Geschlechter, die den Frauen die bequeme Rolle der Friedensengel zuweist und die Sache der Frauen damit vom Tisch wischt.

EMMA ist keiner Partei und keinem Trend verpflichtet. EMMA hat oft zwischen allen Stühlen gesessen. EMMA wird das auch weiterhin tun.

Ich kann das so sicher sagen, weil wir unabhängig sind. Auch ökonomisch (was ja die Voraussetzung für jede Unabhängigkeit überhaupt ist). Entgegen allen wohlmeinenden anderslautenden Gerüchten, die EMMA mal bald bankrott, mal von geheimnisvollen Geldgebern finanziert wissen wollen, teilen wir nicht ohne Stolz mit: EMMA lebt aus eigener Kraft, ganz und gar ohne fremde Mittel.

EMMA ist heute die auflagenstärkste Feministinnen-Zeitschrift in Europa. Nach langen, schwierigen Zeiten steigt seit etwa anderthalb Jahren die Auflage wieder, leicht, aber stetig.

EMMA ist radikalfeministisch. Allgemeinpolitisch ist sie als links einzuordnen. Wo sonst. Sie freut sich über (fast) jede Reform, die den Frauen das Leben erleichtert, arbeitet aber auch in diesen eher entmutigenden Zeiten auf eine wirklich tiefgreifende, auf eine revolutionierende Veränderung hin. EMMA hat auch in Zukunft nicht die Absicht, Kreide zu fressen.

Ist EMMA heute noch nötig? Ja. Nötiger als vor zehn Jahren! Denn wir leben in Zeiten des Fortschritts und Rückschritts zugleich. Und je mehr wir Frauen erreichen, um so mehr versucht man, uns zu verdummen. Längst hat das Patriarchat zurückgeschlagen. Seine Methoden sind vielfältig, subtil und brachial zugleich. Wer darauf antwortet? Hoffentlich nicht nur EMMA, aber auch EMMA.

Denn EMMA lebt. Auch wenn die Jungs sich totärgern.

Februar 1987

Wie ich Feministin wurde und warum ich es geblieben bin

Gar nicht so einfach, über sich selbst zu schreiben und dabei weder in die Falle der Selbstgefälligkeit noch in die der Selbstverleugnung zu geraten. Für alle, die in den sechziger und siebziger Jahren stürmisch begonnen haben, Verhältnisse und Bewußtsein verändern zu wollen – und dies ja auch ein ganzes Stück getan haben –, liegt in diesen sich düster anzeigenden achtziger Jahren ein Moment der Besinnung und Rückbesinnung nahe. Letzter Anstoß ist für mich die Zusammenstellung einiger meiner Arbeiten aus den letzten Jahren. Dies scheint mir auch nur dann wirklich sinnvoll, wenn die Texte in den Kontext gestellt werden, in dem sie entstanden. Das will ich versuchen.

So unbedingt und leidenschaftlich, wie ich Feministin bin, bin ich auch Journalistin. Die Fragen der Vermittlung bewegen mich nicht weniger als die der Inhalte. Genauer: Ich weiß, daß Form immer auch Inhalt ist und daß der Weg immer auch das Ziel mitbestimmt. Das ist der eine Aspekt meiner politischen und journalistischen Arbeit, der mich bewegt. Der andere ist die Tatsache, daß ich über meine Existenz als feministisch engagierte Journalistin hinaus hierzulande seit Jahren zum Symbol für die Sache stilisiert worden bin. Für die Sache des Feminismus.

Welche Folgen hatte und hat das für mein Leben und meine Arbeit? Was habe ich, die Journalistin und Feministin Alice Schwarzer, mit der Schwarzer der Schlagzeilen, der Konflikte innerhalb der Frauenbewegung und der Stammtischwitze zu tun? Und: Warum gerade ich?

Angefangen hat diese Verbindung meiner beiden Leidenschaften – Journalismus und Politik – an einem Apriltag 1971 in Paris: Am Telefon war Jean Moreau, der Kollege vom »Nouvel Observateur«, mit dem zusammen wir die Veröffentlichung der Erklärung der 343 Französinnen (»Ich habe abgetrieben. Und ich fordere dieses Recht für jede Frau!«) organisiert hatten. Wir, das waren anfangs eine Handvoll Frauen in Paris, die sich im Sommer 1970 erstmals zusammenfanden, und in den darauffolgenden Monaten Hunderte militanter Frauen, die rasch als »Mouvement de liberation des femmes« (MLF), als Frauenbefreiungsbewegung, bekannt wurden.

Jean Moreau nun hatte an diesem Tag eine Information: Beim »Nouvel Observateur«, einer linksliberalen politischen Wochenzeitschrift, war das deutsche Journal »Jasmin« vorstellig geworden. Die bonbonrosa Partnerschaftszeitschrift aus der Retorte cleverer Münchner Macher wollte die spektakuläre Selbstbezichtigung der französischen Frauen in der Bundesrepublik nachahmen – auf ihre Art. Kollege Moreau fand das politisch unpassend. Ich auch. Eine Stunde später telefonierte ich mit dem »stern« in Hamburg (für den ich von Paris aus sporadisch als freie Mitarbeiterin schrieb). Ob die Redaktion bereit sei, eine solche Selbstbezichtigung unter bestimmten Bedingungen zu bringen? Der »stern«, längst informiert über die Publizität der französischen Aktion, war bereit.

Und so begann für mich, banal genug, vor elf Jahren ein Abenteuer, dessen Ende nicht abzusehen ist.

Diese Mischung aus Militantismus und Journalismus, in die ich beim erstenmal durch den Strudel der Ereignisse hineingeraten war, setzte ich später sehr bewußt ein. Der Panorama-Skandal 1974, die Vilar-Diskussion und der ›Kleine Unterschied‹ 1975 sind Beispiele dafür, das Erscheinen der EMMA, von 1977 an, war zwingende Konsequenz.

Die spektakulären unter meinen Arbeiten in all den Jahren waren darum nie nur provozierend durch das, *was* ich vertrat, sondern immer auch dadurch, *wie* ich es vertrat. Es ging und geht mir um einen Journalismus, der seine politische Funktion transparent macht und bewußt erfüllt. Einen Journalismus, in dem nicht mehr nur über Menschen und Ereignisse berichtet, sondern in dem die eigene Betroffenheit und die Entschlossenheit, schreibend zu handeln, offengelegt wird. Einen Journalismus, der sich gegen die Lüge von der Objektivität wendet und damit die Spielregeln bricht, die nur denen nutzen, die sie aufgestellt haben. Einen Journalismus, der auch die Themen behandelt, die bis dahin nicht medienfähig gewesen waren. Einen Journalismus, der die inhaltsleeren – und gerade darum sehr absichtsvollen – Rituale der Männerpresse beim Namen nennt.

Als ich mit 23 meinen Weg als Journalistin mit einem Volontariat bei den »Düsseldorfer Nachrichten« (eine Tageszeitung des Genres Generalanzeigerpresse) begann, existierten solche Überlegungen öffentlich nicht, gab es bestenfalls ein unartikuliertes Unbehagen am praktizierten Journalismus. Ich selbst hatte ein Sammelsurium von Vorbildern, aus allen Ecken zusammengeklaubt. Im Rückblick erkenne ich, daß mich, unbewußt, aber darum nicht minder entscheidend, unter anderem die Tatsache, daß der Chefredakteur der »Zeit« eine Frau war, beeindruckt hat. Verständlich, diese fünfziger und sechziger Jahre waren für uns Frauen ein solches Ödland, daß jede einzelne herausragende weibliche Existenz einfach Signalwirkung haben mußte!

Meine Ausbildung bei den »Düsseldorfer Nachrichten« war die üblich desolate, nämlich keine. Was mich nicht hinderte, mich mit Feuereifer in die Alltagsarbeit der Lokalredaktion zu stürzen. Ich hatte damals keinen Hochschulabschluß, ja nicht einmal Abitur, aber ein gerütteltes Maß an Lebenserfahrungen. Büroarbeit und ökonomische Eigenständigkeit ab sechzehn, ein durch alle möglichen und unmöglichen Jobs finanziertes Sprachenstudium in Paris ab 21. Dieser autodidaktische Weg, der zunächst beschwerlich war, stellt sich im Rückblick in meinen Augen als Vorteil dar: Die Entfremdung des klassischen Bildungsweges war mir erspart geblieben. (Ich begriff das Ausmaß der Einschüchterung von Studentinnen erst sehr viel später, als ich selbst an der Universität unterrichtete.) Als Frau war ich ursprünglich alles andere als privilegiert, zudem kam ich sozial aus Absteigerverhältnissen – ökonomisch proletarisiert und bewußtseinsmäßig bürgerlich – und wußte dadurch gerade auch bei der Klassenfrage, wovon ich redete.

Ich kam aus einer Familie, in der politische und sozial engagierte Gespräche alltäglich waren: Bei uns im Wohnzimmer wurde gegen die Restauration der Adenauerzeit ebenso wie gegen die Wiederaufrüstung und die miese Behandlung der ersten Gastarbeiter gewettert, und meine Aufklärung über die Verbrechen der Hitlerzeit war eine Selbstverständlichkeit. Deutsche sein nach Auschwitz, daran rieb ich mich, politisch wie menschlich, schon sehr früh wund.

Aber mein Frausein? Wie viele dieser »Pionierinnen«-Generation, dieser heute Enddreißigerinnen, die Anfang der Siebziger die ersten waren, die aufbrachen, habe ich eine von der Normalität der patriarchalischen Kernfamilie abweichende Biographie. Meine Brüche bei der Dressur zur »Weiblichkeit« sind vielfach: vaterlos aufgewachsen und – doppelter Bruch – bemuttert von einem Mann statt einer Frau, nämlich vom Großvater. Dennoch war die Auflehnung gegen das Vorgegebene privat statt politisch und entsprechend konfus. Als Frau wußte man in der Zeit selbst kaum, wie einem geschah, wenn man sich nicht einfügen wollte, konnte...

Als ich im Januar 1967 mein Volontariat begann, war ich unter acht Volontären die einzige Frau. Ein solches Ungleichgewicht empörte mich damals schon; ich war in der Redaktion allerdings die einzige, die das überhaupt der Rede wert fand. Eine Empörung, die ich selbst zur »Nebensache« erklärte (die »Frauenfrage« existierte damals nicht und der »Feminismus« schon gar nicht). »Hauptsache« und Politikum waren, zum Beispiel, die Notstandsgesetze, war Vietnam, war die beginnende Studentenrevolte. Frauenthemen wurden von den anderen bestenfalls belächelt und von einem selbst ohne Aufhebens wahrgenommen. Das Angebot, in der Frauenredaktion zu arbeiten, empfand ich damals schlichtweg als Beleidigung – und so war es auch gemeint.

Die Tatsache, daß ich mich in dieser Zeit dennoch auffällig intensiv um Fragen wie die Lage der ledigen Mütter, die Arbeitsbedingungen Prostituierter oder die Kündigung weiblicher Teilzeitkräfte kümmerte, galt als »schrullig« (ich glaube, ich hatte in der Redaktion den Spitznamen »Blaustrumpf«). Wirklich ernst wurde es erst bei den »richtig« politischen Themen, mochten sie auch noch so unbedeutend sein (wie zum Beispiel einer Glosse, die ich über den paraderechten Autor Armin Mohler geschrieben hatte und wegen der ich prompt Ärger mit dem Verleger bekam). Da kamen dann massenhaft Leserproteste und Abonnementskündigungen (ein organisierter Druck auf die Medien, den übrigens anscheinend nur Rechte beherrschen). Da hatte man sich rasch untragbar gemacht...

In diese Zeit fiel mein erstes Aha-Erlebnis mit dem, wie mir scheint, in meinem Berufsstand besonders weit verbreiteten Opportunismus, durch den wir Journalisten die uns von außen gesetzten Grenzen freiwillig selbst noch mehr einengen. Es war im

Mai 1968. Im reichlich unpolitischen Düsseldorf wurde ein bißchen gegen die Notstandsgesetze demonstriert. Alles artig mit der Polizei abgesprochen. Einziger Exzeß: eine spontane Schlußkundgebung mit Hilfe zweier Megaphone vor einigen hundert ruhig zuhörenden Menschen. Bericht erstattete in den »Düsseldorfer Nachrichten« ein Mit-Volontär, der die ganze Veranstaltung über neben mir gestanden hatte. Als ich am nächsten Tag die Zeitung aufschlug, las ich in seinem Artikel von »geifernden Bärtigen«, die »die Menge aufgepeitscht« hätten. Nicht einer der Redner hatte einen Bart gehabt, und »gegeifert« hatte schon gar niemand... Der junge Kollege machte Karriere, wenn auch wohl nur begrenzt.

Zur gleichen Zeit las ich in der überregionalen Presse vom beginnenden Protest der Frauen innerhalb der Apo, von der Tomate, die dem Genossen Krahl an den Kopf flog, und der Gründung erster »Weiberräte«. Das imponierte mir. Allerdings wäre mir nie in den Sinn gekommen zu glauben, ich könnte dazugehören. Zu klar schien mir, daß dies eine rein studentische Angelegenheit war. Dennoch: Es lag etwas in der Luft. Aus Amerika drang die Kunde von »Women's lib« herüber, aus Holland die von den »dollen Minnas«.

Anfang 1969 wurde ich Reporterin bei »Pardon« in Frankfurt. Damals galt »Pardon«, zusammen mit »konkret«, als ein der Apo relativ nahestehendes Organ. Ein Grund mehr für mich, hinzugehen. Drei Hindernisse allerdings ließen mich gar nicht erst richtig ankommen: zum einen die Kleinkariertheit und Spießigkeit, der ich endlich entflohen zu sein glaubte, und die ich nun, progressiv gewandet, geballt wieder vorfand; zum andern die Ungeduld, mit der auch in einer solchen Redaktion Provinztalente, wie ich eines war, in die Produktionsmühle gespannt und verschlissen wurden; zum dritten der Umstand, daß ich eine Frau war: die Art von Wesen also, die in der Geschichte von »Pardon« zum Beispiel bis dahin noch niemals als Redakteurin angestellt worden war und damals ausschließlich als Sekretärinnen, Assistentinnen und Covergirls das Blatt »zierte«. Ich bin in meiner damaligen Naivität nie ganz dahintergestiegen, aber ich glaube, es hätte wohl dazugehört, wenigstens mit einigen der Herren ins Bett zu gehen. Oder zumindest nicht ganz so vorwurfsvoll-stumm dabeizusitzen, wenn die

»heißen Titel« ausgewählt wurden. (»Ein bißchen mehr Titten, das wäre scharf.«)

Und ich erinnere mich gut, daß auch der recht oberflächliche Politspektakel der Redaktion mich bedrückte. Stil: Auf eine Rechten-Aktion reagierte »Pardon« mit einer »satirischen Aktion«, nämlich einem hakenkreuzbewehrten Auftrieb der gesamten »Pardon«-Mannschaft vor dem Tor des ehemaligen KZ-Lagers Dachau... Ich ging nach einem halben Jahr und wurde ganz sicher auch nicht vermißt.

Nun war ich auch in meinem Leben an dem Punkt angelangt, an dem so manche Frau in die Ehe flüchtet. Nicht nur Verdienst, auch ein Stück Zufall war es, daß ich es nicht so gehalten habe. Denn meine Rückkehr nach Paris war ohne Zweifel zunächst auch Flucht. Flucht vor, wie mir schien, einer beruflichen Ausweglosigkeit. Tatsächlich aber wurde dann Paris für mich zur Stätte meines eigentlichen politischen und journalistischen Aufbruchs.

Ich kam in die angeheizte Atmosphäre des Nach-Mai-68, mitten hinein in den Zusammenprall von Revolte und Repression. Hier wilde Streiks in Fabriken, Unruhen an Universitäten, in Gefängnissen und Psychiatrien, da repressive Gesetze und ein aufrüstender paramilitärischer Polizei- und Justizapparat (so zum Beispiel der Staatssicherheitsgerichtshof, den Mitterrand gerade abgeschafft hat). Hier lag die Berichterstattung für den deutschsprachigen Raum zu der Zeit noch weitgehend brach, da sich die etablierte Korrespondentenclique lieber beim Empfang im Elysee einfand oder es gleich beim häuslichen Studium von »Le Monde« beließ. So konnte ich nun in Bereichen arbeiten, die mich passionierten. Erstmals deckten sich Arbeit und Interesse ganz. Ich berichtete für einige linke und linksliberale Blätter, vor allem aber in dem für mich neuen Medium Funk (damals hatte der WDR noch die Ehre, als »Rotfunk« beschimpft zu werden...)

Politisch gehörten meine Sympathien auf der Straße wie in den Alternativ-Medien den kulturell kreativen Spontaneisten (Motto: Die Phantasie an die Macht!) und den in Fabriken und Vororten klassenkämpferisch subversiven Maoisten (Motto: Das Volk hat immer recht!). Journalistisch verfolgte ich mit großem Vergnügen die französische Presse, in der zwar auch nur mit Wasser gekocht wird, die aber immerhin eine ganz andere Tradition des engagierten Journalismus hat, auch mehr Weltoffenheit, und nicht selten von einer mitreißenden Polemik und Brillanz ist.

Im Mai 1970 erschien in einem freakigen Linken-Organ, im »Idiot International«, der allerste französische Feministinnentext. Titel: »Combat pour la liberation de la femme« (»Kampf für die Befreiung der Frau«), unterzeichnet mit vier Namen, zwei französischen (die Schriftstellerin Monique Wittig und ihre Schwester Jill) und zwei amerikanischen. Noch ganz im traditionellen Klassenkampfvokabular forderten die vier darin »über den Kampf gegen die Bourgeoisie und den Kapitalismus hinaus den Kampf für die Befreiung der Frauen!« Da war die Rede von der »Stimmlosigkeit aller Frauen« (»Sei schön und schweige!«) wie von der ökonomischen Funktion der Gratisarbeit von Hausfrauen und Müttern. Der selbstbewußte Appell endete mit den Worten: »Allen, die sagen, ich kämpfe als Revolutionärin und nicht als Frau, antworten wir: keine Frau steht über den Frauen! Wir alle sind betroffen. Diejenigen, die sagen, euer Kampf ist richtig, bitten wir, eine aufklärende und überzeugende Arbeit unter den Chauvinisten zu leisten.«

Sehr bald schon gingen die Ziele der neuen Feministinnen allerdings weit über die »Aufklärung der Chauvinisten« hinaus... Das ging mich an. Hier wollte ich nicht länger nur berichten, hier wollte ich mitmachen. Einige Wochen später hatte ich sie aufgetrieben, diese Frauen der allerersten Stunde, die im Mai ihren ersten öffentlichen Auftritt in der Cafeteria der »roten« Pariser Fakultät Vincennes gehabt hatten. (Zwischenruf eines Genossen: Die Macht ist im Laufe des Phallus!) Im August hatten sie am »Grab des unbekannten Soldaten« unter dem Arc de Triomphe einen Kranz niedergelegt: »Für die unbekannte Frau des unbekannten Soldaten.« (Worauf sie prompt auf die Polizeiwache geschleppt worden waren.)

In der brodelnden Atmosphäre von Vincennes steckte ich nun selbst, denn inzwischen studierte ich dort – neben meiner journalistischen Arbeit – Soziologie. Was dort so klein begonnen hatte, wurde rasch zum vielbeachteten Phänomen: Wenige Monate später zählten wir aktiven Frauen vom MLF allein in Paris Hunderte. Sehr rasch fanden wir unsere eigenen Ausdrucksformen, schrieben Lieder, machten Gedichte, Aktionen, Trouble, ließen Bürger wie Genossen schaudern.

Was die französische Frauenbewegung von Anfang an von der später beginnenden deutschen Frauenbewegung unterschied, war ihr – historisch und kulturell begründetes – Selbstbewußtsein, war ihre Phantasie und ihre anarchistisch geprägte Radikalität. Legitimiert haben wir Feministinnen in Paris uns sehr rasch nicht mehr, auch nicht den »Genossen« gegenüber, im Gegenteil: Spaltungs- und Diffamierungsversuche beantworteten wir mit zielsicherem Sarkasmus: »Wir sind alle frustriert! Wir sind alle hysterisch! Wir sind alle lesbisch!« Für uns Frauen war es – wieder einmal – »die Stunde Null«: Alles wollten wir von Grund auf neu denken, neu sagen, neu anfangen.

Was für ein Elan, was für ein Übermut! Eine wahre Amazonenbewegung! Auf den Pariser Boulevards gingen wir in Ketten, sangen und kniffen den Männern in den Hintern (was sie verschreckt davonhasten ließ). In den Fabriken unterstützten wir vor Ort aktiv die zunehmenden wilden Streiks von Arbeiterinnen. Wir sammelten für die Näherinnen von Troyes, die ihre Fabrik besetzten und sich auch von ominösen nächtlichen Schüssen nicht einschüchtern ließen; wir tippten Flugblätter für die Verkäuferinnen von Thionvilles, die ihr Kaufhaus okkupierten und anrückende Polizisten mit Stöckelschuhen vertrieben. Kurzum, wir prallten auf die Einheitsfront von Unternehmern, Politikern, Ehemännern und Gewerkschaftern, die meist nur eines im Sinn hatten: die Revolten der Frauen herunterzuspielen und zu kanalisieren. (So wurden dann aus Kämpfen um menschenwürdigere Arbeitsbedingungen im Katalog der Gewerkschaften nur zu oft glatt verkraftbare Lohnforderungen nach 50 Centimes mehr...)

Ganz konkret erlebten wir in dieser Zeit, was Unterbezahlung am Band mit der Gratisarbeit in der Küche zu tun hat und was die Nebenrolle der Frauen in linken Organisationen mit ihren Demütigungen im Genossen-Bett. Unsere Vollversammlungen Mittwoch abends in der »Beaux Arts« waren wie ein Rausch: Hunderte von Frauen, gehetzt von revolutionärer Ungeduld, kamen da angestürzt, gestikulierten und redeten aufeinander ein. Jeden Abend Treffen, Flugblätter, Feste. Ein Strudel, in den auch ich hineingerissen, in dem ich durcheinandergewirbelt wurde. Der MLF veränderte meine Art zu leben und zu arbeiten gründlich.

Die von uns in Paris Anfang 1971 initiierte Selbstbezichtigungsaktion gegen das Abtreibungsverbot war exemplarisch für unsere Art zu handeln, gegen bestehende patriarchalische Ordnung, gegen herrschende Doppelmoral. Welche Ungeheuerlichkeit, damals, vor über zehn Jahren, sich selbst der Abtreibung zu bezichtigen! In Frankreich wie in der Bundesrepublik. Es war ja weniger die Forderung an sich (die schon seit Jahrzehnten in etlichen Schubladen lag), die das Tabu, die die Dämme brach. Es war die Art, wie wir die Forderung stellten, es waren unsere Betroffenheit und unsere Argumente. Darum und weil der Kampf gegen das Abtreibungsverbot so prägend und so zentral für den Frauenkampf war, verdient der Beginn dieser »Aktion 218«, einmal genau geschildert zu werden.

In der Bundesrepublik hat es, nach meinem Gespräch mit dem »stern«, in den Mai-Wochen des Jahres 1971 begonnen. Ich reiste damals von Stadt zu Stadt, von Organisation zu Organisation, von Gruppe zu Gruppe. Zu der Zeit existierten außerhalb der etablierten Frauenbünde noch ganze vier Frauengruppen. Ich stieß auf viele indignierte Gesichter, nicht endende politische Belehrungen. Die »Frauen in den Betrieben wären schockiert« (so die DKP), das Ganze sei »unpolitisch« (so die Gewerkschaft) und »bürgerlich reaktionär« (so der Frankfurter Weiberrat). Drei feministisch motivierte Frauengruppen in München, Frankfurt und Berlin schließlich zogen dennoch mit; sie sammelten die Hälfte der Unterschriften. Der Rest kam von einzelnen Frauen, nach dem Lawinenprinzip: Freundinnen fragten Freundinnen, Kolleginnen fragten Kolleginnen, Nachbarinnen fragten Nachbarinnen. Es unterschrieben Sekretärinnen, Studentinnen, Hausfrauen, Prominente (prominent waren etwa ein Dutzend von insgesamt 374). Niemand konnte zu diesem Zeitpunkt einschätzen, welche Folgen dieses öffentliche Bekenntnis juristisch, sozial und moralisch für die einzelnen Frauen haben würde. Darum bewundere ich noch heute den Mut jeder Frau, egal ob bekannt oder nicht, die damals dafür ihren Namen gegeben hat!

Bei dieser Aktion benutzte der »stern« uns, und wir benutzten den »stern«. Er hatte die Auflage, und wir hatten das Aufsehen. Die Unterschriftenliste selbst hielt ich bis zum allerletzten Augenblick zurück. Bedingung war: erstens volle Veröffentlichung der Namenliste und der Erklärung der Frauen, zweitens politische statt sensationslüsterne Präsentation und drittens ein Artikel, auf den die unterschreibenden Frauen selbst Einfluß hatten, den ich schrieb.

Als ich am 30. Mai verabredungsgemäß mit Unterschriften und Artikel in Hamburg anreiste, stand mir die härteste Probe allerdings noch bevor. Palaver, Änderungen, Ringen um jede Formulierung, breitschultriges Durch-die-Gänge-der-Chefetagen-Schieben der Herren Redakteure. Großer Journalismus – kleine Frauensache. Ich kämpfte um jedes Wort und machte gleichzeitig mit bis an die Grenzen dessen, was mir verantwortbar schien – die Liste eisern in der Tasche. Sie lieferte ich erst ab, als, spät in der Nacht, Artikel, Layout und Titel definitiv feststanden und nichts mehr schiefgehen konnte.

Wir Frauen hatten hoch gepokert, ich hatte mich weit vorgewagt. Mit Erfolg. Der besagte »stern« erschien am 6. Juni 1971 und titelte mit dem unerhörten Selbstbekenntnis der Frauen: Ich habe abgetrieben. Die Aktion führte zu einer wahren Explosion, die nicht nur den § 218 erschütterte, sondern darüber hinaus Auslöser der neuen Frauenbewegung in der Bundesrepublik wurde. Die Kraft der Aktion lag auch in ihrem auflagestarken Forum, vor allem aber in ihrer Form, in ihrem Inhalt. Da wurde nicht länger um eine Gesetzesänderung gebeten, da wurde gefordert. Frauen schämten sich nicht mehr, sie verlangten Recht statt Gnade!

So war der Frauenkampf gegen den § 218 von Anfang an unendlich viel mehr als nur ein Ringen um eine Gesetzesänderung. Er war die Auflehnung gegen den Zwang zu Mutterschaft und Mütterlichkeit und damit Rebellion gegen die uns Frauen aufgezwungene Rolle überhaupt. Auch die Verstümmelung der Sexualität von Frauen durch die Angst vor der ungewollten Mutterschaft wurde damit erstmals benannt (»Währenddessen denke ich nur daran…«).

Zwischen den Argumenten der Frauen gegen den § 218 (laut Wickert-Meinungsumfrage waren damals 85 Prozent *aller* Frauen zwischen 19 und 45 gegen den § 218!) und denen der männerbeherrschten Medien lagen Welten. So schoß sich die Springerpresse zunächst voll gegen den Frauenprotest ein und schwenkte erst um, als die Stimmung der Mehrheit der Bevölkerung klar wurde (zum Rezept hoher Auflagen gehört es eben, daß man zwar bestehende Tendenzen manipulieren, nicht aber frontal gegen sie anschreiben kann). Die liberale Presse ging nach einer ersten Indignation (»Frankfurter Rundschau«: »Konsumwahn und Vernichtung unwerten Lebens«; »Süddeutsche Zeitung«: »Exhibitionismus«) auf Expertenkurs und debattierte das Problem auf einer abgehobenen und verschleiernden ethischen und juristischen Ebene. Und da blieb sie auch.

Ich selbst war inzwischen längst wieder in Paris. Da ich mich lediglich als Mittlerin zwischen der französischen Frauenbewegung und den bundesdeutschen Frauen begriffen hatte, hatte ich meine ganz persönliche Rolle bei der Aktion sehr bewußt nicht öffentlich gemacht.

Einige hundert Kilometer entfernt nun verfolgte ich in der bundesdeutschen Presse mit steigender Wut den Verlauf der Sache. Naheliegend, daß ich versuchte, als Journalistin wieder in die Debatte einzugreifen. Doch vergebens. Auch Zeitschriften, in denen ich als kritische Berichterstatterin von Frankreich aus durchaus veröffentlichen konnte, wiesen mich nun ab. Linke sein, das ging ja zu der Zeit gerade noch, aber *Feministin*...? Das fanden meine Kollegen unpassend bis peinlich. Wohlwollendste Reaktion darauf waren noch Sätze wie: »Aber das hast du doch nicht nötig...«

So kam es, daß ich von den Medien auf Verlage, vom Artikel- aufs Bücherschreiben auswich – zunächst nur Ersatz, wurde daraus sehr rasch für mich eine Erweiterung meiner Arbeitsmöglichkeiten. Das erste Buch machte ich in diesem Sommer 1971 über die sexistische Funktion des §218 (»Frauen gegen den §218«). Ich versuchte aufzuzeigen, daß es dabei um soviel mehr als nur um bevölkerungspolitische Erwägungen ging (und geht!). Und daß das Abtreibungsverbot, gegen das Frauen unter *jeder* Gesetzgebung handeln, kraft seiner Doppelmoral und der Entmündigung und Demütigung von Frauen zum Kern patriarchalischer Herrschaftssicherung gehört. (Ganz im Gegensatz zu dem, was etliche sich für fortschrittlich haltende Männer noch heute schreiben.)

So pendelte ich vom Sommer 1971 an zwischen Paris und der Bundesrepublik, bevor ich Mitte der siebziger Jahre ganz zurückkam in das Land, dessen Sprache ich spreche und nach dem ich nie aufgehört hatte, Heimweh zu haben. Mit dieser Rückkehr gab ich ein Hin und Her nicht nur zwischen zwei Ländern, sondern auch zwischen zwei Welten auf. Auf mehreren Ebenen.

Zum einen war ich, die ich in Frankreich quasi ein Doppelleben geführt hatte (in der Pariser Frauenbewegung aktiv wie jede andere und als Journalistin fast ausschließlich in der Bundesrepublik veröffentlichend), nun plötzlich Feministin *und* Medienfrau in einer Person. Mehr noch: nun war ich »Person des öffentlichen Lebens«. Ich mußte mich daran gewöhnen, nicht mehr eine unter Gleichen zu sein, sondern auch innerhalb der Frauenbewegung »die Schwarzer« (die sich gleichzeitig nur ja nichts darauf einbilden sollte, »die Schwarzer« zu sein). Autorität, wenn nicht sogar »Star« in einer antiautoritären Bewegung – das konnte nicht nur gutgehen. Und es war – und ist – auch ein ganzes Stück unlösbar. Erst Jahre später, bei der Lektüre von Kate Milletts »Flying« ist mir klargeworden, in welchem Maße über Kontinente hinweg sich die Bilder, die Strukturen gleichen. Und: wie erbärmlich wenig man als einzelne zwischen zwei Fronten – vor sich die des Patriarchats, im Rücken die der Frauenbewegung – dagegen ausrichten kann...

Zum Länderwechsel kam der Mentalitätswechsel. Vom temperament- und phantasievollen Pariser Ambiente geriet ich nun unter die im besten Falle ausgeflippten, sonst aber eher bürokratisch-dogmatischen Berliner/innen. Tages- und Geschäftsordnungen und ein Politjargon, auch im Frauenzentrum, bei dem jeder französischen Feministin sicher die Lachtränen übers Gesicht gelaufen wären... Das war mir nicht nur fremd, es war mit auch zuwider.

Hinzu kam das hierzulande grassierende, nicht zuletzt durch das »Dritte Reich« geprägte deutsche Freund-Feind-Denken, dieses Schwarzweißmuster, in dem man nur dafür sein kann oder dagegen und das intellektuell und politisch so einengend, so verarmend ist! Feministinnen haben es überall schwer. Die spezifisch deutsche Variante aber des politischen Umgangs, den auch die in diesem Punkte gar nicht so alternative »Szene« pflegt, macht es ihnen hierzulande besonders schwer. Nach außen wie nach innen.

Ich habe vor dem Schreiben dieses Textes gründlich darüber nachgedacht, wieweit ich auf die – dank der in diesem Punkte sehr informationsfreudigen Männerpresse – hinlänglich bekannten Konflikte zwischen Feministinnen im allgemeinen und mir und manchen Bewegungsfrauen im besonderen eingehen soll. Vieles scheint mir müßig. Erstens, weil gegen Diffamierung eh kein Kraut gewachsen ist (nach dem Motto: »Wo Rauch ist, da ist auch Feuer«). Zweitens, weil so manches uns Frauen selbst so unsagbar nahe ist. Und drittens, weil es mir höchst überflüssig scheint, einer zu Spaltungen von Frauen immer bereiten, sensationslüsternen Männerpresse noch mehr Munition zu liefern. Wichtig allerdings scheint mir, die sehr grundsätzlichen Strukturen, die sich hinter solchen Abläufen verbergen, aufzuzeigen.

Da ist zum einen der durchsichtige Mechanismus, daß man sich einen »Politstar« aus einer schwer festzumachenden breiten Bewegung herauspickt, um diese Bewegung zu personalisieren, sie in ihrer Mehrheit zu leugnen und gleichzeitig faßbarer und, gegebenenfalls, auch verletzbarer zu machen. Auch die Kugel auf Dutschke galt nicht nur der Person, so wie die Attacken gegen mich nicht nur mir, sondern allen aufbegehrenden Frauen gelten: Nicht nur ich soll eingeschüchtert, hier soll auch ein Exempel statuiert werden, soll gezeigt werden, wie es einer ergeht, die aus der Norm ausbricht!

Frauenspezifisch verschärft sich das Ganze durch das für Frauen – auch und gerade für Feministinnen! – ganz besondere Problem im Umgang mit Autorität und Stärke. Öffentliche Macht hat traditionell für Frauen tabu zu sein, das ist uns lange genug eingeredet worden. Schwäche ist gleich »weiblich«, Stärke gleich »männlich«. Entsprechend existiert auch in der Frauenbewegung selbst eine fatale Tendenz zur Mystifizierung von Schwäche und zur Dämonisierung von Stärke. Es hat der Frauenbewegung so gesehen mehr geschadet als genutzt, daß sie von der Linken das perspektivisch an sich richtige Streben zum Kollektiv so unreflektiert übernommen hat. Denn zunächst kam es für die in der Mehrheit von einer traditionellen Ich-Schwäche niedergedrückten Frauen darauf an, endlich zu lernen, auch »ich« zu sagen! Wieder einmal gleich zum Wir überzugehen, noch bevor wir »ich« sagen konnten – das muß gerade für uns Frauen durchaus nicht immer Fortschritt sein, das kann auch Stagnation bedeuten:

So wie Frauen sich bisher stets zurückgenommen und »ihn« oder »die Familie« idealisiert hatten, so idealisieren sie nun nicht selten »das Kollektiv«. Ein Kollektiv, das sich in Wahrheit nur zu oft aus einer Mehrheit von Frauen zusammensetzte (und zusammensetzt), die einfach noch nicht die Kraft haben, selbst zu existieren. Und gleichzeitig aus einer dies ohne allzu große Bedenken ausnutzenden Minderheit, die nun manipulierend »wir« sagt, wo sie »ich« meint. Das alles wird wild praktiziert, aber kaum problematisiert. Zumindest nicht öffentlich. Und so schießen die entsprechenden Ambivalenzen und Aggressionen munter ins Kraut...

Dies sind Erfahrungen, die jedes Frauenprojekt, jede Frauengruppe macht. Fast jede hat da ihre Übermutter, die von der »Basis« von Fall zu Fall, zu Recht oder zu Unrecht, massakriert wird – am liebsten von hinten, da Frauen die Auseinandersetzung von vorn traditionell nicht gewohnt sind und es ihnen auch real (oder eingebildet) oft an Kraft dazu fehlt. Wenn die Frauenbewegung in ihrer Mehrheit den Mut hätte, dies alles endlich ehrlich und selbstkritisch zu analysieren, käme sie sicherlich ein Stückchen weiter. Denn einzelne können allein solche Strukturen nicht entwirren (und schon gar nicht die »Stars«). Meine zum Teil – und nicht zufällig! – publik gewordenen persönlichen Erfahrungen mit diesen Mechanismen sind also vielen unter uns aktiven Feministinnen vertraut, nur treffen sie mich als »öffentliche Person« eben potenziert. Im guten wie im bösen.

Diese Art quälerischer Selbstzerstörung scheint vor allem Privileg der sogenannten politisierten Frauen zu sein: Außerhalb dieses Milieus hatten (und haben) Frauen zum Beispiel zu mir ein sehr unbefangenes und wahrhaft antiautoritäres Verhältnis in dem Sinne, daß sie das Relative einer solchen »Autorität« erkennen und sich dadurch weniger drücken, sondern eher ermutigen lassen.

Innerhalb der Frauenbewegung kommt in bezug auf mich allerdings noch ein ganz wesentlicher Faktor hinzu: Auseinandersetzungen mit meiner Person sind in Wahrheit oft politische Differenzen, die in mir nur personalisiert werden. Denn im breiten Spektrum der Frauenbewegung gehörte ich immer schon zu einer ganz bestimmten politischen Strömung: zu den Radikalfeministinnen.

Kernposition des Radikalfeminismus ist der Kampf gegen die Ideologie von einer »angeborenen Andersartigkeit« (sprich Minderwertigkeit), die angebliche »Natur der Frau« (des Menschen), das heißt: gegen jede Art von Biologismus zur Rechtfertigung von Eliten! Wir Radikalfeministinnen fordern die Befreiung aller Menschen aus den Gettos der Geschlechterrollen, der »Weiblichkeit« und »Männlichkeit« ebenso wie aus denen der Klassen und Rassen. Dazu gehört der Kampf gegen das Diktat der Zwangsheterosexualität ebenso unabdinglich wie der gegen die »männlich-weibliche« Arbeitsteilung zwischen den Geschlechtern. Wir fordern das Teilen von Haus- und Erziehungsarbeit zwischen Frauen *und* Männern ebenso wie eine gleichberechtigte Partizipation von Frauen in Beruf und Politik. Für Radikalfeministinnen ist der Widerspruch der Geschlechter einer von vielen zu bekämpfenden Widersprüchen. Das Macht-Ohnmacht-Verhältnis zwischen Mann und Frau jedoch scheint uns in dieser Gesellschaft das tiefste und fundamentalste Unrechts-Raster zu sein. Außerdem: Wir sind Frauen, und damit ist der Feminismus, das heißt das Ansetzen bei unserer ureigensten Unterdrückung, für uns vorrangig. Für uns gehört allerdings der Kampf gegen Klassenwidersprüche, Imperialismus und Rassismus in all seinen Schattierungen unlösbar zu einem konsequenten Feminismus.

Dem Männlichkeitswahn nicht verfallen und sich vom Weiblichkeitswahn befreien – das ist für uns Radikalfeministinnen Gebot der Stunde.

Im Zuge der ökonomischen Rezession und der ideologischen Gegenbewegung, der »neuen (alten) Weiblichkeit« mit ihrer erneuten Mystifizierung der Mutterschaft und dem Sichbegnügen mit der Innenwelt für Frauen, ist diese radikalfeministische Position auch innerhalb der eigenen Reihen zunehmend umstritten (ich habe das in der 1981 erschienenen Dokumentation »So fing es an – zehn Jahre neue Frauenbewegung« aufgezeigt). Wichtig aber wäre es, den Konflikt *inhaltlich* auszutragen. Jede Verschleierung und Personalisierung dieser inhaltlichen Differenzen wirft uns nur zurück und dient der Männergesellschaft.

Die Inhalte, die ich in meiner Arbeit nach dem Start der »Aktion 218« behandelte, waren sowohl typisch für die Entwicklung des (Radikal-)Feminismus als auch Ausdruck meiner ganz persönlichen Lebenserfahrungen. Eigentlich ging es in meinen ersten drei Büchern immer um ein und dasselbe Thema, nur die Akzente verschoben sich: Der zweite rote Faden, den ich – nach der Abtreibung – aufgriff, war die »Frauenarbeit«. Das heißt sowohl die Gratisarbeit in Haus und Erziehung wie auch die unterbezahlte Arbeit im Beruf. Ich versuchte, den Zusammenhang zwischen der ökonomischen Ausbeutung von Frauen im Haushalt und im Beruf und ihrer Konditionierung zur »Weiblichkeit« einerseits sowie den emanzipatorischen Stellenwert von Berufstätigkeit für Frauen (unter allen Umständen!) andererseits aufzuzeigen. Dazu gehörte für mich selbstverständlich schon die Frage nach der Funktion der »Liebe« in einem Frauenleben heute. »Aus Liebe« geben Frauen Namen und Beruf auf, »aus Liebe« erziehen sie allein die Kinder, »aus Liebe« bedienen sie Ehemänner und Freunde. Mein 1975 veröffentlichtes Buch »Der kleine Unterschied« stellte dann diese Frage nach der Funktion von Liebe und Sexualität bei der Unterdrückung und Ausbeutung von Frauen ins Zentrum der Überlegungen.

Bei allen drei Büchern arbeitete ich mit Protokollen. Die Art, wie ich diese Protokolle jeweils verarbeitete und darstellte, sagt etwas aus über die Entwicklung meines eigenen journalistischen Selbstverständnisses. Im ersten Buch stellte ich die Protokolle noch unkommentiert und ohne sichtbare Spuren meiner Haltung und meines Vorgehens als Interviewerin dar. Im zweiten schrieb ich bereits ein Vorwort statt, wie zuvor, ein Nachwort. Ich gab von vornherein die Position der Interviewenden zu erkennen und machte zusätzlich innerhalb der Protokolle einige entscheidende Fragen von mir ausdrücklich kenntlich. In meinem dritten Buch endlich, im »Kleinen Unterschied«, zog ich die Konsequenz und praktizierte das, was ich inzwischen für die einzig ehrliche – weil nur so nachvollziehbare und letztlich dann auch objektivierbare! – Art von Journalismus hielt und halte: Ich ließ die Leser/innen durchgängig meine Präsenz und meine Haltung spüren, machte entscheidende Interventionen innerhalb der Protokolle sichtbar und zerstörte damit den Schein des objektiven Dokuments. Zusätzlich kommentierte ich anschließend jedes einzelne Protokoll.

Damit will ich sagen: Protokolle sind, wie Interviews, selbstverständlich nicht »die Wahrheit«, nicht Dokument an sich, sondern immer Resultat einer Begegnung zweier Menschen. Die Art, sich einzubringen und zu fragen, beeinflußt die Befragten, die Form des Redigierens prägt das Endresultat. Dieses deutlich zu machen, statt es zu kaschieren, ist nicht etwa hemmungslos subjektiver Umgang mit Menschen und Dokumenten, es ist lediglich das *Eingestehen* der Subjektivität, die unvermeidlich bei jedem Autor, jeder Autorin hineinspielt. (Und es ist nicht zu verwechseln mit dem anderen Extrem: der gerade auch in der Alternativpresse grassierenden neudeutschen Innerlichkeit, der beim Kreisen ums Subjektive die Beachtung objektiver Gegebenheiten ganz und gar verlorengeht!)

Bei der sogenannten Panorama-Affäre sollte genau diese Haltung – das Eingeständnis von Betroffenheit und Engagement – zum Funken am Pulverfaß werden. Der offene Eingriff der ARD-Intendanten in ein politisches Magazin war in der Tat der bisher dramatischste Akt von Zensur in der Geschichte des bundesdeutschen Fernsehens überhaupt. Und es ist kein Zufall, daß eine solche Eskalation nicht durch den üblichen Bonner Ringelpiez ausgelöst wurde, sondern – durch eine feministische Aktion.

Der Zeitpunkt war brisant. Im Frühsommer 1974 sollte im Bundestag die zweite und dritte Lesung zur Fristenlösung stattfinden. Und obwohl die Unhaltbarkeit der Doppelmoral klar und eine absolute Mehrheit aller Frauen jeglicher politischer Couleur für die Abschaffung des § 218 war, zögerten die Abgeordneten. Die Christdemokraten waren dagegen, und den meisten Sozialdemokraten fielen mit Vorliebe Argumente für den § 218 ein – Ethisches, Juristisches, Medizinisches, Bevölkerungspolitisches, Christliches, Privates (Brandt: »Ich als uneheliches Kind...«). Lediglich die FDP schien mehrheitlich für eine Fristenlösung zu sein. Es stand schlecht um unsere Sache. Wir Frauen mußten also noch einmal handeln! Wir mußten versuchen, Druck auszuüben.

Im Frühling 1974 gehörte ich zu einer Handvoll Berliner Frauen, die als »Koordinationsgruppe« bundesweit den Anstoß zu der sogenannten Aktion letzter Versuch gab. Diese »Aktion letzter Versuch« lief landauf, landab und stark beachtet dann am 9. März: Überall gingen Frauen auf die Straße und machten Putz, zeigten ihre Macht und ihre Entschlossenheit (Spiegel-Titel: »Aufstand der Schwestern«). Gleichzeitig bereitete ich klammheimlich zusammen mit einer Freundin eine Selbstbezichtigungsaktion von Ärztinnen und Ärzten vor. Wochenlang putzten wir Klinken, wurden in Kliniken, Praxen und Wohnungen vorstellig.

Endlich hatten wir 328 beisammen, die bereit waren, sich öffentlich mit den Frauen zu solidarisieren. Diese Aktion war dem Mut der Ärzte/innen zu verdanken, von Feministinnen aber kam der Anstoß, mußte er kommen.

Zu der Zeit war der »stern« am § 218 schon nicht mehr interessiert, er lehnte das Ärztemanifest ab. Also fragten wir den »Spiegel«. Mit Erfolg. In der Ausgabe des 11. März erklärten 328 Ärztinnen und Ärzte, sie hätten ohne finanziellen Vorteil Abtreibungen vorgenommen und würden dies auch wieder tun: »Wir meinen, daß wir als Ärzte verpflichtet sind, Frauen unser Wissen für diesen Eingriff zur Verfügung zu stellen. Denn der Zwang zur Mutterschaft ist ein schwerwiegender Eingriff in das Leben einer Frau und eine Verletzung der elementarsten Menschenrechte. Darum fordern wir: mindestens die Fristenlösung!«

Das mutige Manifest der Ärztinnen und Ärzte erschien am 11. März, zwei Tage nach der Feministinnen-Aktion »Letzter Versuch« und am Tage des geplanten »Panorama«-Beitrages über dieses Manifest. Hinzu kam eine von den Ärzten selbst am 9. März vorgenommene Abtreibung nach der schonenden, damals in der Bundesrepublik noch unbekannten neuen Absaugemethode. Eine Stellungnahme von Ärzten war zu dieser Zeit politisch besonders brisant, da gerade auch sehr viele Ärzte sich gegen eine Fristenlösung stark gemacht hatten. Sie pochten auf ihre »Freiheit« als Arzt und ihr »Recht«, Frauen einen Schwangerschaftsabbruch zu verweigern. Unter dem Beifall aller übrigens. Auch die Mehrheit der SPD fand das selbstverständlich und redete bei der Abtreibungsdebatte vor allem Ärzten und Kirchen nach dem Mund.

Am 10. März schnitt ich den Fernsehbeitrag über die Aktion der Ärzte in Hamburg. Peter Merseburger, damals »Panorama«-Chef, fand ihn in Ordnung, »nahm ihn ab«, wie man im Journalistenjargon sagt. Inzwischen allerdings war die Affäre bereits eskaliert, schrie die Boulevard- und vor allem die Springerpresse seit dem 9. März Zeter und Mordio gegen die angekündigte Ausstrahlung. Also hatte ich die Ehre, am späten Sonntagabend im NDR-Schneideraum auch noch vom damaligen NDR-Programmdirektor Schwarzkopf (CDU) heimgesucht zu werden. Schwarzkopf sah sich den Film an und – war dagegen. Erst nach einem ausführlichen Gespräch und einigen, mir unwesentlich scheinenden kleinen Änderungen willigte er schließlich ein. Nun schienen alle Hindernisse beseitigt.

Am Montag morgen titelte unter anderem die »Bild«-Zeitung mit dem bevorstehenden »Panorama«-Beitrag. Der Vormittag verging, mein Moderationstext wurde innerhalb des Hauses hastig vervielfältigt und von vielen unter die Lupe genommen. Keine Beanstandungen. Wir waren sendebereit. Dann, am späten Nachmittag, wenige Stunden vor der Sendung, kam die Hiobsbotschaft. Alle ARD-Intendanten hatten sich in einer außerplanmäßigen Schaltkonferenz kurzgeschlossen und einmütig (!) die Ausstrahlung des Abtreibungsbeitrags verboten. (Die damalige SPD-Familienministerin Focke hatte, ohne den Beitrag gesehen zu haben, nichts Eiligeres zu tun, als diese Zensur gutzuheißen.)

Man schrieb das Jahr 1974. Das heißt, es gab in den Anstalten des öffentlichen Rechts noch ein paar von dieser im Aussterben begriffenen Sorte von Journalisten, die auch mal Spaß am Nonkonformismus, an persönlichem Mut haben. Merseburger ließ sich den Affront nicht bieten. Er setzte nun seinerseits die gesamte »Panorama«-Sendung ab! Ab 20 Uhr 15 strahlte das 1. Programm 45 Minuten lang ein – leeres Studio aus. Der Skandal war komplett.

Am darauffolgenden Dienstag stellten Merseburger, der damalige NDR-Intendant Neusser und ich uns in einer bewegten, überfüllten Konferenz der internationalen Presse. In der Berichterstattung der Medien allerdings wurde der »Panorama-Skandal« sehr rasch vom eigentlichen Anlaß, nämlich der Abtreibungsdebatte, getrennt. Die Rede war nur noch vom medienpolitischen Aspekt, von den ARD-Strukturen. In Kantinen, Straßenbahnen und Wohnzimmern jedoch ging es weiter um den Inhalt, um die Abtreibungsfrage. So oder so – der »Panorama-Skandal« war monatelang Thema.

Ohne Zweifel war es die »Aktion letzter Versuch«, diese letzte breite Mobilisierung gegen den § 218, die dann die zögernden Politiker zwang, doch für die Fristenlösung zu votieren. (Die Wahlen standen bevor...) Daß wenig später sechs Patriarchen vom Bundesgerichtshof uns Frauen mit einem Federstrich diesen Sieg, den wir naiverweise artig unter Einhaltung der gegebenen demokratischen Spielregeln errungen hatten, so undemokratisch zunichte machten, steht auf einem anderen Blatt. Es sollte uns Frauen Anlaß sein, über die Spielregeln dieses Staates nachzudenken, der diese Regeln eben immer nur dann einhält, wenn sie *seinen* Interessen dienen. Die »Aktion 218«: ein undemokratisches Lehrstück...

Als bei genauerem Hinsehen die zunächst inhaltliche Verleumdung des »Panorama«-Beitrags (»obszön«) nicht mehr aufrechtzuerhalten war, wurde mir mein Engagement in der Sache vorgeworfen. Der damalige WDR-Intendant von Bismarck: »Die ist doch der Außenbordmotor der ganzen 218-Aktion.« Die »Funkkorrespondenz« ging so weit, mir die Autorenschaft von »Frauen gegen den § 218« negativ anzulasten: Allein dies disqualifiziere mich für die Berichterstattung. Und es ging nicht mir allein so. Der WDR-Ressortleiterin Carola Stern zum Beispiel untersagte man damals einen 218-Kommentar innerhalb ihrer eigenen Sendung (!); schließlich sei sie Mitunterzeichnerin des Selbstbezichtigungs-Manifests.

Hatte man uns Frauen bisher Inkompetenz vorgehalten, so kreidete man uns nun die zu große Kompetenz an. Und hatte vorher kein Hahn in den Medien nach der Frauenfrage gekräht, so war sie jetzt, da sie brisant wurde, plötzlich Männersache. Das heilige Prinzip der journalistischen »Objektivität« war bedroht. Das Stigma der »Parteilichkeit« brandmarkte uns offen Engagierte. Wir waren »zu emotional«.

Unter welchem Vorwand auch immer: nach einem ersten Einbruch wurden jetzt die Frauen in den Medien wieder massiv zurückgedrängt. Ein entscheidendes Aha-Erlebnis war für engagierte Journalistinnen im Herbst 1974 der Ihns/Andersen-Prozeß. Zwei Frauen, die ein Verhältnis miteinander hatten, waren der »Auftragstötung« des Ehemanns der einen beschuldigt. Die Dimension des Prozesses jedoch ging weit hinaus über das, was hier juristisch zur Verhandlung stand.

Der Prozeß lief in der Zeit der beginnenden sogenannten neuen Zärtlichkeit (zwischen Frauen), die die Männer zunehmend nervös machte. Und so kam es, daß der Prozeß umfunktioniert wurde: zum Musterprozeß gegen die lesbische Liebe. Es war ein wahrer Hexenprozeß, der da in Itzehoe ablief, als Menschenhatz und als Politikum dem Brühne-Prozeß vergleichbar. Monatelang lieferte er der Boulevardpresse frauendiskriminierende Schlagzeilen, und die sogenannten seriösen Medien ergingen sich in platten, pseudowissenschaftlichen Spekulationen, die nicht minder von Übel waren. Immer ging es dabei nur um eines: um die Fertigmache von Liebesbeziehungen zwischen Frauen.

Journalistinnen (und einige wenige Journalisten), die auch nur in Nuancen anders berichten wollten, stießen auf verschlossene Türen. Selbst festangestellte Ressortleiterinnen erhielten beim Ihns/Andersen-Prozeß quasi Schreibverbot! Ein wahres Komplott. Das Ganze eskalierte schließlich bis zum öffentlichen Protest und einer Beschwerde von 144 Journalistinnen und 44 Journalisten beim Presserat gegen die Art volksverhetzende Berichterstattung beim Ihns/Andersen-Prozeß.

Auch ich war von diesem Schreibverbot betroffen. Auch ich konnte über den Prozeß, zu dem ich gefahren war, nicht berichten. Blätter, für die ich zu der Zeit sporadisch schrieb (»stern«, »Spiegel«, »Pardon«), sagten kategorisch nein. Und auch »Panorama« ließ mich nach einer bewegten Redaktionsversammlung, an die ich mich noch allzugut erinnere, abblitzen: Merseburger war dafür gewesen, die meisten Kollegen dagegen, und ausgerechnet eine Kollegin, eine »Panorama«-Mitarbeiterin, war sich nicht zu schade dafür gewesen, den Ausschlag für die Ablehnung zu geben... Damals fing das an, was die Männerpresse inzwischen bis zur Perfektion beherrscht: das Frauen-gegen-Frauen-Ausspielen.

Die Zeitschrift »konkret« war zu diesem Zeitpunkt für einen Ihns/Andersen-Artikel von mir das letzte und einzige Forum. Was das sozialistisch bewegte Blatt allerdings nicht hinderte, in den Jahren darauf noch weit über die leider gewohnte linke Ignoranz hinaus auf dumpf-antifeministischen Kurs zu gehen.

Höchste Zeit für eine eigene Stimme, für eine Zeitschrift in feministischer Hand. Traf in der Zeit eine feministisch bewegte Journalistin die andere, kreiste das Gespräch nun immer häufiger um dieses Thema. Übers Reden kamen wir allerdings nicht hinaus: Keine sah eine Möglichkeit, den Traum in die Tat umzusetzen.

Im Februar 1975 nahm ich die Einladung der WDR-Frauenredaktion zu einer 45-Minuten-Diskussion mit Esther Vilar an. Zu der Zeit war ich längst nicht mehr bereit, mich den abgewirtschafteten Spielregeln der Männerpresse zu beugen. War mir zuvor noch ein Verriß der Vilar-Bücher überflüssig erschienen (das Niveau dieses Geschreibsels entlarvte sich meiner Meinung nach selbst), so fand ich es nun, im »Jahr der Frau«, dringend, diesen Tönen Einhalt zu gebieten. Warum? Weil die zynischen Vilar-Argumente (Die Frauen beuten die Männer aus, liegen den ganzen Tag auf dem Sofa und futtern Pralinen etc. etc.) in Büros und Schlafzimmern zu geflügelten Worten in Männermund geworden waren. Viele Frauen waren verletzt, empört, aber eben nur privat. Es galt, öffentlich darauf zu antworten.

Das war der Grund, warum ich mich auf die »Diskussion« mit Esther Vilar einließ. Eine Diskussion, von der ich im vorhinein wußte, daß es keine sein würde. Die Taktik der Vilar, ihre Gesprächspartner soft und indifferent ins Leere laufen zu lassen, war mir klar. Die Taktik der Männer, unsere Empörung über die Vilar-Sprüche lächelnd als »emotional« abzutun, nicht minder. Beides galt es zu unterlaufen.

Der WDR hatte die Sendung – neckisch, neckisch – für den Nachmittag von Weiberfastnacht angesetzt. Das Ganze war wohl auch von der Redaktion selbst durchaus als Gag, als »Weiberzank« geplant gewesen. Die Ernsthaftigkeit und Betroffenheit allerdings, mit der ich mich dann dem Gespräch stellte, durchkreuzte diese Absicht. So kam es, daß die Sendung nicht nur feministisch, sondern auch journalistisch zur Provokation wurde.

Feministisch, weil danach bundesweit der Haussegen schief hing. Geschlechterkampf per TV in jede Wohnstube! Die Zuschauer waren in zwei Lager gespalten: in Frauen und Männer. (»Gong«: »Die Männer stimmten für Esther, die Frauen für Alice.«) Journalistisch, weil ich die Spielregeln verletzt hatte. Statt cool-objektiv drüberzustehen und ein Gespräch à la Frühschoppen zu führen, war ich empört, wie Millionen Frauen, und – zeigte das auch. Ich hatte Sachverstand *und* Gefühl, ich inszenierte diese 45 Minuten nicht nur, ich lebte sie auch. Sehr bewußt und sehr überlegt.

Trotz der ungünstigen Sendezeit regnete es im Sender Hunderte von Briefen, Unterschriftenlisten und Anfragen: Die Zuschauer/innen wollten die Sendung auch abends im 1. Programm sehen. Vergeblich. Der WDR strahlte sie nie mehr im ARD-Programm aus.

Und die Medien? Sie waren hämisch und fasziniert zugleich.

Die »FAZ« sprach von einem »Hennenkampf«, und die »Bild«-Zeitung ortete eine Schwarzer mit dem »stechenden Blick einer Hexe durch die Brille«. Der »Spiegel« konstatierte: »Eine Fernsehsendung, deren Informationsgehalt Dutzende abgewiegelte Magazinbeiträge ersetzte, deren Show-Wert das gängige Moderato der Talk-Shows blamiert, deren schonungslose Direktheit noch in der Aufzeichnung high-live war.« Und noch im Rückblick, Jahre danach, spricht ein Medienexperte von einem »wahrhaft homerischen Streitgespräch« und ein WDR-Redakteur von »einer der wenigen originären Sendungen in der Geschichte des Fernsehens überhaupt«.

Und nun wird es spannend. Nicht nur die Zuschauer/innen also finden die abgehobenen, vielfach gefilterten, nivellierten, relativierten und bis ins Groteske ritualisierten gewohnten Sendungen zum Einschlafen, nein: Auch die Macher wissen, wie schlecht sie sind. Und – sie machen so weiter. Mehr noch: Sie versuchen, alle anderen Ansätze zu verhindern (mir zum Beispiel wurde danach nie wieder eine vergleichbare Sendung angeboten).

Warum? Weil die herkömmliche Art von Journalismus eben kein Zufall, keineswegs nur das sich verselbständigende Produkt einer öden Bürokratie und eines niederdrückenden Parteien- und Interessenproporzes ist, sondern weil es gerade auch in dieser (nur scheinbar sinnentleerten) Form eine Funktion hat. Eine hochpolitische Funktion. Die Funktion nämlich, Menschen durch Unwahrheiten dumm und dumpf (plumpe Variante) oder aber durch Drumherum-Schwadronieren vom Wesentlichen fernzuhalten (subtile Variante). Eben *nicht* lebendig zu sein! Eben nicht anzuregen zum Selbernachdenken, Diskutieren oder gar Handeln! Das ist in der geschriebenen Presse mit ihrer über Inhalte hinwegschwafelnden lebensfernen Sprache nicht anders als in Funk und Fernsehen.

Spätestens seit der Vilar-Sendung war ich populäre Verkörperung der Frauensache und rotes Tuch in Kollegenkreisen. Journalistisch war (und bin) ich nun so wenig opportun wie politisch. Und in diese Stimmung platzte dann auch noch »Der kleine Unterschied«.

Feuer frei. Die Jagd war eröffnet. »Frustrierte Tucke« (»Süddeutsche Zeitung«), »Miß Hängetitt« (ein »stern«-Leser), »häßlich wie die Nachteule mit dem Sex einer Straßenlaterne« (»Münchner Abendzeitung«), »Mannweib und Männerhasserin« (»Bild«-Zeitung). Es nahm solche Formen an, daß 1976 mein Kollege Schulz-Gerstein in der »Zeit« von einer »Menschenhatz« und einem wahren »Pogrom« gegen mich sprach.

Damals ahnte ich nicht, daß dies nur die erste – und vergleichsweise harmlose – Welle der Einschüchterungsversuche sein sollte. Die Wogen, die ihr folgten, waren noch ganz anderen Kalibers. Nach der ersten Welle (»Die ist frustriert, weil sie keinen mitgekriegt hat«) kam die zweite (»Die ist eh lesbisch«), die dritte, aus exklusiv linken Kreisen (»kleinbürgerlich und reaktionär«), die vierte im »Deutschen Herbst« (»Sympathisantin«), später dann die fünfte, (»rabiate Chefin bei EMMA und schlimmer als jeder Macker«) und sechste (»Kapitalistin«).

Doch so durchschaubar und grotesk die ersten Diffamierungen waren, so genau saßen die späteren. Ich bin frustriert? Da kann ich nur lachen. Ich bin lesbisch? In meinen Augen eher Kompliment als Beleidigung (auch wenn und gerade weil die spalterische, diffamatorische Absicht dabei so unübersehbar ist). Ich bin bürgerlich und reaktionär? Altes linkes Lied über Feministinnen. Ich bin Sympathisantin? Darauf habe ich damals in etlichen meiner Artikel geantwortet... Ich bin autoritär und kapitalistisch? Ich verrate also meine eigene Sache? Das sitzt. Mehr noch: Das klebt wie Pech an der Haut.

Feministinnen, das hat Tradition, sind die Kugel kaum wert. Sie werden getötet durch Lächerlichkeit und Diffamierung.

Doch noch waren wir nicht soweit, noch waren wir in der Mitte der siebziger Jahre. Nach der Phase des triumphalen Aufbruchs kam nun die Verbreiterung der feministischen Idee. »Der kleine Unterschied« muß wohl nicht nur das richtige Thema gewesen, sondern auch genau zum richtigen Zeitpunkt erschienen sein. Die mir und dem Buch vorauslaufende patriarchalische Negativ-Propaganda hatte genau den Effekt, der sich später beim Erscheinen von EMMA wiederholen sollte: Nun griffen die Frauen erst recht zu dem Buch! Und – sie fanden sich wieder. Das zeigten ihre Reaktionen und die Tatsache, daß das Buch ein Bestseller wurde. Bestseller trotz alledem bei 10000 Exemplaren Start-Auflage – erst die Mundpropaganda der Frauen und der dann einsetzende Geifer vieler Männer haben dem »Kleinen Unterschied« über eine Viertelmillion Auflagenhöhe gebracht.

Ich selbst hatte mit so heftigen Reaktionen nicht gerechnet, nicht rechnen können. Nur zu gut erinnere ich mich noch an den nicht enden wollenden Blitzlicht-Hagel auf der Buchmesse im Oktober 1975. Bedrückend. Handelnd hervortreten, mich stellen und auch Freude an einem Erfolg haben – das fand und finde ich richtig. Aber auf ein solches Piedestal gehoben werden – das schien und scheint mir objektiv falsch und subjektiv nicht wünschenswert. Der Versuch meiner Isolierung als »Star« begann.

Jedoch: die These vom »Kleinen Unterschied« wurde von vielen Frauen bejaht. Verkürzt lautet sie: 1. Das sogenannte Privatleben ist Hauptschauplatz der Dressur, Unterwerfung und Ausbeutung von Frauen. 2. Die Liebe zwischen Frauen und Männern ist unter den heutigen Umständen nicht frei gewählt, sondern sozial und kulturell erzwungen, eine »Zwangsheterosexualität« also, und weitgehend Instrument zur Unterdrückung und Demütigung von Frauen. 3. Das Tabu der Liebe zueinander hat für Frauen unter anderem die Funktion der Selbstverachtung und Spaltung (denn Frauen haben ja außerhalb der Liebesbeziehung nicht die Bünde und Gemeinsamkeiten, die Männern zur Verfügung stehen). 4. Die sogenannte sexuelle Befreiung hat uns Frauen oft nur neue Zwänge gebracht.

Daß so viele Frauen die Thesen des »Kleinen Unterschieds« nachvollziehen konnten, hat sicherlich auch etwas mit der Toleranz und Behutsamkeit dieses Buches zu tun, die trotz aller radikalen Konsequenz der Analyse durchgängig spürbar ist – meine ich. Da werden Frauen zwar herausgefordert, aber nicht verurteilt. Da wird der Rigorosität der Erkenntnis das Wort geredet, nicht aber dem Dogmatismus neuer Normen.

Ich selbst habe mich, nach einer auf das Erscheinen des »Kleinen Unterschieds« folgenden Diskussionsreise, aus dem öffentlichen Rummel weitgehend zurückgezogen. Diese Diskussionen allerdings waren sehr wichtig für mich! Hier wurde mir noch einmal meine These der Radikalität der »Basis«, der »Frauen von nebenan« und der Selbstverleugnung vor allem der intellektuellen und linken Frauen bestätigt. Nie waren die Diskussionsbeiträge der Frauen so entfremdet und legitimatorisch wie in den Uni-

Sälen, nie so ehrlich und radikal wie in Bürgersälen, in Großstädten wie auf dem Land. Ich war mehr und mehr davon überzeugt, daß es möglich sein müsse, eine populäre Zeitschrift mit hoher Auflage und gleichzeitig feministischer Konsequenz zu machen. Und das nicht nur wegen des wachsenden Interesses von Frauen am Feminismus, sondern auch wegen der für mich dank meiner Popularität verstärkten Möglichkeiten, auf eigene Faust zu handeln.

In dem im Herbst 1981 bei dtv erschienenen »EMMA-Buch« habe ich die allgemeine Geschichte von EMMA und das Selbstverständnis der Zeitschrift dokumentiert. Darum hier nur einige Aspekte der Entstehung von EMMA.

Theoretisch war mir die Notwendigkeit einer gewissen Autonomie, alternativer Möglichkeiten auch für feministische Journalistinnen schon lange klar. Praktisch waren uns unsere Grenzen in den Männermedien in diesen letzten Jahren überdeutlich klargemacht worden, und sie wurden eher enger als weiter. Mir persönlich ging eine Kiosk-Zeitschrift in Feministinnenhand seit etwa 1972 durch den Kopf. Nur: Wie sollte das realisiert werden?

Daß letzten Endes nur wenige, zu wenige Frauen bereit sein würden, eine solche Zeitschrift mit all ihren politischen und arbeitsmäßigen Konsequenzen zu tragen, war damals noch nicht klar. Hauptproblem schien das Geld zu sein. Von vier bis acht Millionen war die Rede für den Start einer solchen Zeitschrift. Das lag für uns alle außerhalb des Denkbaren oder gar des Machbaren. Darum: Hätte mir damals ein halbwegs aufgeschlossener Verleger die Möglichkeit gegeben, bei redaktioneller Unabhängigkeit (die dann sicherlich rasch ins Wanken gekommen wäre) innerhalb eines männerbeherrschten Verlages eine feministische Zeitschrift zu machen – ich hätte es wohl getan. Gott sei Dank hat es mir keiner angeboten, denn es wäre ein schwerer Fehler gewesen. Das zeigt nicht zuletzt die Geschichte von EMMA, die sich gerade da, wo es um Entscheidendes ging, oft gegen alle stellen mußte.

Mit dem »Kleinen Unterschied« hatte ich erstmals mehr Geld verdient, als ich unbedingt zum Leben brauchte. Aber es war doch nur ein winziger Bruchteil des angeblich benötigten. Oder? Im Februar 1976 traf ich mich in Berlin mit meinem Kollegen Gremliza. Er hatte einige Zeit zuvor die einst von Meinhof und Röhl gegründete Zeitschrift »konkret« übernommen und mußte doch

Erfahrung haben, was die Machbarkeit einer Zeitschrift dieser Größenordnung betraf. Was kostet das Papier für die ersten zwei Nummern? Was der Druck? Wieviel Geld ist nötig, wenn man unter den minimalsten Aufwendungen – keine Gehälter, keine Werbung – den Start versucht? Gremliza gab mir nüchtern-kollegiale Auskunft. Nach dem Gespräch mit ihm wußte ich: Es ist machbar. Aus eigener ökonomischer Kraft! Und – ich werde es wagen.

Wenige Wochen später verschickte ich die ersten Rundschreiben, versuchte, Kolleginnen zu interessieren und zu mobilisieren. Als EMMA dann genau ein Jahr später, im Februar 1977, zum erstenmal erschien, war sie ausschließlich aus eigenen Mitteln finanziert (mein Geld, einige wenige Frauen-Kredite und einige Tausend Voraus-Abonnements) und nur von Frauen gemacht. Dies sei bei dieser Gelegenheit ein für allemal festgestellt: Die albernen Gerüchte über die Geburtshilfe von Männern bei EMMA waren Zeitungsenten. Es hat lediglich einige bei Männern aus der Branche eingeholte Informationen gegeben, so wie im Falle Gremliza. Sonst nichts. Kein Geld, keine Mitarbeit, kein Mitreden.

Der Start-Erfolg von EMMA war spektakulär: Die ersten 200000 Exemplare waren innerhalb weniger Tage vergriffen, die 100000 nachgedruckten auch. Von Anfang an jedoch wurde EMMA arbeitsmäßig auf sehr viel weniger Schultern getragen, als dies nötig und auch geplant worden war. Viele der zunächst scheinbar interessierten Kolleginnen überlegten es sich im letzten Augenblick anders, mochten ihre etablierten Posten nicht riskieren, ihren Namen nicht mit dem Experiment belasten. Denn EMMA, von den Männermedien schon im vorhinein als »totgeborenes Kind« bezeichnet, wurde vor und nach ihrem Erscheinen mit Kübeln von Hohn übergossen. Die Zurückhaltung mancher Kolleginnen war also menschlich verständlich, doch die Auswirkungen für die wenigen, die dann die Arbeit machten, waren darum nicht weniger hart. EMMA, theoretisch als Kollektiv-Initiative gedacht, wurde so de facto zur Einzelkämpferinnen-Tat.

Nicht zuletzt darum ist EMMA für mich persönlich zwar immer phantastisches Abenteuer und Terrain ungeahnter Möglichkeiten gewesen, gleichzeitig aber auch schwere Last. Ich war in meinem Leben noch nie so frei (als Journalistin) und so unfrei (als Mensch) zugleich, noch nie so stark und so verletzbar. Unfrei, weil Zwölf-Stunden-Arbeitstage und arbeitsreiche Wochenenden bei einem Sekretärinnengehalt und dem ewigen Kampf um die Existenz von EMMA für mich Muß über Jahre waren. (Das wird erst ganz allmählich besser: Zunehmend wird EMMA wirklich in all ihrer politischen und journalistischen Konsequenz von mehreren Schultern getragen.) Verletzbar, weil die Gratwanderung zwischen Traum und Tat neue Angriffsflächen bot: nach innen wie nach außen.

Über EMMA zu schreiben, scheint mir müßig, denn sie liegt jeden Monat neu am Kiosk und kann und soll an ihren 64 Seiten gemessen werden. Über die Hoffnungen und Absichten, die damit verbunden waren und sind, lohnt sich schon eher zu reden.

Ich habe EMMA immer nicht nur als feministische, sondern auch als journalistische Herausforderung verstanden. Es ist selbstverständlich, daß all meine Erfahrungen und Überlegungen, die ich hier schilderte, in die Konzeption von EMMA mit einflossen. Mein Anspruch, »professionell« zu sein, ist der Anspruch einer Journalistin, die weiß, was sie von ihrem Berufsstand und seinen Spielregeln zu halten hat: viel Schlechtes und einiges Gutes. Ein ganzes Stück ist auch der Journalismus Handwerk, und darum steht es uns zeitungsmachenden Frauen gut an, dieses Handwerk zu beherrschen – so wir nicht in ewiger Improvisation und/oder koketter Naivität verharren wollen. Erst dann können wir in Frage stellen und darüber hinausgehen...

EMMA ist eine Wanderung zwischen den Welten und der Versuch eines dritten Weges: Subjektivität *und* Sorgfalt, Utopie *und* Realität, Radikalität *und* Zärtlichkeit. Meine Absicht war und ist, nicht nur Leserinnen unterdrückte Informationen und Analysen zu bieten, sondern mit dieser Art von Journalismus auch die Medien in unserem Umfeld ein Stück zu beeinflussen (und sei es ein noch so kleines Stück).

Eine feministische Zeitschrift ist für mich nicht nur eine Zeitschrift, die sogenannte Frauenthemen behandelt. Es ist eine Zeitschrift, die sich darüber hinaus in alles einmischt, was uns, die weibliche Hälfte der Menschheit, angeht, uns betrifft: die Kultur wie die Wirtschaft, die Innen- wie die Außenpolitik. Im sogenannten Deutschen Herbst 1977 war EMMA eine der raren Stimmen, die sich rigoros gegen Kontaktsperre-Gesetze, Sympathisanten-Hatz und Mescalero-Wahn erhob!

Und sie ist Forum eines konsequenten Frauenkampfs. Die wohl nicht nur für mich exemplarische Klage gegen die sexistischen »stern«-Titelblätter wäre bei der Einheitsfront der Männermedien, von etabliert bis links, und ihrer Entschlossenheit, weit unter die Gürtellinie zu zielen, ohne eigenes Forum nie möglich gewesen! Und unser lautes Nachdenken über die Dürftigkeit der SPD-Wahlstrategien vom »kleineren Übel« und die eventuelle Notwendigkeit eines offensiven Wahlboykotts war *nur* in EMMA denkbar: Kein anderes Forum hätte uns dafür zur Verfügung gestanden!

Es hat sich dabei allerdings auch gezeigt, daß etwas, was zunächst auch EMMAs Stärke ausmachte, ihre Schwäche sein kann: nämlich die Möglichkeit für Etablierte, »Genossen« wie Schwestern, EMMA immer wieder ganz und gar mit mir zu identifizieren und – auf mich zu reduzieren, auf mich zu zielen, wo in Wahrheit die ganze EMMA (der ganze Radikalfeminismus?) gemeint ist. Das war im »Deutschen Herbst« (Professor Hofstätter, der sich als junger Psychologe durch antisemitische Schriften profiliert hatte, im Fernsehen live zu mir: »Stehen Sie eigentlich noch auf dem Boden des Grundgesetzes?«) nicht anders als im »stern«-Prozeß (Nannen: »Frustrierter Graurock«) und fand seine bisher unübertroffene Eskalation in Attacken der SPD gegen mich (SPD-Pressedienst ppp vor den Wahlen 1980: »Schon in der Vergangenheit hat Frau Schwarzer einen bemerkenswerten Geschäftssinn an den Tag gelegt, wenn es um ihre und des kommerziellen Feminismus Karriere ging: 1. Vermarktung des für die Abschaffung des § 218 mobilisierten Frauenpotentials in der Illustrierten stern. Die Frauen haben heute noch die Folgen bei der schwierigen Durchsetzung der Indikationslösung zu tragen: Denn diese Vermarktung hat die Frage der Abtreibung auf das Niveau einer Publikumswerbeaktion im Stile eines Rührstücks herabgedrückt.« Etc. etc.)

In der Tat hat das Jahr 1980 mich persönlich in einem solchen Maße ins Schußfeld gerückt, daß es mir manchmal zuviel wurde.

Im Rückblick drängt sich der Verdacht auf, daß diese Kette sehr existentieller, persönlicher Attacken zu der Zeit direkt oder indirekt mit der scharfen und vielbeachteten EMMA-Kritik an der SPD-Politik zusammenhängt.

Diese letzte Welle der Angriffe auf mich persönlich begann im April 1980 mit der Veröffentlichung eines »Offenen Briefs« von 32 Frauen in der SPD-nahen »Franfurter Rundschau« – ausgerechnet kurz nach Erscheinen des EMMA-Sonderbands »Wahlboykott?«. In diesem Sonderband stellten wir die Frage, wie lange wir Frauen die Resignation ins »kleinere Übel« (die SPD) noch mitmachen, ob wir nicht statt dessen versuchen sollten, durch außerparlamentarischen Druck Bonner Politik zu verändern. Ein halbes Jahr später endete diese Diffamierungswelle kurz vor den Wahlen 1980 in dem bereits zitierten, wahrhaft unappetitlichen, sich zum Glück selbst entlarvenden ppp-Pamphlet.

Objektiv kündigt sich etliches in den achtziger Jahren schwerer an, als es in den siebziger Jahren war: Wieviel Platz und Kraft werden wir Frauen zwischen steigender Arbeitslosigkeit, Vergewaltigung und Kriegsgefahr überhaupt noch zum Handeln haben? Werden wir uns von außen vom wieder steigenden Männlichkeitswahn einschüchtern oder gar korrumpieren lassen? Höhlt uns der Wahn der »neuen Weiblichkeit« von innen aus?

Allerdings ist vieles auch leichter als damals. Niemand, außer uns selbst, kann uns unser Bewußtsein nehmen! Um gar keinen Preis möchte ich die manchmal recht dünne Luft der Konfrontation wieder tauschen gegen die stickige des Sich-Einreihens, des Sich-Beugens.

April 1982